JN119350

新訂

認知症介護実践リーダー研修標準テキスト

監修:
認知症介護実践研修テキスト編集委員会

株式会社 ワールドプランニング

◎ はじめに

　この20年で認知症の人と家族へのケアと医療は大きく変わりました．たとえば，認知症の行動・心理症状とよばれる症状のなかの，とくに感情面の症状や行動面の症状は，介護負担を増やす症状とか対応に苦慮する症状として以前は理解されていました．しかし，最近は，そこには必ず理由があり，経緯があるとの理解がなされるようになりました．したがって，認知症ケアに携わる私たちは，そうした症状を目にしたときも「理由なく○○する」「わけもなく○○している」といった見方を避けるようになりました．これらの表現は，認知症の人の理解をあきらめていることを示すものだからです．確かに，どうしても本人の理解ができないときもあります．しかし，できる限り認知症の人の理解をあきらめずにケアに従事したいと思います．また，認知症の行動・心理症状は，症状といっても環境や状況，周囲の人との人間関係などが作用して起こるものです．その理解がまず必要ですが，それだけでなく，本人の気持ちのなかに，自分は能力を失って価値がなくなっていくのではないか，まわりに迷惑をかけるだけの存在になっていくのではないか，まわりの人は自分を見下しているのではないかといったさまざまな恐れを抱いています．そうした思いにまで理解を深めたうえで，認知症の人が少しでも本来の力を発揮できるように支えたいと思います．本書がその一助になれば幸いです．

2022年3月

東京慈恵会医科大学

繁　田　雅　弘

◎ 著者一覧 （五十音順）

認知症介護実践研修テキスト編集委員会

　委 員 長：繁田　雅弘（東京慈恵会医科大学）

　副委員長：内藤佳津雄（日本大学文理学部）

所属下欄は執筆箇所

阿部　哲也　　東北福祉大学総合福祉学部／認知症介護研究・研修仙台センター
　　　　　　　第4章　Ⅲ．職場内教育（OJT）の実践─2

大久保幸積　　社会福祉法人幸清会
　　　　　　　第3章　Ⅳ．認知症ケアにおけるチームアプローチの理論と方法

小野寺敦志　　国際医療福祉大学大学院医療福祉学研究科
　　　　　　　第3章　Ⅱ．ストレスマネジメントの理論と方法

加知　輝彦　　認知症介護研究・研修大府センター
　　　　　　　第2章　Ⅰ．認知症の専門的理解

加藤　伸司　　東北福祉大学総合福祉学部／認知症介護研究・研修仙台センター
　　　　　　　第4章　Ⅰ．職場内教育の基本視点─1, 2

北村　世都　　聖徳大学心理・福祉学部
　　　　　　　第3章　Ⅰ．チームケアを構築するリーダーの役割

佐藤　信人　　宮崎県立看護大学
　　　　　　　第2章　Ⅱ．施策の動向と地域展開

諏訪さゆり　　千葉大学大学院看護学研究院
　　　　　　　第4章　Ⅲ．職場内教育（OJT）の実践─4

内藤佳津雄　　日本大学文理学部
　　　　　　　第4章　Ⅰ．職場内教育の基本視点─3〜5

中村　考一　　認知症介護研究・研修東京センター
　　　　　　　第4章　Ⅱ．職場内教育（OJT）の方法の理解

山口　友佑　　認知症介護研究・研修大府センター
　　　　　　　第1章　Ⅰ．認知症介護実践リーダー研修の理解

山口　喜樹　　認知症介護研究・研修大府センター
　　　　　　　第4章　Ⅲ．職場内教育（OJT）の実践─1

結城　拓也　　社会福祉法人仁愛会
　　　　　　　第3章　Ⅲ．ケアカンファレンスの技法と実践

吉川　悠貴　　東北福祉大学総合福祉学部／認知症介護研究・研修仙台センター
　　　　　　　第4章　Ⅲ．職場内教育（OJT）の実践─3

◎ も く じ

はじめに ……………………………………………………………………… 3

著者一覧 ……………………………………………………………………… 4

第1章　認知症介護実践リーダー研修総論 ………………………………… 11

Ⅰ．認知症介護実践リーダー研修の理解 …………………………………… 13

1．実践リーダー研修の目的と対象者 ……………………………………… 13

2．実践リーダー研修の到達目標 …………………………………………… 13

3．研修カリキュラムについて ……………………………………………… 13

　　1）研修カリキュラム全体の構成について　13

　　2）カリキュラム別の目的と概要　15

第2章　認知症の専門知識 …………………………………………………… 21

Ⅰ．認知症の専門的理解 ……………………………………………………… 23

1．脳の解剖と機能 …………………………………………………………… 23

2．認知症と軽度認知障害 …………………………………………………… 23

　　1）認 知 症　23

　　2）軽度認知障害（MCI）　23

　　3）認知症の呼称　24

3．認知症の症状 ……………………………………………………………… 25

　　1）中核症状　25

　　2）行動・心理症状（BPSD）　26

　　3）中核症状と行動・心理症状（BPSD）　27

　　4）認知症にみられる身体症候および合併症　27

4．認知症の原因疾患と発生機序，症状および対応のポイント …………… 28

　　1）神経変性疾患　28

　　2）血管性認知症　31

　　3）正常圧水頭症　31

　　4）慢性硬膜下血腫　32

　　5）感 染 症　32

　　6）そのほかの疾患および認知症と類似の症状をきたす疾患，病態　33

5．認知症の治療 ……………………………………………………………… 33

　　1）薬物療法　33

　　2）行動・心理症状（BPSD）への対応　*34*

　6．認知症を取り巻く社会的課題‥‥‥‥‥‥‥‥‥‥‥‥‥‥‥‥‥‥‥‥‥‥　37

　　1）認知症の人の意思決定支援　*37*

　　2）認知症の告知とその支援　*37*

　　3）認知症のターミナルケア　*38*

　　4）本人の社会活動支援　*38*

　　5）若年認知症の特徴，社会生活・就労　*38*

Ⅱ．施策の動向と地域展開‥‥‥‥‥‥‥‥‥‥‥‥‥‥‥‥‥‥‥‥‥‥‥‥‥‥　40

　1．認知症施策の変遷‥‥‥‥‥‥‥‥‥‥‥‥‥‥‥‥‥‥‥‥‥‥‥‥‥‥‥‥　40

　　1）認知症施策の歴史　*41*

　　2）認知症の人やその家族の視点を踏まえた施策　*43*

　2．認知症施策の動向と認知症施策推進大綱の内容‥‥‥‥‥‥‥‥‥‥‥‥‥‥　45

　　1）認知症施策推進5か年計画（オレンジプラン）から

　　　認知症施策推進大綱に至る施策動向　*45*

　　2）認知症施策推進大綱の策定とその内容　*45*

　　3）認知症施策推進大綱と地域包括ケアシステム，地域共生社会の構築　*47*

　　4）認知症施策上の実践リーダー研修の位置づけ・意義　*47*

　3．地域における認知症ケア関連施策の展開‥‥‥‥‥‥‥‥‥‥‥‥‥‥‥‥‥　47

　　1）認知症ケアの実践と施策の関係　*48*

　　2）地域の認知症施策の把握　*48*

　　3）地域における認知症施策の展開方法　*49*

　　4）地域における実践リーダーの役割　*49*

第3章　認知症ケアにおけるチームケアとマネジメント‥‥‥‥‥‥‥‥‥‥　55

Ⅰ．チームケアを構築するリーダーの役割‥‥‥‥‥‥‥‥‥‥‥‥‥‥‥‥‥‥　57

　1．チームの意味や目的，種類‥‥‥‥‥‥‥‥‥‥‥‥‥‥‥‥‥‥‥‥‥‥‥　57

　　1）チームとは　*57*

　　2）チーム形成とその条件　*57*

　　3）対人援助チームの特徴　*60*

　2．チームの構築と活性化‥‥‥‥‥‥‥‥‥‥‥‥‥‥‥‥‥‥‥‥‥‥‥‥‥　61

　　1）チームの構築　*61*

　　2）チームの活性化　*63*

　　3）教育指導　*65*

　3．チームの目標・方針の決定とその展開‥‥‥‥‥‥‥‥‥‥‥‥‥‥‥‥‥‥　66

　　1）チーム目標・方針の設定　*66*

　　2）目標達成を目指した業務推進プロセス　*67*

Ⅱ．ストレスマネジメントの理論と方法……………………………………………… 69
　1．理　論　編……………………………………………………………………… 69
　　1）意義と必要性の理解　69
　　2）ストレスの考え方の理解　70
　　3）ストレッサーとなりうる認知症の理解度とその背景　73
　　4）ストレッサーとなりうる職場環境の理解　74
　2．方　法　編……………………………………………………………………… 75
　　1）ストレスマネジメントの意義と必要性を深めること　75
　　2）演習：ストレスに対応する：セルフケアの方法を体験する　77
　　3）演習：ストレッサーを知る，ストレス反応を知る　79

Ⅲ．ケアカンファレンスの技法と実践……………………………………………… 82
　1．はじめに………………………………………………………………………… 82
　2．チームケアにおけるケアカンファレンスの目的と意義……………………… 82
　　1）ケアカンファレンスとはなにか　82
　　2）チームケアにおけるケアカンファレンス　83
　3．チームケアにおけるケアの決定過程と共有化………………………………… 85
　　1）ケアを導く過程を相手に伝える　85
　　2）チーム内でケアの決定過程を共有する　87
　4．ケアカンファレンスを円滑に行うためのコミュニケーション……………… 88
　　1）報告・連絡・相談の違いを知る　88
　　2）建設的なコミュニケーションを図るポイント　89
　5．効果的なケアカンファレンスの展開…………………………………………… 92
　　1）事前準備　92
　　2）ケアカンファレンスの役割分担　93
　　3）効果的な議論を促すためのポイント　94
　　4）演習：模擬体験を通して効果的なケアカンファレンスを学ぶ　96

Ⅳ．認知症ケアにおけるチームアプローチの理論と方法………………………… 102
　1．認知症ケアにおけるチームアプローチの意義と必要性……………………… 102
　　1）チームアプローチの理解　102
　　2）チームアプローチとチームケア　105
　　3）チームケアの意義　106
　　4）認知症ケアにおけるチームケア　106
　2．認知症ケアにおけるチームの種類と特徴……………………………………… 106
　　1）チームアプローチの形態　107
　　2）多職種によるチームアプローチの役割と連携　108
　　3）チームアプローチにおける管理　109

　　　　4）認知症ケアへの有効性と留意点　*109*

　　　　5）チームアプローチとネットワーク　*111*

　　3．施設，在宅での認知症ケアにおけるチームアプローチの方法 ……………………… 112

　　　　1）施設サービスにおけるチームアプローチ　*112*

　　　　2）在宅サービスにおけるチームアプローチ　*113*

　　　　3）関係機関へのチームアプローチ　*114*

　　　　4）ケアプランとチームアプローチ　*114*

　　　　5）実践リーダーによるチームによる問題解決の流れ　*114*

　　　　6）指導能力を高める2つのスキル　*115*

第4章　認知症ケアの指導方法 ……………………………………………… 117

Ⅰ．職場内教育の基本視点 ……………………………………………………………… 119

　　1．人材育成における介護職員のとらえ方 ……………………………………………… 119

　　　　1）人材育成における介護職員のとらえ方　*119*

　　　　2）介護職員等への指導の目標と留意点　*119*

　　　　3）介護職員等に求められる態度・知識・技術の指導　*120*

　　2．指導者のあり方 …………………………………………………………………… 121

　　　　1）実践リーダーに求められる基本的態度の理解　*121*

　　　　2）介護職員等の指導における理念の理解　*122*

　　3．人材育成の意義と方法 …………………………………………………………… 123

　　　　1）人材育成の意義と目的　*123*

　　　　2）人材育成の方法の種類と特徴　*125*

　　　　3）課題に応じた人材育成の方法と効果　*127*

　　4．職場内教育の意義 ………………………………………………………………… 129

　　　　1）職場内教育（OJT）の有効性　*129*

　　　　2）Off-JT，自己啓発（SDS）の効果と課題　*130*

　　　　3）指導に必要な職場内教育（OJT）の技術　*131*

　　5．職場内教育（OJT）の実践方法 ………………………………………………… 134

　　　　1）職場内教育（OJT）のための介護職員の評価方法　*134*

　　　　2）人材育成の課題設定　*135*

　　　　3）受講者による学習目標の設定　*137*

　　　　4）人材育成の課題に応じた指導計画　*138*

Ⅱ．職場内教育（OJT）の方法の理解 ………………………………………………… 143

　　1．職場内教育（OJT）の指導技法 ………………………………………………… 143

　　　　1）スーパービジョンの理論と技法の理解　*143*

　　　　2）スーパービジョンの機能　*147*

　　　３）スーパービジョンの形態　*153*

　　　４）コンサルテーションとの違い　*156*

　　２．面接技法の理解………………………………………………………… 156

　　　１）面接技法を学習する意味　*156*

　　　２）面接技法の種類と方法　*157*

　　３．ティーチングの理論と技法の理解………………………………… 164

　　　１）ティーチングとは　*164*

　　　２）ティーチングの手順　*165*

　　　３）ティーチングのポイント　*167*

　　　４）ティーチングの意義と目的　*170*

　　４．コーチングの理論と技法の理解…………………………………… 171

　　　１）コーチングの意義と目的　*171*

　　　２）GROW モデルによるコーチング　*173*

　　　３）コーチングにおいてよく活用するコミュニケーション技法　*178*

　　　４）コーチングの留意点　*180*

　　　５）職場内教育（OJT）において指導技法を活用する際の留意点　*182*

　　５．指導における活用と留意点………………………………………… 185

　　　１）ティーチング・コーチング・面接技法の統合　*185*

　　　２）問題の全体像をとらえる　*185*

　　　３）報告を受ける過程での指導（事実と解釈を区別する）　*187*

　　　４）倫理的配慮　*187*

Ⅲ．職場内教育（OJT）の実践………………………………………………… 188

　　１．食事・入浴・排泄等への介護に関する指導計画（事例演習）……………… 188

　　　１）食事・入浴・排泄等への介護に関する介護職員等の力量とその評価　*188*

　　　２）食事・入浴・排泄等への介護に関する

　　　　　介護職員等の個別課題の明確化と指導目標の設定　*190*

　　　３）食事・入浴・排泄等への介護技術に関する指導計画の立案　*193*

　　２．行動・心理症状（BPSD）への介護に関する指導……………………… 205

　　　１）指導目標の考え方　*205*

　　　２）行動・心理症状（BPSD）への介護に関する

　　　　　介護職員等の力量評価と個別課題の明確化　*206*

　　　３）行動・心理症状（BPSD）への介護技術に関する指導方法　*214*

　　３．アセスメントおよびケアの実践に関する計画立案の指導方法………………… 226

　　　１）アセスメントおよびケアの実践に関する計画立案の指導　*226*

　　　２）アセスメントおよびケアの実践に関する

　　　　　介護職員等の力量評価と個別課題の明確化　*227*

　　　3）アセスメントおよびケアの実践に関する

　　　　介護職員等の指導目標の設定と指導計画の立案　*230*

　　　4）アセスメントおよびケアの実践に関する指導方法と指導成果の評価　*232*

　4．認知症ケアに関する倫理の指導方法……………………………………………… 233

　　　1）倫理的課題の解決方法　*233*

　　　2）倫理的課題の解決方法の理解　*239*

　　　3）リスクマネジメント　*246*

索　引……………………………………………………………………………………… 251

第1章

認知症介護実践リーダー研修総論

Ⅰ．認知症介護実践リーダー研修の理解

┌─**学習の Point**─────────────────────────────────
│ 本章では，認知症介護実践リーダー研修の目的・到達目標，研修科目との関連性を理解し，チーム
│ における認知症ケアを推進する実践リーダーに求められる役割，実践リーダーとしての自己課題
│ を確認し，学習目標を明確にする．
├──
│ キーワード：研修目的，科目との関連性，実践リーダーとしての強みと弱み，学習目標の明確化
└──

1．実践リーダー研修の目的と対象者

　従来の認知症介護実践リーダー研修（以下，実践リーダー研修）の目的は，「ケアチームにお
ける指導的立場として，実践者の知識・技術・態度を指導する能力および実践リーダーとして
のチームマネジメント能力を修得させること」を目的としており，実践リーダーとしてのチー
ムマネジメントの向上，認知症ケアに関する指導力の向上が期待されてきた．

　新たな実践リーダー研修では，認知症施策推進大綱に示された趣旨に合わせ，「事業所全体で
認知症についての理解のもと，本人主体の介護を行い，生活の質の向上を図るとともに，行
動・心理症状（Behavioral and Psychological Symptoms of Dementia：BPSD）を予防できるチー
ムケアを実施できる体制を構築するための知識・技術を習得することおよび地域の認知症施策
のなかでさまざまな役割を担うことができるようになること」に目的が改定されている．主な
変更点は，チームマネジメントの向上，指導力向上に加え，地域の認知症施策のなかでさまざ
まな役割を担うことが新たに追加されている点であり，地域の認知症ケアの質向上に関与する
ために必要な知識・技術の修得が期待されている．

　実践リーダー研修の対象者は，「介護業務におおむね 5 年以上従事した経験を有している者
であり，かつチームケアのリーダーまたはリーダーになることが予定されている者であって，
認知症介護実践者研修を修了し 1 年以上経過している者」と，従来の実践リーダー研修から変
更はない[1]（表 1-1）．

2．実践リーダー研修の到達目標

　新たな実践リーダー研修では，認知症施策推進大綱に示されている趣旨に合わせ，①認知症
の人や家族の支援を重視ながら認知症の人が尊厳と希望をもって認知症の人とともに生きるた
めの専門技術を修得する，②認知症があってもなくても同じ社会でともに生きる「共生」の実
現を支援することができる，③自施設・事業所および地域の認知症ケアの質向上の役割を担う
ことができる，という 3 つの具体的な到達目標を挙げている．

3．研修カリキュラムについて
1）研修カリキュラム全体の構成について

　実践リーダー研修は，①「認知症介護実践リーダー研修総論」，②「認知症の専門知識」，③「認

表 1-1 実践リーダー研修の目的と対象

	旧	新
研修の目的	ケアチームにおける指導的立場として実践者の知識・技術・態度を指導する能力及び実践リーダーとしてのチームマネジメント能力を修得させる	事業所全体で認知症についての理解のもと，本人主体の介護を行い，生活の質の向上を図るとともに，行動・心理症状（BPSD）を予防できるチームケアを実施できる体制を構築するための知識・技術を修得することおよび地域の認知施策のなかでさまざまな役割を担うことができるようになる
研修の対象者	介護業務におおむね 5 年以上従事した経験を有している者，かつチームケアのリーダーまたはリーダーになることが予定されている者で，認知症介護実践者研修を修了し 1 年以上経過している者	変更なし

厚生労働省老健局：「認知症介護実践者等養成事業の円滑な運営について」の一部改正について（老認発 0406 第 1 号）．厚生労働省，東京（2021）を参考に筆者作成．

表 1-2 研修カリキュラム全体の構成

	科目名	時間数
認知症介護実践リーダー研修総論	認知症介護実践リーダー研修の理解	90 分
認知症の専門知識	認知症の専門的理解	120 分
	施策の動向と地域展開	210 分
認知症ケアにおけるチームケアとマネジメント	チームケアを構築するリーダーの役割	180 分
	ストレスマネジメントの理論と方法	120 分
	ケアカンファレンスの技法と実践	120 分
	認知症ケアにおけるチームアプローチの理論と方法	180 分
認知症ケアの指導方法	職場内教育の基本的視点	240 分
	職場内教育（OJT）の方法と理解	360 分
	職場内教育（OJT）の実践	240 分
認知症ケアの指導実習	職場実習の課題設定	240 分
	職場実習	4 週間
	結果報告/職場実習評価	420 分

知症ケアにおけるチームケアとマネジメント」，④「認知症ケアの指導方法」，⑤「認知症ケア指導実習」の 5 つの柱から構成されている[2]（表 1-2）．

　①「認知症介護実践リーダー研修総論」では，「認知症介護実践リーダー研修の理解」を通じて実践リーダー研修の概要理解と研修における学習目標を明確にすることを目的としている．②「認知症の専門知識」では，「認知症の専門的理解」「施策の動向と地域展開」の科目を通じて，認知症に関する専門的知識および知識，最新の施策の動向，認知症の人を取り巻く社会的な課題である「認知症の人の意思決定支援」などについて理解し，説明できることを目的としている．③「認知症ケアにおけるチームケアとマネジメント」では，「チームケアを構築するリーダーの役割」「ストレスマネジメントの理論と方法」「ケアカンファレンスの技法と実践」「認知

症ケアにおけるチームアプローチの理論と方法」の科目を通じて，実践リーダーとしての役割，チームケアマネジメントに必要な具体的な手法について学習し，チームケアの意義と必要性について確認することを目的としている．④「認知症ケアの指導方法」では，「職場内教育の基本的視点」「職場内教育（OJT）の方法と理解」「職場内教育（OJT）の実践」の科目を通じて，職場内における指導に関する考え方や基本的態度について学習し，職場内教育の具体的な実践方法について修得することを目的としている．⑤「認知症ケア指導実習」では，「職場実習の課題設定」「職場実習」「結果報告／職場実習評価」の科目を通じて，研修で学んだ内容をもとに，介護職員等の認知症ケアの能力を評価する方法の立案・実践を通じて，認知症ケアの教育的指導方法について理解することを目的としている．

2）カリキュラム別の目的と概要

（1）認知症介護実践リーダー研修の理解

「認知症介護実践リーダー研修の理解」では，チームにおける認知症ケアを推進する実践リーダーの役割，実践リーダー研修の研修科目との関連性を踏まえたうえで研修の概要をすること，実践リーダーとしての自己の課題を確認し，実践リーダー研修における学習目標を明確にすることを目的としている．この科目では，認知症ケアを推進する実践リーダーとしての役割，実践リーダー研修の科目の必要性，研修全体の目的などを踏まえて，研修全体の概要を把握すること，実践リーダーとしての課題を認識し，研修における学習目標を明確にすることを到達目標としている．主な学習内容は，①実践リーダーの役割のポイント，②職場実習の課題設定の内容と実習の流れを含めた実践リーダー研修全体の概要の理解，③今後，実践リーダーという立場で認知症ケアを実践していくなかでの強みや弱みについて自己覚知し，実践リーダーとしての課題の明確化することである．

（2）認知症の専門的理解

認知症に関する研究が年々進展しているなかで，実践リーダーは最新の知識を用いて，認知症ケアの実践，指導，チームケアの向上に向けて取り組んでいくことが求められている．「認知症の専門的理解」では，認知症の人を1人の「人」として理解し，行動の背景のひとつである認知症の病態を理解したうえで，ケアを実践するための専門的知識を修得することを目的とし，認知症の人を1人の「人」としての理解を踏まえ，認知症に関する病態や治療に関する専門的知識の理解，原因疾患別の病態や経過のとらえ方，認知症の人を取り巻く社会的な課題に関する最新の知識を理解することを到達目標としている．主な学習内容は，①認知症の原因疾患と病態のとらえ方，診断基準，疾患別の中核症状とBPSD，認知症に起きやすい合併症，若年性認知症の特徴など認知症に関する理解，②原因疾患別の特徴や生活障害としての理解，認知症治療薬，薬物の主な作用機序と副作用，使用方法など医学的視点に基づいた介入方法，③認知症の意思決定支援やターミナルケア，若年性認知症の人の社会生活や就労，認知症の人の社会活動支援など認知症を取り巻く社会的課題についてである．

（3）施策の動向と地域展開

昨今，認知症に関連する制度の準備は進んできており，実践リーダーには地域包括ケアシス

テムの展開について理解し，介護職員等に説明・指導することが求められている．「施策の動向
と地域展開」では，認知症施策の変遷と最新の動向の理解，地域における認知症施策の展開を
知り，地域包括ケアシステムの構築に必要な関係機関との連携・参画できる知識を修得するこ
とを目的とし，認知症施策の変遷および具体的な展開方法，認知症ケアに関連する最新の施策
の動向について理解し，説明できることを到達目標としている．主な学習内容は，①認知症の
人やその家族の視点を踏まえた認知症施策の変遷，②認知症施策推進大綱の内容，認知症施策
上の実践リーダー研修の位置づけや意義など認知症施策の動向，③地域における認知症施策の
把握や展開方法，実践リーダーの役割など地域における認知症ケア関連施策の展開についてで
ある．

(4) チームケアを構築するリーダーの役割

チームケアよる認知症ケアの向上において，実践リーダーはチーム構築や活性化を促進する
チームビルダーとしての役割が期待されている．「チームケアを構築するリーダーの役割」で
は，チームの構築や活性化のためのチームリーダーとしての役割を理解したうえで，円滑に
チームを運用する者であることを自覚すること，チームにおける目標や方針の設定の必要性を
理解し，目標を踏まえた実践の重要性と展開方法を理解することを目的とし，チームとしての
特徴，チームの構築や活性化のための基本的な考え方や方法を説明できること，チームの方針
や目標を設定する必要性，目標を踏まえた実践展開の重要性を理解することを到達目標としてい
いる．主な学習内容は，①チームの意味や目的，種類，②チームの構築および活性化するため
の運用方法，③介護職員等へのストレスマネジメントや情報共有のためのカンファレンスの実
施，介護職員の動機づけなど，実践リーダーとしてのチームの目標や方針の設定と展開方法で
ある．

(5) ストレスマネジメントの理論と方法

実践リーダーとしてチームケアを活性化するためには，チームスタッフ1人ひとりのストレ
ス評価を行い，ストレスの度合いや原因に応じたストレス緩和を実行していくことが必要に
なってくる．「ストレスマネジメントの理論と方法」では，ストレスの仕組みと対処法を理解し
たうえで，実践リーダーとして介護職員等のストレス緩和やメンタルヘルスのマネジメントを
実践することができることを目的とし，チームにおけるストレスマネジメントの意義と必要
性，ストレスの仕組みと対処法，認知症ケアにおけるストレッサーと対処法，組織としてのメ
ンタルヘルス対策，実践リーダーが果たすべき役割，チームメンバーへの支援方法について理
解することを到達目標としている．主な学習内容は，①ストレスマネジメントの理論を踏まえ
たチームケアおよび認知症ケアにおけるストレスマネジメントの意義と必要性，②セルフケア
の方法や環境の調整方法など実際のストレスマネジメントの方法についてである．

(6) ケアカンファレンスの技法と実践

チームケアを実現するためには，利用者のニーズに基づき導かれたケアの目的や目標に沿っ
て決定したケアの方法について，決定のプロセスをチームメンバー間で共有することが必須で
あり，その方法のひとつとしてケアカンファレンスがある．「ケアカンファレンスの技法と実

践」では，ケアカンファレンスの効果的な展開方法を身につけ，チームにおける意思決定プロセスの共有を実現することを目的とし，チームケアの質の向上を目的としたケアカンファレンスの目的・意義・必要性の理解，チームにおける意思決定プロセスの共有化を図る方法としてのケアカンファレンスのあり方を理解し実践できること，チームメンバーのケアを導く思考過程を振り返り，職場において効果的な実践を促すためのケアカンファレンスを展開できることを到達目標としている．主な学習内容は，①チームケアにおけるケアカンファレンスの目的と意義，②「報告・連絡・相談」の違いや建設的なコミュニケーションのポイントを踏まえたケアカンファレンスを円滑に行うためのコミュニケーション，③効果的なケアカンファレンスの展開についてである．

（7）認知症ケアにおけるチームアプローチの理論と方法

チームケアを認知症ケアのなかで実践する際，実践リーダーにはチームアプローチを展開することが求められている．「認知症ケアにおけるチームアプローチの理論と方法」では，多職種や同職種間での適切な役割分担や連携の方法を踏まえ，認知症ケアにおけるチームアプローチの方法を理解し，実施するための指導力を身につけることを目的とし，認知症ケアにおけるチームケアの意義と必要性，チームの種類と特徴，チームアプローチの方法を理解することを到達目標としている．主な学習内容は，①認知症ケアにおけるチームアプローチの意義と必要性，②認知症ケアにおけるチームの種類と特徴，③施設・在宅での認知症ケアにおける効果的なチームアプローチの方法や関係機関へのチームアプローチの方法についてである．

（8）職場内教育の基本視点

実践リーダーには，認知症ケアを指導する立場として，チームのおける認知症ケアの質向上を目指し，チームケアを展開していくことが求められている．「職場内教育の基本視点」では，認知症ケアの指導に関する考え方や指導上の留意点など基本的態度を学び，認知症ケアの理念を踏まえた指導に執拗な視点の理解，職場内教育の種類，特徴を踏まえた実際の方法を修得することを目的とし，人材育成における介護職員等のとらえ方，職場内教育を行う指導者のあり方，チームマネジメントにおける人材育成の意義と方法，職場内教育の方法を理解することを到達目標としている．主な学習内容は，①介護職員への指導の目標と留意点，指導する態度，知識，技術など人材育成における介護職員等のとらえ方，②実践リーダーに求められる基本的態度，指導における理念の理解など指導者のあり方の理解，③人材育成の意義と目的，方法の種類と特徴，課題に応じた人材育成の方法と効果など人材育成の意義と方法，④職場内教育（OJT）の有効性，Off-JT，自己啓発の限界と職場内教育（OJT）の効用，指導に必要な職場内教育（OJT）の技術など職場内教育の意義，⑤職場内教育（OJT）のための介護職員等の評価方法，人材育成の課題設定，人材育成の課題に応じた指導計画など職場内教育（OJT）の実践方法についてである．

（9）職場内教育（OJT）の方法の理解

介護職員等の認知症ケアに関する技術向上には，スーパービジョンや個別指導など，職場内の指導による教育が有効であり，実践リーダーには，職場内教育（OJT）を実践し，チームケ

アの質向上をさせる役割が期待されている．「職場内教育（OJT）の方法の理解」では，介護職員等への指導に有効な具法の種類と特徴を理解し，職場で実践できる指導技術の基本を修得することを目的とし，職場内教育（OJT）における有効な指導技術の種類と実際の方法，認知症ケアの指導への活用と留意点を理解することを到達目標としている．主な学習内容は，スーパービジョンの理論と技術の理解，面接技法の理解，ティーチング・コーチングの技法の理解，指導技術を活用する際の留意点など職場内教育（OJT）における指導技法，ティーチング・コーチング・面接技法の統合，指導における倫理的配慮など指導における活用と留意点についてである．

（10）職場内教育（OJT）の実践

　実践リーダーとして認知症の人の能力に応じ，認知症の人の望む生活の実現に向け，介護職員を指導していく役割が期待されている．「職場内教育（OJT）の実践」では，ここまでのカリキュラムで学習してきた認知症ケアに関する指導技法について，食事・入浴・排泄の介護，BPSD，アセスメントとケアの実践方法などの具体的な実践場面で，どのように活用すればよいかを演習を通じて体験的に理解することを目的とし，食事・入浴・排泄への介護に対する指導計画の立案のあり方，BPSDへの介護に対する指導方法，アセスメントおよびケアの実践計画立案に関する指導，介護職員等に対する自己の指導の特徴について理解することを到達目標としている．主な学習内容は，①食事・入力・排泄への介護に関する介護職員等の力量と評価，個別課題の明確化と指導目標の設定，指導計画の立案など食事・入力・排泄への介護に関する指導計画，②BPSDへの介護職員等の力量と評価，個別課題の明確化と指導目標の設定，指導方法など，BPSDへの介護に関する指導，アセスメントおよびケアの実践に関する介護職員等の力量と評価，個別課題の明確化と指導目標の設定，指導方法と指導成果の評価などアセスメントおよびケアの実践に関する指導方法，④自己の指導の特徴の振り返りについてである．

（11）職場実習の課題設定

　「職場実習の課題設定」では，カリキュラムのすべての内容を生かし，職場における介護職員等の認知症ケアに関する態度，知識，技術を目的とした教育・指導を実践し，認知症ケアに関する指導方法の実際を体験的に理解し，職場における介護職員等の認知症ケアの能力の評価方法について理解することを目的とし，介護職員等の認知症ケアの能力に関する評価方法，指導に関する実習計画を立案できることを到達目標としている．主な学習内容は，①介護職員等の認知症ケアの能力に関する評価方法の理解と立案，②実習目標の設定，計画の作成など実習計画の立案である．

（12）職場実習

　「職場実習」では，カリキュラムのすべての内容を生かし，職場の介護職員等の認知症ケアの能力の評価，課題の設定・合意，指導目標の設定や指導計画を作成し，指導計画に基づいた認知症ケアを指導することを目的とし，介護職員等の認知所ケアの能力を評価し，課題設定・合意，指導目標の立案，目標に基づいた指導計画の作成，すべてのカリキュラムで学んだ指導方法を職場で実際に活用できることを到達目標としている．主な学習内容は，①認知症ケア能力

評価と課題の設定合意，②指導目標の立案方法の理解，③指導目標に応じた指導計画の作成，④指導計画に応じた基本的知識，ケアの目標やアセスメント方法への指導の実施についてである．

（13）結果報告／職場実習評価

「結果報告／職場実習評価」では，職場実習を通じて実施した認知症ケア指導の方法に関する課題やあり方について客観的・論理的に考察・報告し，実践リーダーとして指導の報告性を明確にすることを目的とし，指導方法の課題やあり方について客観的・論理的に考察・報告，指導に関する自己課題を評価し，指導の方向性を明確にすることができることが到達目標となっている．主な学習内容は，①認知症ケア指導の実践方法に関する自己の課題の整理と考察，②認知症ケア指導に関する方向性の明確化についてである．

> 【演習】
> 1．実践リーダーとして，今後認知症ケアの指導を行っていくなかで，どのような実践リーダーになりたいかを箇条書きで書き出してみましょう．
> 2．実践リーダー研修を通じて，自分自身が学びたい内容とその理由についてカリキュラムごとに書き出してみましょう．
> 3．実践リーダーとして，今後認知症ケアの指導を行っていくなかでの，自分自身の強みと弱みを箇条書きで書き出してみましょう．

【文　献】
1）厚生労働省老健局：「認知症介護実践者等養成事業の円滑な運営について」の一部改正について（老認発 0406 第 1 号）．厚生労働省，東京（2021）．
2）認知症介護研究・研修東京センター：認知症介護実践者等養成研修における受講の仕組みを含むカリキュラムのあり方に関する調査研究事業報告書．認知症介護研究・研修東京センター，東京（2021）．

第2章

認知症の専門知識

Ⅰ. 認知症の専門的理解

┌─ **学習の Point** ─
・実践者研修で学んだ認知症の医学的知識を深め，病態について理解する．
・有害事象（副作用）も考慮しながら，原因疾患別の特徴も踏まえたうえで薬物療法を理解する．
・認知症の行動・心理症状（BPSD）に対してはケアが唯一ではないものの，非薬物介入が第一選択であることをしっかり確認する．
・認知症を取り巻く今日的課題（若年認知症，ターミナルケア等）について理解し，それらを介護現場のスタッフに伝え，スタッフを指導する力を養う．
─
キーワード：認知症の原因，認知症の診断，認知症の薬物療法，認知症の行動・心理症状（BPSD）に対する非薬物介入，若年認知症の社会生活と就労

1．脳の解剖と機能

　神経系は解剖学的に中枢神経と末梢神経に大きく分けられるが，中枢神経のなかで頭蓋腔内にあるものを脳，脊髄腔内にあるものを脊髄とよぶ．

　脳はさらに大脳（終脳），間脳，中脳，橋，延髄，小脳に分けられる．

　中脳，橋，延髄は合わせて脳幹とよばれ，呼吸や循環といった自律機能をつかさどり，生命維持には欠かせない部位である．また，脳幹は眼筋や顔面，咽頭，喉頭，舌といった部位に分布する脳神経の核を有し，咀嚼，嚥下，発語等の機能に大きな役割を演じている．

　間脳は脳幹の上の中央部にあり，触覚，痛覚等の伝導路の中継地であるが，間脳のなかでも視床下部や下垂体は内分泌機能を有している．

　小脳は運動や姿勢保持，姿勢変換の際のバランス機能にとって重要である．

　大脳は人でとくに発達していて，運動や感覚の中枢であるとともに，思考，判断，言語など，認知機能に大きく関与している．認知症で障害されるのは主として大脳である．

　脳が他の臓器と異なるのは，部位ごとに役割が分担されていることである．たとえば，肺は左右あるいは部位にかかわらず基本的にガス交換を行う．これに対し，脳とくに大脳では，四肢，体幹の運動をつかさどる運動野，触覚，痛覚等の感覚をつかさどる感覚野，言語をつかさどる言語野等，部位によって別々の働きを有する．これを脳の機能局在とよぶ．認知機能も例外ではなく，脳のどの部位が障害を受けるかで発現する症状が異なる（図2-1）．

2．認知症と軽度認知障害

1）認知症

　認知症について世界保健機関（WHO）では，「さまざまな原因による後天的な脳の障害で認知機能が低下し，通常の日常生活が妨げられるようになった状態」で，「意識障害，せん妄，知的障害，精神発達障害，老化のみ」によらないものとしている[1]．

2）軽度認知障害（MCI）

　認知症が日常生活に支障をきたす状態であるのに対し，軽度認知障害（Mild Cognitive

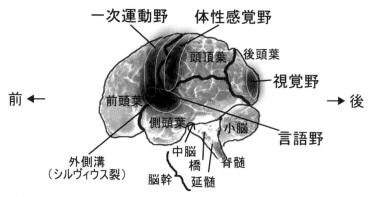

図 2-1 脳の部位と機能（左脳）

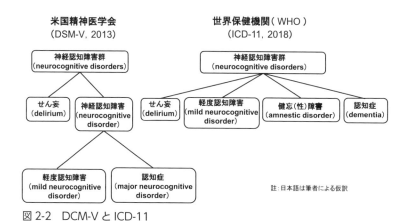

図 2-2 DCM-V と ICD-11

Impairment：MCI）は本人あるいは第三者による客観的な認知障害は認められるが，日常生活，社会生活に支障をきたさない状態をいう．

3）認知症の呼称

　認知症の診断としては，WHO の国際疾病分類第 10 版（ICD-10）や，米国精神医学会（APA）の精神疾患診断統計便覧第 4 版改訂版（DSM-Ⅳ-TR）が長い間用いられてきたが，2013 年に DSM-Ⅴが出され，そこでは認知症は神経認知障害群（neurocognitive disorders）のなかの大神経認知障害（major neurocognitive disorder）としてとらえられ，dementia という言葉を使っていない．DSM-Ⅴはあくまでも APA の基準であり，2018 年に WHO から発表された国際疾病分類 11 版（ICD-11）[1]では DSM-Ⅴを参考にしつつ，認知症（dementia）という言葉はそのまま残した．また，DSM-Ⅴでも ICD-11 でも，従来の MCI の呼称を mild cognitive disorder とし，impairment より一歩踏み込んで，疾患であるという位置づけを強調している．

　DSM-Ⅴと ICD-11 の比較を図 2-2 に示す．今後わが国の保険診療で使用される疾病分類も ICD-11 に準じることになると思われるが，現時点では従来の用語が使用されており，本テキストでもそれを使用する．

World Health Organization（2018）「ICD-11：International classification of diseases 11th revision」（https://icd.who.int/en/）を参考に筆者が作成.

図 2-3　認知症の症状

3．認知症の症状

　認知症の症状には大きく，認知機能そのものの障害である認知症状と行動・心理症状（Behavioral and Psychological Symptoms of Dementia；BPSD）とがあること，またその具体的な症状についても実践者研修ですでに学んだことであるが，ここでは ICD-11 を参考にし，要点を述べる.

　認知症状のことをわが国では通常中核症状とよんでいるため，本稿でもそれに準じる.

1）中核症状

　認知症の中核症状としては，図 2-3 に示すようなものがある．これらは主として脳組織の障害（変性，壊死等）に基づくものであるが，必ずしもすべてが現れるわけではない．また，従来，必須とされた記憶障害も，前述 DSM-V や ICD-11 では他症状と等価，並列に扱われている.

（1）記憶障害

　記憶は内容，保持期間などによっていくつかの分類があるが，保持期間の視点から医学・医療分野では一般に即時記憶（短期記憶），近時記憶，遠隔記憶に分けている．このうち，認知症で障害されやすいのは近時記憶である.

　近時記憶は「現在の体験」を比較的短い時間（分〜日の単位）保持する記憶であり，認知症では，とりわけ「食事をした」「友人と会った」などの自分自身の体験である「エピソード記憶」の障害が目立つ.

　昨日電話をかけてくれた人の名を問うと，電話がかかってきたこと自体を思い出せないなどである.

（2）遂行機能障害

　目的をもった行為を遂行する機能の障害で，平たくいえば，段取りを組んで行う行為の障害である.

遂行機能障害は前頭葉，とくに前頭前野とよばれる，前頭葉のなかでも前方の部位の障害で起こると考えられる．

（3）注意障害

種々の作業に際し集中力を欠き，通常よりも時間がかかることなどがある．高度になると，複数の刺激（テレビと家族の会話等）を受けると気が散ってうまく対応できない．これも遂行機能障害同様，前頭前野の機能障害によると考えられる．

（4）言語障害（失語）

必要な言葉が構築できず，話したり書いたりすることができなくなった，あるいは，みたり聞いたりした言葉の意味がわからなくなった，流暢に話せなくなったといった状態をいう．言語機能の主要な中枢は右利きの人の場合，左大脳半球前頭葉から側頭葉にかけての外側溝（シルヴィウス裂）（図2-1参照）近傍であるが，他のいくつかの部位が関連している場合もあり，必ずしも単純ではない．

（5）社会的認知・判断力障害

状況に即した言動が障害された状態で，抑制がとれた（脱抑制）状態ともいわれ，前頭葉症状のひとつである．

隣に座っている人のおいしそうなおやつを失敬してしまったり，みなで話をしているときに1人だけ立ち去ったりするといった，社会的に適切とはいえない行為につながることもある．

（6）精神運動速度低下

精神運動速度は思考やそれに基づく運動の速さであり，しばしば「反応速度」が指標として用いられる．精神運動速度の低下は，一般的には「反応の鈍さ」ととらえられ，思考やそれに基づく行動が遅くなる．

問いかけに対する返答や，そのときの発語速度が遅くなることなどがある．

（7）視空間認知障害

自分自身や身体の一部の空間での位置が認識できなかったり，視空間の半側（多くは左側）がみえているのに認識できなかったりする状態で，後頭葉にある視覚野近傍の障害で出現するとされる．

たとえば，時計の絵（数字，長針，短針のあるもの）を描いてもらうと，右半分だけ描き，左半分がすっぽり抜けるといったようなことが起こる．

2）行動・心理症状（BPSD)

認知症では前項に記したような中核症状に加え，易興奮性，抑うつなどの行動障害や心理症状がみられることがあり，これらを行動・心理症状（BPSD）とよぶ．

主な行動・心理症状（BPSD）の症状には図2-3に示すようなものがある．

行動・心理症状（BPSD）は中核症状に対して「周辺症状」とよばれ，二次的症状とされたこともあるが，レビー小体型認知症（Dementia with Lewy bodies；DLB）にみられる幻視や前頭側頭型認知症の攻撃性のように疾患そのものに基づくものもあり，その場合，決して「二次的症状」ではない．ただ，実際には本人の身体的変化（合併症等）や薬物，環境因子（物理的，

人的）がかかわっていることが多い．

　疾患そのものによる行動・心理症状（BPSD）の例としては，DLB における幻視が代表的で
あるし，前頭側頭型認知症における社会的認知障害自体は中核症状であるが，その結果，ささ
いなことで人を大声でどなりつけたり人に暴力を加えたりすれば，それは行動・心理症状
（BPSD）といえる．

3）中核症状と行動・心理症状（BPSD）

　中核症状の理解に際しては，「脳の障害によるものだから，そのまま認めるしかない」ととら
えるのではなく，「中核症状の出現は不可避であっても，その程度は認知症の人の体調や環境，
周囲のかかわりによって変わりうる」ととらえるべきである．

　中核症状は認知症であればそのどれかがみられるが，行動・心理症状（BPSD）はすべての
認知症の人に出現するわけではない．行動・心理症状（BPSD）の出現には環境要因がより強
くかかわっている場合が多いため，まずはその人の背景要因を探ることが重要である．要する
に，行動・心理症状（BPSD）の発生機序は中核症状と比べ，より多彩であるといえる．

　また，中核症状と行動・心理症状（BPSD）は単に症状そのものによる分類であり，発生機
序による分類ではない．また，介護者を「わずらわせる」症状だけを行動・心理症状（BPSD）
とよぶものでもない．

4）認知症にみられる身体症候および合併症

　認知症では中核症状，行動・心理症状（BPSD）以外にも，身体症候[1]や合併症がみられる
ことがある．認知症の人に対しては，単に認知機能だけではなく，認知症に合併しやすい身体
症状にも注意すべきであり，主なものを述べる．

（1）転倒，骨折

　血管性認知症や DLB のように運動障害を伴う場合は転倒しやすく，大腿骨頸部骨折等の外
傷につながる可能性がある．

　麻痺等の身体症状がなくても，認知症の症状としての視空間認知障害や注意障害があると，
畳の縁程度のわずかな障害物にでも歩行が妨げられ，転倒に至ることがある．

　認知症の人は転倒しやすいことをたえず念頭におく必要がある．

　また，認知症の人は向精神薬を服用していることがあり，その場合，転倒のリスクは確実に
高くなる．

（2）脱　　水

　高齢者では一般に口渇に対する感覚が鈍くなるが，認知症ではそれに加え，口渇を訴えるこ
とができなくなる場合もあり，脱水を起こしやすい．根拠のない大量の水補給は無用であり，
ときに有害ですらあるが，皮膚や口腔内の状態，あるいは食事量等を注意深く観察し，脱水に
陥らないよう対応すべきである．

（3）肺　　炎

　認知症高齢者では誤嚥性肺炎がしばしばみられる．咀嚼・嚥下障害に伴うものが多く，発熱
を伴わないこともあり，発見が遅れやすい．

咳や痰があれば当然注意するのであろうが，そのような症状がなくても，肺炎は全身状態の悪化につながりやすいため，いつもと比べて元気がなかったり，顔色が不良であったりした場合には肺炎の存在も念頭におき，早めに医療につなげることを考えるべきである．

（4）褥瘡，火傷

認知症では感覚に対する認知機能も低下していることがあり，その場合，痛覚や温度覚の認識ができない．また，痛みや熱を感じても，それを言語化して表現することができないため，周囲に気づかれないことも多い．

一方，痛み等の不快な感覚は行動・心理症状（BPSD）を誘発する可能性があり，ケアに当たる人が，認知症の人の「不穏状態」や「興奮状態」に接したときには，身体に不快感覚を伴う変化が起こっていないかどうかを確認すべきである．

（5）起立性低血圧，食事性低血圧

高齢者では起立時の血圧維持機能が低下し，立ったときに急激な血圧低下をきたすことがあるが，とくにDLBでは自律神経も障害されるためより頻繁に出現し，ときにショック状態に陥る．起立性低血圧は転倒・骨折の原因にもなりうる．また，食事中，あるいは食後に急激な血圧低下を起こすこともあり，食事性あるいは食後低血圧とよばれる．

起立性低血圧も食事性低血圧もときに生命をおびやかすため，起立時の変化（座り込んでしまう等），食事中，食後の状態（いすから滑り落ちる等）をいち早く察知し，不測の事態を回避したい．

（6）強制把握，吸啜反射

前頭葉障害でよくみられる身体症状である．

手に触れたものを握ってしまう（強制把握），口唇に触れたものを吸う（吸啜反射）といった行動を指す．新生児では普通にみられる原始反射であるが，成長するにつれ消失する．しかし，成人では前頭葉機能が障害された場合に出現する．

（7）歯周疾患

認知症の人では口腔の清潔が保てず，歯周疾患に陥りやすい．歯周疾患にまで至らなくても，口腔内の清潔が保てないと誤嚥性肺炎を起こしやすくなることが知られている．最低1日1回の口腔ケアは怠らないようにしたい．

4．認知症の原因疾患と発生機序，症状および対応のポイント

ここでは認知症の原因となる疾患について述べるが，いわゆる4大認知症の特徴については認知症介護実践者研修ですでに学んだとおりであり，一部はそれらの繰り返しになる．それぞれの疾患に特有な症状もみられるため，疾患ごとの対応についてもここで述べる．この項では，症状の特徴を理解し，スタッフに伝える際の参考にしてもらえればよい．

1）神経変性疾患

脳内の神経細胞の脱落により発症する認知症で，病理学的特徴によりいくつかの疾患がある．

(1) アルツハイマー型認知症

わが国における認知症の原因のうち 60〜70％を占める疾患で，海馬を中心とした神経細胞の脱落により起こる．

大脳の主として側頭葉，頭頂葉，前頭葉に β アミロイドという蛋白が蓄積した老人斑とよばれる異常構造物が出現し，それによってタウ蛋白が蓄積した神経原線維変化とよばれる変化が神経細胞内に起こる．そして，神経細胞は死滅し（変性），脳は萎縮する．

多くは記憶障害を初発症状とするが，言語障害や遂行機能障害で始まる例もある．

経過は緩徐進行性で，やがては全介助状態になる．

通常，遺伝性はないが，なかには常染色体顕性遺伝を示すものもあり，その多くは若年発症である．

もっとも特徴的な症状である記憶障害は，「同じことを何度も繰り返し言ったり聞いたりする」や「約束を破る」などの形で現れる．それらに対しては，一方的に否定したり説得したりするのではなく，まずは言い分を受け入れ，ちょっとしたヒントを与えながら誘導していくことも必要である．

同じことを執拗にたずねたり，無理な計算を強いたりといった対応は，本人を傷つけ，場合によっては易怒性やうつ状態といった行動・心理症状（BPSD）を誘発する可能性もあるので慎みたい．

(2) レビー小体型認知症（DLB）

神経変性疾患としては認知症のなかで 2 番目に多い．

1976 年，小阪らが認知症にパーキンソン病様症状を伴う例の病理所見を報告し，そのなかで，パーキンソン病の脳幹部に現れるレビー小体という異常蛋白が大脳皮質にもみられることを指摘し，びまん性レビー小体病と名づけた．その後，国際ワークショップ等で論議され，診断基準とともにレビー小体型認知症（DLB）とよばれることになった．

DLB では認知機能の低下に先行して，パーキンソン病と同様あるいは類似の運動障害が現れることがある．認知機能障害で発症しても，経過の途中でパーキンソン病様症状を伴うことが多い．したがって，認知症のなかでもとりわけ転倒しやすい疾患である．

本疾患では，自律神経も障害されることが多く，「認知症にみられる身体症候および合併症」の項で述べたように，起立性低血圧や食事性（食中，食後）低血圧が頻繁に起こる．

また，本疾患では幻覚（とくに幻視）が現れることが多く，その幻視は「虫がいる」「（そこにいないはずの）○○がいる」など，かなり具体的である．本人が幻視を訴えるときなどはむやみに否定するのではなく，病初期で本人の理解力がまだ保たれていれば，それが症状であることを説明することで納得してもらえる場合もある．

レム睡眠行動障害（REM Sleep Behaviour Disorder；RBD）といわれる症状も，DLB ではよく出現する．たとえば，夜中に急に起きて出勤の準備をしようとするなどである．RBD は本疾患特有の症状というわけではないが，DLB は RBD を伴いやすい疾患である．

そのほかの特徴としては，症状の日内および日による変動があることで，とくに病初期に目

立つ. また，薬剤に対する過敏性がみられ，少量の向精神薬であっても傾眠状態になったり，悪性症候群を誘発したりすることがある.

　本疾患も変性疾患の特徴として緩徐に進行し，末期には全介助状態になる.

　DLB は病変や症状の共通性やつながりから，パーキンソン病と同じスペクトラムにあるとする考えもある.

　画像診断的には，ドパミントランスポーターシンチグラム（DAT スキャン）や心筋シンチグラム（MIBG シンチグラム）が利用される.

(3) 前頭側頭型認知症

　神経細胞の変性が前頭葉，側頭葉を中心に起こる疾患である. かつてピック病とよばれていた疾患もここに含まれる.

　本疾患では，記憶障害よりも言語障害（側頭葉病変）や抑制のとれた行動（前頭葉病変）が目立つ場合が多い.

　前頭側頭型認知症は，症状から行動障害型前頭側頭型認知症（bv-FTD），進行性非流暢性失語（PNFA）（流暢に話せない），意味性認知症（SD）（言われたことの意味が理解できない）に分けられ，とくに bv-FTD では，ときとして社会的に適切ではない行動につながる. もちろん，その場合でも本人に悪気があるわけではない. したがって，こういった行動を叱責や説得で抑えるのは困難である.

　また，机を一定のリズムでたたく等の常同行動がみられることも多い. 常同行動を日常生活に取り入れることで，安全な生活に導ける場合もある.

　前頭葉症候としては，このほかに強制把握（手に触れたものを握ってしまう）や吸啜反射（口唇に触れたものを吸う）がみられるのは前述のとおりである.

　前頭側頭型認知症に筋萎縮を伴い，筋萎縮という視点からは「認知症を伴う筋萎縮性側索硬化症」ともよばれるものもある.

　前頭側頭型認知症のうち前頭側頭葉変性症とよばれる疾患は難病に指定されているため，支援にあたってはその点を考慮するとよい.

(4) 嗜銀顆粒性認知症

　近年注目されるようになった疾患で，脳内に嗜銀性顆粒という銀で染まる構造物がみられることを特徴とする. 比較的高齢で発症し，記憶障害とともに初期から易怒性がみられることが多い.

　アルツハイマー型認知症と比べ進行はゆるやかであるとされている.

(5) そのほかの神経変性疾患

　ハンチントン病は常染色体性顕性遺伝を示す変性疾患で，認知機能障害と不随意運動を特徴とする. 比較的若年（40 歳前後）に性格の変化や自分の意図とは無関係に四肢をクネクネと踊っているように動かす舞踏様運動で発症することが多く，落ち着きがなかったりすぐ怒ったり（易怒性）するのも特徴である. 多い疾患ではないが，顕性遺伝のため，地域によっては本疾患が集積している場合がある.

　進行性核上性麻痺（PSP）ではパーキンソン病様症状に加え，前頭葉症状（脱抑制）が現れる．近縁の疾患である**大脳皮質基底核変性症**（CBD）では，左右差を有する四肢の不随意運動，失行などがみられる．認知機能障害が前面に出ると，とくに CBD では DLB との鑑別が必要になることもある．また，この 2 疾患は前頭側頭型認知症の一型であるともいえる．いずれも転倒傾向の強い疾患であり，起立・移動時には注意が必要である．

2）血管性認知症

　脳血管障害（CVD）に関連した認知症で，通常は CVD（脳梗塞，脳出血等）を発症してから数か月以内に認知症の症状を発する．わが国ではアルツハイマー型認知症に次いで多い認知症であり，診断には頭部 MRI 検査が有用である．

　多発性脳梗塞のように原疾患そのものがゆっくりとした経過を示す場合には，認知症の症状の発現も比較的ゆるやかである．ただし，神経変性疾患のように連続曲線的に進行するというよりも，わずかなりとも階段状の悪化を示す場合が多い．また，必ずしも症状が進行していくというものでもなく，なかにはほとんど変化なく経過する例もある．

　高血圧，脂質代謝異常，糖尿病などの基礎疾患を有することが多く，しばしば心疾患を合併する．

　脳血管障害の部位により，片麻痺，構音障害，嚥下障害等の認知機能以外の神経症候を呈することが多い．

　血管性認知症のなかには CADASIL（顕性遺伝），CARASIL（潜性遺伝）とよばれる特殊な遺伝性脳血管疾患があり，動脈硬化を伴って脳内に広範な梗塞巣をつくり，多くは 30 歳代で認知症を発症する．そして症状は緩徐に進行する．

　また，大脳，側脳室周辺の白質に広範な血管病変を有するビンスヴァンガー（Binswanger）病は身体症候が乏しいことから，ときにアルツハイマー型認知症との鑑別がむずかしい．

3）正常圧水頭症

　大脳でつくられる髄液（脳脊髄液）の循環が悪くなり，脳室内にたまってしまうものを水頭症といい，通常は髄液圧が高くなるが，なかには髄液圧の上昇を伴わないことがあり，正常圧水頭症（Normal-Pressure Hydrocephalus；NPH）とよばれる．NPH では認知機能障害とともに歩行障害，排尿障害なども現れる．歩行は開脚小股で転倒しやすい．原因不明のもの（特発性 NPH）が多いが，くも膜下出血や外傷後に起こってくるものもある．

　脳画像（CT，MRI）で典型的な所見を呈するが，認知機能障害が NPH のみで説明できるものばかりではなく，他疾患（とくにアルツハイマー型認知症）を合併している場合もあり，診断と治療には注意を要する．

　NPH の治療としては，手術で脳室（側脳室）から直接脳室外へ髄液を流す方法（シャント術）があり，歩行障害に対しては比較的よい効果を示すが，認知機能障害や排尿障害に対しての効果はそれよりも劣る．

　シャント術がうまくいったとしても完治するとは限らないため，転倒しやすさには十分な注意が必要である．

4）慢性硬膜下血腫

　高齢者では軽微な頭部外傷でも硬膜下血腫を生じることがある．通常は片側性であり，血腫と反対側の運動障害や感覚障害を伴うが，両側性に血腫を生じると身体症状に左右差がみられにくいため，診断がむずかしい場合がある．また，高齢者ではもともと脳が多少なりとも萎縮しているため，血腫による脳の圧迫症状が現れにくく，診断が遅れる場合もある．血腫による圧迫が強く，そのための症状であることが確認されれば外科的に血腫除去術を行う．改善しうる認知症であり，見逃しはできない．そのため，頭部 CT スキャンや MRI 等の画像検査が必須である．

　施設等の介護現場で，もともと認知機能障害がある入所者に認知機能障害の悪化や身体症状が比較的急速に現れた場合は，本疾患も念頭において対応すべきであろう．

5）感 染 症

　細菌やウイルスによる脳炎に罹患し，その後遺症として認知症がみられることがある．単純ヘルペス脳炎，日本脳炎といった急性感染症はわかりやすいが，慢性あるいは亜急性に発症するものでは変性性の認知症との鑑別が重要である．代表的なものはクロイツフェルト・ヤコブ病である．

（1）クロイツフェルト・ヤコブ病（Creutzfeldt-Jakob disease；CJD）

　急速に進行する認知症と全身の「ミオクローヌス[(2)]」とよばれる不随意運動を特徴とする疾患である．

　原因不明の散発性（孤発性）のものや遺伝性のものがあるため，単純に感染症に加えるには無理があるが，変異型 CJD とよばれるものでは，異常プリオンとよばれる感染性因子を摂取することにより発症したり，異常プリオンを有する人からの角膜や硬膜の移植によっても引き起こされたりするため，日常臨床では感染症として理解されている．

　頭部 MRI の拡散強調画像で特徴的な所見を示すため，医療現場では確実な診断が望まれる．

　急性ないし亜急性に進行し，通常，発症から1〜2年で死亡するため，全経過を通して医療の対象であることが多い．

（2）ウイルス性脳炎

　日本脳炎，ヘルペス脳炎等の急性脳炎に罹患し，その後遺症として認知症が残る場合がある．とくに，単純ヘルペス脳炎では罹患者の30〜50％に記憶障害，そのほかの認知機能障害等の後遺症を残す．一般的には変性性疾患のような進行性はみられない．

　近年世界中にまん延した新型コロナウィルス感染症（COVID-19）の後遺症として，認知機能障害の存在が知られてきているが，詳細は今後の研究を待たなければならない．

（3）神経梅毒

　スピロヘータの一種である梅毒トレポネーマによる感染症で，性感染症の代表である．感染から10年以上の潜伏期間をおいて多臓器に病変が及ぶことがあり，その病変部位が脳や脊髄の場合，神経梅毒とよばれる．それらのうち，進行麻痺では認知機能障害やけいれんがみられる．

6）そのほかの疾患および認知症と類似の症状をきたす疾患，病態

　脳自体の疾患でなくても認知症と類似の症状を呈することがあり，「治療可能な認知症」と称されることもあるが，認知症のカテゴリーで扱うよりも，内科疾患として脳以外の組織に対するアプローチが重要である．

（1）甲状腺機能低下症

　文字どおり甲状腺の働きが低下する疾患で，典型的な症状としては，全身倦怠，思考力低下，全身の浮腫，皮膚の乾燥などがあり，とくに高齢者の場合は身体症状が目立たない場合も多く，思考力の低下はしばしば認知症と誤認される．とくに，在宅や介護系の施設に入所していて医療の場とのかかわりが少ない場合に見落とされやすいため注意を要する．

（2）ビタミン欠乏症

　ビタミン，とくにビタミンB群の欠乏で認知機能が低下することがある．

　よく知られているのはビタミンB1欠乏によるウェルニッケ脳症で，通常は運動失調，記憶障害，眼球運動障害が現れる．早期にビタミンの補充等の治療を行えば回復しうるが，長期に放置すると不可逆性になってしまう．

　なお，ビタミンB1欠乏による末梢神経障害や心不全は脚気とよばれる．

　いずれも，アルコールの多飲やビタミンB1の含量が少ない飲料，食物などで引き起こされることがある．

（3）そ　の　他

　肝疾患，腎疾患（慢性腎不全等），呼吸器疾患等で認知症と類似の症状がみられることがある．

　こういった内科的疾患では，初期の医学的対応が適切であれば認知機能が完全に回復することがあるため，それらの疾患の存在を理解し医療につなげることが重要である．

5．認知症の治療

　認知症の治療についても認知症介護実践者研修で履修しているため一部重複するが，薬剤の有害事象（副作用）に留意すべきであることも踏まえ，再度触れることにする．

1）薬物療法

（1）現在行われている薬物療法

　認知症のなかでもっとも頻度の高い疾患がアルツハイマー型認知症であり，認知の治療薬はアルツハイマー型認知症に焦点を当てて開発されている．

　アルツハイマー型認知症の主症状（中核症状）は脳の神経細胞の変性により，神経伝達物質であるアセチルコリン（ACh）が減少することにより発現すると考えられる．したがって，現在市販されている認知症治療薬は，第一義的に脳内のAChを増加させることを目的に開発されたものである．

　それらの薬剤の作用は，AChを分解する酵素であるアセチルコリンエステラーゼ（AChE）の働きを阻害することにより脳内AChの低下を防ぐことである．

表 2-1　認知症治療薬

薬剤の種類	アセチルコリンエステラーゼ阻害薬			グルタミン酸受容体阻害薬
薬剤名	ドネペジル塩酸塩	ガランタミン臭化水素酸塩	リバスチグミン	メマンチン塩酸塩
作用機序	AChE 阻害	AChE 阻害 ACh 受容体刺激	AChE 阻害 BuChE*阻害	グルタミン酸受容体阻害
剤形	錠剤　口腔内崩壊錠 ゼリー　ドライシロップ	錠剤　液剤	貼付剤	錠剤
適応症	アルツハイマー型認知症 レビー小体型認知症	アルツハイマー型認知症	アルツハイマー型認知症	アルツハイマー型認知症
半減期	長い	短い	やや長い	長い
用法	1 回／日　漸増法	2 回／日　漸増法	1 回／日　漸増法	1 回／日　漸増法
代謝	肝	肝	腎	肝
主な有害事象	食欲不振 嘔気，嘔吐 下痢 心伝導障害 興奮			めまい 頭痛 傾眠 肝機能障害

　最初に開発された薬剤がドネペジル塩酸塩で，その後，ガランタミン臭化水素酸塩とリバスチグミンが市販されるようになった．

　また，アルツハイマー型認知症では，認知機能に関係するグルタミン酸の脳内受容体の機能が異常に活性化されることから記憶障害が惹起されると考えられるため，グルタミン酸受容体拮抗物質であるメマンチン塩酸塩が開発された．

　したがって，現在は 4 種類の認知症治療薬が市販されている．これらの作用，有害事象（副作用），使用法等の概要を表 2-1 にまとめる．いずれの薬剤も認知症の症状進行をある程度抑制するものであり，認知症を根本的に治療するものではないが，薬剤の使用初期には認知機能が多少改善する場合もある．

（2）認知症に対する新しい治療法への挑戦

　前述のように，現在使用されている薬剤は認知症の症状が出てから症状を緩和させる，あるいは症状の進行を抑える可能性しかなく，認知症の根本的な治療とはいえない．

　アルツハイマー型認知症の場合，脳内の病的変化は症状が発現する 15〜20 年前から始まっていると考えられる．したがって，より初期に病的変化自体を食い止めることができれば，症状の発現に至らずにすむ可能性がある．このような視点から，現在では病態抑制治療の開発研究が行われ，2021 年 6 月には米国食品医薬品局（FDA）で脳内のアミロイド β 蛋白の集積を抑制するアデュカヌマブという薬品が条件つきで承認されたが，わが国では同年 12 月，効果の確認が不十分として承認が見送られた．

　実際の有効性については未知の部分も多く，今後の使用経験を見守りたい．

2）行動・心理症状（BPSD）への対応

　前述のように，行動・心理症状（BPSD）には脳の病変そのものに基づくものもあるが，さ

まざまな身体的，環境的要因が関与して発現することも多いため，より多面的な対応が必要である．

　一方，医療現場では抗精神病薬，抗うつ薬，抗不安薬，睡眠導入薬等の向精神薬がしばしば用いられている．しかし，これらの薬剤が行動・心理症状（BPSD）を誘発したり，症状を悪化させたりする可能性も指摘され，厚生労働省の研究班では「かかりつけ医のための BPSD に対応する向精神薬使用ガイドライン（第 2 版）」（ガイドライン）[2]を作成し，注意を促している．

　それによれば，行動・心理症状（BPSD）への対応の第一選択は非薬物介入が原則であり，向精神薬を使用する場合には十分な説明を行い，本人あるいは代諾者から同意を得ることが強調されている．

　ケア現場のスタッフには，行動・心理症状（BPSD）に対し医師等に無批判に薬物療法を要望するのではなく，まずは行動・心理症状（BPSD）が発現している背景を考えることが望まれる．

（1）薬物療法

　主な向精神薬には次のようなものがあるが，いずれの薬剤も服用により転倒傾向が高まるため，十分な注意が必要である．

　また，行動・心理症状（BPSD）を予防する薬剤はこれまでのところ知られていない．

　①抗精神病薬

　抗精神病薬の適応症に認知症の行動・心理症状（BPSD）は含まれていないが，2011 年 9 月 28 日付の厚生労働省保険局医療課長の通達により，「器質的疾患に伴うせん妄，精神運動興奮状態，易怒性に対し，クレチアピン，ハロペリドール，ペロスピロン，リスペリドンの適応外使用が許可」された．

　抗精神病薬の行動・心理症状（BPSD）に対する効果には十分なエビデンスはないが，使用にあたっては非薬物介入と組み合わせ，できる限り多剤を併用せず，使用薬剤自体もできる限り少量にすることが求められる．

　有害事象としては，パーキンソン病様症状（薬物性パーキンソニズム）としての寡動，筋強剛，構音障害等が挙げられ，それらは転倒，骨折に直結する．また，長期服用により，口周囲，顔面等の身体各部に不随意運動がみられることもある．悪性症候群[3]はときに致命的であるため，とくに注意が必要である．

　②抗うつ薬

　認知症に伴ううつ状態や前頭側頭型認知症の脱抑制等に有効である場合がある．薬剤としては，選択的セロトニン再取り込み阻害薬（SSRI）やセロトニン・ノルアドレナリン再取り込み阻害薬（SNRI）を第一選択とすべきとされている．

　有害事象としては易転倒性が挙げられるが，急に薬剤を中止した場合の耳鳴，めまい，四肢のしびれ感，吐気，発汗といった SSRI 離脱（中断）症候群にも注意すべきである．

　③抗不安薬

　不安感，イライラ感を抑える薬として広く普及しているが，行動・心理症状（BPSD）を改

善するというエビデンスは不十分で，ガイドライン[2]では行動・心理症状（BPSD）の治療薬としては原則使用すべきではないとしている．

抗不安薬服用者の転倒リスクはとくに高まる．また，長期服用者では服薬中止時の反跳現象で不安感やイライラ感が急激に亢進することがあるため，服薬中止にも注意を要する．

④睡眠導入薬

不眠に対してよく使用されるが，睡眠導入薬を使用する前に昼夜逆転の是正や昼間の活動等，非薬物的介入で対応すべきである．

使用する場合にはゾルピデム酒石酸塩，ゾピクロンといった超短時間作用型で筋弛緩作用の少ないものを試みるべきであろう．

睡眠導入薬の有害事象としては，他の向精神薬同様に転倒傾向がある．また，睡眠導入薬の効果が長時間続き，意識が不鮮明な状態になることもある．

⑤漢方薬

「虚弱な体質で神経がたかぶるものの次の諸症：神経症，不眠症，小児夜なき，小児疳症」を適応症として抑肝散が古くから使用されているが，認知症に伴う類似の症状に対しても使われる場合があり，一定程度の効果があるとされている．

有害事象として間質性肺炎，偽アルドステロン症が出現する場合があるため，発熱，呼吸困難等の症状や血液検査における低カリウム血症に注意すべきである．

（2）行動・心理症状（BPSD）への非薬物介入

多くの向精神薬は行動・心理症状（BPSD）に対して一義的な効果を有するものではなく，非薬物介入が第一選択であることは前述のとおりである．

行動・心理症状（BPSD）は認知症としての脳病変を基盤にしつつも，それに本人の性格，生活歴，健康状態，環境等いくつかの要因が関連して発現する場合が多い．したがって，まずは，なぜその症状が起こっているかを考える姿勢が必要である．すなわち，認知症の人を1人の人としてとらえ，本人の視点から考えることである．こういったケアはパーソン・センタード・ケア（PCC）[3]とよばれる．

食事は適切か，感冒や胃腸障害を起こしていないか，排泄は順調か，家族や施設の職員，あるいは他の利用者との間にトラブルはないか等，行動・心理症状（BPSD）を起こす要因を探ってみる．

PCC では行動・心理症状（BPSD）を「抑えよう」とするのではなく，その人の価値を認め，個性を尊重し，その人の視点で物事をとらえ，認知症の人を支える物理的・人的環境を提供することを基本に考える．

PCC をベースにしたケアへの取り組みとしては，認知症ケアマッピング（DCM）[4]や認知症介護研究・研修センターで開発された「コミュニケーションパック」[5]，「ひもときシート」[6]などがあり，ケア現場に普及してきている．

6．認知症を取り巻く社会的課題

1）認知症の人の意思決定支援

　認知症になり，認知機能の低下とともに，自分自身の意思を正確に伝えることが困難になることがある．そのような場合，成年後見制度等の制度を利用するなどして，周囲の人たちが認知症の人自身の意思に沿って協力することが望ましい．その際，認知症の人の特性やそれまでの生活を考慮したうえで支援していくことが必要である．

　そういった視点から，厚生労働省は 2018 年に「認知症の人の日常生活・社会生活における意思決定支援ガイドライン[7]」を策定し，その利用を勧めている．また，認知症施策推進大綱では，「医療・介護従事者向けの認知症に関する各種研修における，意思決定支援に関するプログラム」の導入率を 100％とすることが目標とされている．

　このガイドラインでは，あくまでも本人の視点で，本人の意思決定能力に配慮し，チーム（本人，家族，各種専門職等）で，早期から継続的に支援し，そのつど，記録に残すことを求めている．

　いずれにせよ，「意思決定支援」は日常のケア場面，研修等，認知症ケアにかかるすべての場面で意識され，その理念は共有されるべきである．

2）認知症の告知とその支援

　これは主として医師に課せられたものであるが，認知症ケアに当たる人たち全般に通じることであり，基本的には本人の同意のもとに医療，ケアがなされることでもあるため，真剣に取り組むべき課題である．

　一般に，医療機関や介護施設における利用者に対する対応は，インフォームドコンセント（説明と同意）に基づく「契約」と解釈される．

　医療法（適応は病院，診療所，介護老人保健施設，調剤を実施する薬局その他の医療を提供する施設，医療を受ける人の居宅）第一条の四の 2 で，「医師，歯科医師，薬剤師，看護師その他の医療の担い手は，医療を提供するに当たり，適切な説明を行い，医療を受ける者の理解を得るよう努めなければならない」とされており，これがインフォームドコンセントの根拠とされている．したがって，当人への説明なしに医療を行ってはならない．病名告知もこのなかに含まれる．

　病名告知を怠った，あるいは病名告知がなされずに医療が行われたことによって裁判で争われた場合の判例によれば，医師による病名告知が免除される例として，①緊急時，②本人が病名告知を望まない場合，③病名告知が本人にとって悪影響となる場合，④本人に意思決定能力がない場合等が考えられる．

　認知症の人では，④に該当する場合がありうるが，認知症の人の意思決定にあたっては，それを十分支援することが望まれるのは前項に記したとおりである[7]．もちろん，告知や説明の方法には十分な配慮が必要であり，確定診断できたからといって軽い気持ちで病名や予後を伝えるべきではない．

3）認知症のターミナルケア

　高齢者が人生の最期をどのように迎えるかという問題は，決して認知症の人だけでなく，すべての高齢者に当てはまることである．

　日本老年医学会[8]では，「終末期」を「病状が不可逆的かつ進行性で，その時代に可能な限りの治療によっても病状の好転や進行の阻止が期待できなくなり，近い将来の死が不可避となった状態」と定義している．

　そのうえで，ターミナルにおける立場として，①年齢による差別（エイジズム）に反対し，②個と文化を尊重する医療およびケアを主張し，③本人の満足を物差しにして，④家族もケアの対象にし，⑤チームによる医療とケアを必須とする．さらに，ケア提供者に対しては，⑥死の教育を必修にすること，⑦医療機関や施設での継続的な議論が必要であることや，⑧不断の進歩を反映させ，⑨緩和医療およびケアの普及と⑩医療・福祉制度のさらなる拡充を訴えている．

　この立場は当然，認知症高齢者にも当てはまるもので，とりわけ②と③は重要であり，「意思決定支援」の考えはここでも生かされるべきである．

　医療の分野では，アドバンス・ケア・プランニング（ACP）の考えのもとに自らが望む「あり方」をあらかじめ文書で表明しておくこと（事前指示書）も進みつつあり，ケア現場でも今後広がる可能性がある．デンマークで行われている介護遺言の試み[9]は参考になるかもしれない．

4）本人の社会活動支援

　「認知症になればなにもわからなくなる」わけでないことはよく知られており，そうであれば，社会でなにがしかの役割を果たすことが可能である．

　こういった視点から，認知症施策推進大綱では，認知症になっても支えられる側としてではなく，支える側として社会活動に参画することが推進されている．

　認知症に関する研修等での講師役になったり，食品製造，サービス業等で提供者になったりすることが最近よくみられるようになってきた．

　デイサービス等を利用する認知症の人が他の利用者の支援をするなども，ここでいう社会活動に含まれる．

　認知症ケアに携わる人としては，そういった活動を円滑に行えるよう支援していきたい．

5）若年認知症の特徴，社会生活・就労

　原因疾患を問わず，65歳未満で発症した認知症を若年認知症という．わが国における認知症の人の数は約462万人と推定されている[10]が，若年認知症の人の数は約35,700人と推定され[11]，認知症全体の1％に満たない．しかし，未診断の人も相当数おり，実態はもっと多いと思われる．

　若年認知症の疾患自体には症状面での特徴はないが，年齢的に認知症としての診断がくだされにくく，うつ病やうつ状態，神経症等と見誤られていることも少なくない．

　若年認知症の多くは現役世代に発症し，しかも責任ある仕事に就いており，また，家庭では

経済面も含め中心的存在である場合が多く，社会的な問題も大きい．したがって，多様な因子を背景に行動・心理症状（BPSD）が複雑化して出現する可能性があることも考慮すべきである．

　若年認知症の人の就業状況について 2017〜2019 年の調査では，若年認知症の人のうち診断後に退職した人は約 65％，解雇された人は約 5％であり，配置転換も含めて同じ職場で勤務を続けている人は 9％にとどまっていた[11]．

　会社等の産業医の間でも若年認知症の理解度は高くなく，そういった専門職も含めた市民への啓発が求められる．

　そのような状況下で，2018 年度には全都道府県に若年認知症のための窓口が設置され，若年認知症の人を支援するための若年性認知症支援コーディネーター（支援コーディネーター）が配置された[12]．また，同年には全国若年性認知症支援センターが設置され，支援コーディネーターや自治体窓口からの相談に応じる，支援コーディネーターを通して情報収集と発信を行う，電話や e メールで認知症の人や家族からの相談を受ける（コールセンター），若年認知症に対理解を進める等の活動を行っている．

【演習】
①認知症に伴う身体合併症にはどのようなものがあるか．また，早期発見にはなにが大切かを確認しよう．
②現場スタッフから「アルツハイマー型認知症の A さんが大声を出して食事を拒否しています．何とかしてください」と相談があった場合，リーダーとしてどのように応じるか考えてみよう．
③通所サービスを受けている利用者の様子がいつもと違った場合（元気がない，大声を出す，家へ帰りたがる等），家族から得るべき情報にはどのようなものがあるか考えてみよう．
④若年認知症の社会的課題とその支援にはどのようなものがあるか考えてみよう．

Ⅱ．施策の動向と地域展開

学習の Point

本節では，認知症施策の歴史を振り返り，近年の認知症施策は「認知症の人やその家族の視点」を基底において展開されていることおよびその重要性を理解する．また，こうした利用主体を軸に，地域包括ケアシステム，地域共生社会の構築に向けて自施設・事業所および実践リーダーがどのような役割を果たすことができるかを検討し発見するなどして，認知症ケアのあり方（方針・実践）を主体的に考える．

キーワード：認知症の人やその家族の視点，新オレンジプラン，認知症施策推進大綱，地域共生型認知症ケアパス

　今日の認知症の人への公的なケアは，主に介護保険制度のもとで行われている．このため，介護実践者の行うケアは，介護保険法第 1 条に定めるとおり，「利用者の尊厳の保持・自立した日常生活」を目指して行われる必要がある．とくに，認知機能の障害により意思の表明やコミュニケーションがむずかしい認知症の人の場合には，施設や病院，自宅など身をおく場の違いにかかわらず，その人の尊厳や自立した日常生活が損なわれないよう最大限の配慮が求められる．

　認知症介護実践リーダー（以下，実践リーダー）研修は，「事業所全体で認知症についての理解のもと，本人主体の介護を行い，生活の質の向上を図るとともに，行動・心理症状（BPSD）を予防できるチームケアを実施できる体制を構築するための知識・技術を修得すること及び地域の認知症施策の中で様々な役割を担うことができるようになることをねらいとする」[13]とされており，これがそのまま実践リーダーの役割を表しているといえるであろう．

　すなわち，実践リーダーには，介護業務に 5 年以上従事し実践者研修を修了した専門性の高い介護実践者として，所属する事業所の利用者に対するチームケア体制を構築するだけでなく，地域の認知症施策を推進し，関係機関と連携して地域包括ケアシステム，地域共生社会の構築に参画する役割が期待されている．実践に裏打ちされた認知症介護の知識・技術を地域社会全体にも普及・展開し，今後，認知症の人の増加が見込まれるなかで地域の多くの人々が，自分の立場でどのようなことができるのか検討しながら活動していくよう働きかける役割も期待されているのである．

　ここでは，認知症施策の歴史を振り返り，今日の施策を知り，今後の地域における認知症ケアを展望する．歴史は認知症ケアに携わってきた先人の思いを継承することであり，いま，介護を実践する人々が，過去・現在の施策を見つめ，今後をどのように考えどのように活動するかが認知症ケアの未来をつくっていくことになる．実践リーダーは，その重要な一翼を担うのである．

1．認知症施策の変遷

　高齢になり認知機能が障害される疾病はおそらく古くからあったものと考えられ，国の内外においてもさまざまな施策が講じられてきた歴史がある．しかし，施策は社会政策の一環であ

るため，その時々の社会的経済的事情等を背景として，そのあり様が変化してきた．現状や未来の認知症ケアのあり方を考えるために歴史を振り返り，認知症の人へのケア実践に苦心を重ねてきた先人たちの努力の結果やその時々の時代の要請等により，認知症の人に対する社会としての支援（施策）がどのように発展してきたかを知ることが重要である．

　今日，わが国は人口減少，超少子高齢社会にあり，今後の社会経済動向は不透明と考えられるが，社会の弱い立場にある人々をいかに大切にすることができるのかが，その地域や国の真の豊かさであると考えれば，認知症ケアの実践者（以下，介護実践者）が，その誠実で着実な実践を基盤として，認知症ケアのあるべき姿やそのための地域づくり・国づくりについて発信していくことが有用であろうと考える．施策は進化していかなければならないが，その進化の原動力となる中核者は，現に認知症の人と家族の苦しさやつらさをよく知り，その生活を支え，生活上の支障（マイナス面）と，周囲からの理解を得て自分らしく暮らしていきたいという気持ち・意欲（プラス面）をよく知っている介護実践者にほかならない．

　近年の施策の変遷を，「認知症の人への支援の方針の視点」から粗く区分してみると，「認知症の人やその家族の視点を踏まえた施策の展開」という施策の転換点を境にしてその前後に分けることができる．

1）認知症施策の歴史

　今日の認知症施策は，2015（平成 27）年の認知症施策推進総合戦略（新オレンジプラン）以来，認知症の人やその家族の視点を踏まえて実施する[14]こととされている．ここでは，それ以前の認知症施策の歴史を振り返る．

　老人福祉法は 1963（昭和 38）年に制定され，今日では約 60 年の実績を経た．この間，認知症の人に対する施策は進展してきたが，認知症への対応が社会問題化しているとして，認知症の人に特有のニーズや施策の必要性がうたわれたのは，1981（昭和 56）年の中央社会福祉審議会の意見具申であった．この意見具申では，保健医療福祉の密接な協調体制のもとに施策を早急に講ずる必要を指摘したうえで，人材育成について，「痴呆老人は，その程度によっては，徘徊，不潔，興奮，失禁等種々の行動異常を現すようになり，その介護に当たる家族の苦労は並大抵のことではなく，今日大きな社会問題となってきている．（中略）老人福祉業務に従事する福祉事務所職員，家庭奉仕員及び老人ホーム職員等に対し，今後，精神衛生知識，処遇技術等の習得を目的とする研修事業を実施することが望ましい」[15]とされた．その 3 年後の 1984（昭和 59）年には，痴呆性老人処遇技術研修事業が創設され，その後は，次々と認知症施策が積極的に展開されることになる．主な認知症施策の変遷を挙げれば表 2-2 のとおりである．

　1984 年（昭和 59）に開始された痴呆性老人処遇技術研修事業は，特別養護老人ホームの介護実践者が「寮母」とされていた時代に，痴呆性老人には特有の処遇（当時）技術が必要であることを施策（事業）として創設したものであった．しかし，2 年後の 1986 年に設置された厚生省痴呆性老人対策推進本部の報告によると，「痴呆については，その発生原因，発生メカニズムともに未解明な部分が多いこともあって，予防などの体制が採りにくく，これまでの一般の老人や障害をもった老人を対象とした各般の施策の中で，それぞれ対症療法的な対策が採られて

表 2-2　主な認知症施策の変遷

○ 1981（昭和 56）年	「当面の在宅老人福祉対策のあり方について」中央社会福祉審議会意見具申
○ 1984（昭和 59）年	痴呆性老人処遇技術研修事業創設
○ 1986（昭和 61）年	厚生省痴呆性老人対策推進本部設置
○ 1987（昭和 62）年	特別養護老人ホームへの痴呆性老人加算創設
○ 1989（平成元）年	高齢者保健福祉推進十か年戦略（ゴールドプラン）策定
○ 1992（平成 4）年	デイサービスＥ型（痴呆対応）の開始
○ 1994（平成 6）年	痴呆性老人対策に対する検討会設置
○ 1997（平成 9）年	介護保険法での痴呆対応型共同生活介護の法制化
○ 2003（平成 15）年	「2015 年の高齢者介護」高齢者介護研究会報告
○ 2004（平成 16）年	厚生労働省「痴呆」に替わる用語に関する検討会報告
○ 2008（平成 20）年	「今後の認知症施策の方向性について」認知症の医療と生活の質を高める緊急プロジェクト報告
○ 2012（平成 24）年	「今後の認知症施策の方向性について」厚生労働省認知症施策検討プロジェクトチーム

　いるに過ぎない．このため，①いかに痴呆の発生をおさえるか，②どのような治療，介護を行うべきか，③介護家族の負担をどう軽減するか，④痴呆性老人を受け入れる施設としてどのようなものが必要か，⑤医療，介護に当たる専門職はどうあるべきか等についての早急な検討が求められている」[16]とされている．こうして本格的な認知症施策が開始されたのは 1980 年代からとみえるし，約 40 年前から今日の認知症施策と同じような課題が提示され続けているといえよう．なお，同報告では今日の施策に通じる「人間としての尊厳や地域ケアシステムの開発」[17]についても述べられているため，いまに通じているし，いまでも認知症施策は確立途上にあるといえるのではないか．

　その後，1989（平成元）年，1994（平成 6）年には，新旧の高齢者保健福祉推進十か年戦略（新旧ゴールドプラン）が策定され，新ゴールドプランでも，新しい公的介護システム（今日の介護保険制度）の創設，高齢者介護サービスの基本的枠組みとしての尊厳の保持，自立支援，利用者本位など，今日に通じる施策提案が行われている[18]．また，1997（平成 9）年に制定された介護保険制度では，痴呆対応型共同生活介護（今日の認知症対応型共同生活介護；認知症グループホーム）が法制化されている．

　次いで 2003（平成 15）年には，高齢者介護研究会による「2015 年の高齢者介護」とする報告が行われてる．同報告は，介護保険制度が開始され 3 年間で痴呆性高齢者グループホームの事業所が 10 倍以上急増しているとしたうえで，「痴呆性グループホーム利用の伸びは，痴呆性高齢者ケアに対する切実なニーズの現れということができる．痴呆性高齢者ケアは，未だ発展途上にあり，ケアの標準化，方法論の確立はさらに時間が必要な状況にあるが，尊厳の保持を図るという視点から見ても，痴呆性高齢者に対してどのようなケアを行っていくべきかが，高齢者介護の中心的な課題であると言える」[19]として，認知症ケア技術の確立を求めたものであった．

　その翌年 2004（平成 16）年には，厚生労働省に「痴呆」に替わる用語に関する検討会が設置

表 2-3　新オレンジプランの 7 つの柱

①認知症への理解を深めるための普及・啓発の推進
②認知症の容態に応じた適時・適切な医療・介護等の提供
③若年性認知症施策の強化
④認知症の人の介護者への支援
⑤認知症の人を含む高齢者にやさしい地域づくりの推進
⑥認知症の予防法，診断法，治療法，リハビリテーションモデル，介護モデル等の研究
　開発及びその成果の普及の推進
⑦認知症の人やその家族の視点の重視

され，「「痴呆」という用語は，侮蔑的な表現である上に，「痴呆」の実態を正確に表しておらず，早期発見・早期診断等の取り組みの支障となっていることから，できるだけ速やかに変更すべきである．「痴呆」に替わる新たな用語としては，「認知症」が最も適当である」[20]とした．「認知症」という用語が普及するようになったのは，このとき以降のことである．

　また，2012（平成 24）年には，厚生労働省の認知症施策検討プロジェクトチームが，「今後の認知症施策の方向性について」を報告し，そのなかでこれからの認知症施策の基本的考え方として，「「認知症の人は，精神科病院や施設を利用せざるを得ない」という考え方を改め，「認知症になっても本人の意思が尊重され，できる限り住み慣れた地域のよい環境で暮らし続けることができる社会」の実現を目指す」[21]とされ，新オレンジプランに反映された．

2）認知症の人やその家族の視点を踏まえた施策

　2012（平成 24）年になると認知症施策推進 5 か年計画（オレンジプラン）が，2015（平成27）年には新オレンジプランが策定されている．この新オレンジプランは，「高齢者の 4 人に 1人が認知症の人又はその予備群とも言われている．高齢化の進展に伴い認知症の人がさらに増加することが見込まれるなかで，認知症の人を単に支えられる側と考えるのではなく，認知症の人が認知症とともによりよく生きていくことができるよう，環境整備を行っていくことが求められている」[22]としたうえで，「認知症の人の意思が尊重され，できる限り住み慣れた地域のよい環境で自分らしく暮らし続けることができる社会を実現する」[23]ための具体的な施策として，7 つの柱を掲げた（表 2-3）．「認知症の人やその家族の視点の重視」がここに明示されたのである．

　なお，②の「認知症の容態に応じた適時・適切な医療・介護等の提供」のなかでとくに，「良質な介護を担う人材の確保」が位置づけられ，新任の介護職員等向けの認知症介護基礎研修の実施，認知症介護の実践者・実践リーダー・指導者の研修の充実が養成目標値を含めて，表 2-4のように掲げられた[24]．

　「認知症の人やその家族の視点を踏まえた施策」を数多く実施しても，認知症ケアの関係者がそれを理解し活動しなければ，実効は上がらないことになる．

　認知症の人は，認知機能が障害された状態であるが，そうした状態でもその人がそこで生き，周囲の人々と互いに影響し合いながら生活することの価値を認め，意思を図り大切にしようとする人々に囲まれなければ，「認知症であっても尊厳を保持しながら営む自立した日常生活」を

表2-4　良質な介護を担う人材の確保

認知症施策推進総合戦略（新オレンジプラン）
〜認知症高齢者等にやさしい地域づくりに向けて〜
平成27年1月27日　平成29年7月5日改訂
（良質な介護を担う人材の確保）部分抜粋
○認知症の人への介護に当たっては，認知症のことをよく理解し，本人主体の介護を行
　うことで，できる限り認知症の進行を緩徐化させ，行動・心理症状（BPSD）を予防
　できるような形でサービスを提供することが求められている．このような良質な介
　護を担うことができる人材を質・量ともに確保していく．
○このため，現場経験おおむね2年以上の者が認知症介護の理念，知識及び技術を修得
　するための「認知症介護実践者研修」⇒現場経験おおむね5年以上の者が事業所内の
　ケアチームの指導者役となるための「認知症介護実践リーダー研修」⇒現場経験おお
　むね10年以上の者が研修の企画立案・講師役等となるための「認知症介護指導者養
　成研修」というステップアップの研修体系について医療・介護等の連携に資するよ
　う，eラーニングの部分的活用の可能性を含めた，受講者がより受講しやすい仕組み
　について検討していくこと等により，受講者数の増加を図る．その際，研修ニーズに
　的確に対応できるよう，一定の質の担保を前提とした上で，都道府県等から関係団体
　への研修の委託等の取組を推奨していく．また，これらの研修の修了者が介護現場だ
　けでなく，地域の認知症施策の中で様々な役割を担うことができるようにしていく．
○2020年度末までの養成目標値
　　認知症介護指導者養成研修受講者数　　　2.8千人
　　認知症介護実践リーダー研修受講者数　　5万人
　　認知症介護実践者研修受講者数　　　　　30万人
　　認知症介護基礎研修受講者数　　認知症介護に携わる可能性のあるすべての職員
　　このほか，認知症サポーターについて1200万人，認知症地域支援推進員については
2018（平成30）年度〜全市町村に配置

実現することは困難であろう．たとえ認知機能が障害されても，日々の暮らしを営む主人公は
あくまで認知症の人本人であり，家族の接し方もその暮らしぶりに大きな影響を与える．何ら
かの事情があり家族が疲弊すれば，家族としての愛情をもったかかわりができないかもしれな
い．認知症の人とその家族への支援は一体である必要がある．このため，今日，さまざまなサー
ビス・サポートが行われているが，それらはすべて「サービス・サポートを得ながら日々の生
活を営む主体」である利用者・家族の視点，意思を中心にすることが重要である．こうした点
で，「認知症の人やその家族の視点」を明確にした新オレンジプランの意義は大きいものがあ
る．
　認知症の人やその家族の視点は，大きくは2つあると考えられる．その1つは，「利用者主体
の視点」である．ケアを利用しながら自立した日常生活（楽しみのある幸せな暮らし）[25]を営む
主体は，あくまで利用者本人であり，千差万別の「その人なりの暮らしぶり」であるともいえ
る．視点の2つ目は認知症の人の「生活の視点」である．自立した日常生活を営む拠点は「地
域」であり，日常の生活は人と人との関係性のなかで営まれるもので，その人々がいるのが「地
域」であるため，前述した新オレンジプランの目標である「認知症の人の意思が尊重され，で
きる限り住み慣れた地域のよい環境で自分らしく暮らし続けることができる社会を実現する」
ためには，認知症の人の意思とその人らしい暮らしを尊重することができる専門・非専門の

表 2-5　認知症施策推進大綱；基本的な考え方

「認知症はだれもがなりうるものであり，家族や身近な人が認知症になることなどを含め，多くの人にとって身近なものとなっている．認知症の発症を遅らせ，認知症になっても希望を持って日常生活を過ごせる社会を目指し，認知症の人や家族の視点を重視しながら，「共生」と「予防」を車の両輪として施策を推進していく．

・　「共生」とは，認知症の人が，尊厳と希望を持って認知症とともに生きる，また，認知症があってもなくても同じ社会でともに生きる，という意味である．引き続き，生活上の困難が生じた場合でも，重症化を予防しつつ，周囲や地域の理解と協力の下，本人が希望を持って前を向き，力を活かしていくことで極力それを減らし，住み慣れた地域の中で尊厳が守られ，自分らしく暮らし続けることができる社会を目指す．

・　「予防」とは，「認知症にならない」という意味ではなく，「認知症になるのを遅らせる」「認知症になっても進行を穏かにする」という意味である．運動不足の改善，糖尿病や高血圧症等の生活習慣病の予防，社会参加による社会的孤立の解消や役割の保持等が，認知症の発症を遅らせることができる可能性が示唆されていることを踏まえ，予防に関するエビデンスの収集・普及とともに，通いの場における活動の推進など，正しい知識と理解に基づいた予防を含めた認知症への「備え」としての取組に重点を置く．結果として，70 歳代での発症を 10 年間で 1 歳遅らせることを目指す．また，認知症の発症や進行の仕組みの解明，予防法・診断法・治療法等の研究開発を進める．

出典）厚生労働省（2019）「認知症施策推進大綱；第 1. 基本的考え方」（https://www.mhlw.go.jp/content/000522832.pdf）.

人々が認知症の人のまわりに確実にいる地域社会が必要になる．こうした新オレンジプランの目標は地域包括ケアシステムや地域共生社会の構築に通じるものであり，認知症ケアを切り口にした地域づくりへの展望を拓くものといえる．

2．認知症施策の動向と認知症施策推進大綱の内容

1）認知症施策推進 5 か年計画（オレンジプラン）から認知症施策推進大綱に至る施策動向

新オレンジプランが策定され，認知症の人の意思が尊重され，できる限り住み慣れた地域のよい環境で自分らしく暮らし続けることができる社会の実現に向けた取り組みが総合的に進められることになったことは，すでに述べたとおりである．

団塊の世代の人々がすべて 75 歳以上の後期高齢者になりきる 2025（令和 7）年には，認知症の人の数が 730 万人に達し，高齢者の 5 人に 1 人が認知症になると見込まれるなか，認知症施策を強化するため，新オレンジプランの後継として，2025 年までの施策を盛り込んだ認知症施策推進大綱（以下，大綱）[26]が，2019（令和元）年に認知症施策推進関係閣僚会議で決定された．

近年のわが国の認知症施策は，オレンジプラン，新オレンジプラン，そしてこの大綱へと発展してきたといえよう．とくに大綱は，省庁の枠を超えた政府一体となった取り組みとして策定されたことが画期的であり，このことは同時に，それだけ認知症に対応する施策の幅の広さと，制度や組織を横断した取り組みが欠かせないことを意味している．

2）認知症施策推進大綱の策定とその内容

大綱の基本的な考え方は表 2-5 のとおりである（該当部分抜粋）.

表 2-6　認知症施策推進大綱の 5 つの柱

①普及啓発・本人発信支援
○認知症サポーター
　・企業・職域でのサポーター養成講座の拡充
　・サポーターの養成＋地域の支援ニーズとつなぐ仕組みの強化
○認知症人本人からの発信機会の拡大
　・「認知症とともに生きる希望宣言」等の更なる展開
　・ピアサポートの支援の推進　等
②予防
○「通いの場」の拡充　等
　→認知症予防に資する可能性のある活動の推進
○予防に関するエビデンスの収集・分析
　・活動事例収集の横展開，活動の手引きの作成　等
③医療・ケア・介護サービス・介護者への支援
○早期発見・早期対応の体制整備をさらに推進
　→連携の強化，質の向上
○医療従事者・介護従事者の認知症対応力の向上
○介護サービス基盤の整備，生産性の向上
○介護者の負担軽減をさらに推進
　・認知症カフェの推進，家族教室など
④認知症バリアフリーの推進・若年性認知症の人への支援・社会参加支援
○日常生活のさまざまな場面での障壁をなくす「認知症バリアフリー」の取り組みを官
　民で推進
　・新たに設置した官民協議会
　・好事例の収集やガイドライン，企業等の認証制度の検討
○若年性認知症支援コーディネーターによる支援を推進
○認知症の人の社会参加促進の取組を強化
⑤研究開発・産業促進・国際展開
○認知症発症や進行の仕組みの解明，予防法，診断法，治療法，リハビリテーション，
　介護モデル等の研究開発をさらに推進
　・コホート研究，バイオマーカーの開発など

※認知症ケアパス（該当部分抜粋）
　「地域の中で認知症の容態や段階に応じた適切な医療や介護サービスの流れを示すと
ともに，各々の状況に最も適する相談先や受診先等を整理した「認知症ケアパス」が約
6 割の市町村で作成されている．未作成市町村における作成を促すとともに，作成して
いる市町村においては点検を行い，住民及び関係機関に広く周知する．その際に，認知
症の人やその家族の意見を踏まえて行う．
　「認知症ケアパス」の作成点検にあたっては，認知症地域支援推進員が中心となり，
地域住民の活動（インフォーマルサポート）を盛り込み，地域共生社会の実現を目指す．

　具体的には，次の 5 つの柱に沿って施策を推進するとされているが，その際には「これらの
施策は全て認知症の人の視点に立って，認知症の人やその家族の意見を踏まえて推進すること
を基本とする」とされている[27]．表 2-6 に主な内容を列挙[28]する．
　表 2-6 に示したのは主要項目のみである．実践リーダーとしては，大綱の項目に沿って，自
地域でなにが必要でなにができるか検討し実践していく役割があることを後述するが，その際
には，詳細で具体的な大綱の内容を知る必要があるため，大綱を熟読して理解することが重要
である．

　また，とくに，認知症ケアパスについては，2012（平成 24）年に示された「今後の認知症施策の方向性について」で，「標準的なケアパスとは，認知症の人が認知症を発症したときから，生活機能障害が進行していく中で，その進行状況にあわせて，いつ，どこで，どのような医療・介護サービスを受ければよいのかをあらかじめ標準的に決めておくものである」[29]とされ，公的なサービス（フォーマルサービス）を中心に作成されていたが，大綱（前述）により「地域住民の活動（インフォーマルサポート）を盛り込み，地域共生社会の実現を目指す」とされたことは画期的であり，地域づくりとされる地域包括ケアシステム，地域共生社会の構築のための具体的で有効な活動のひとつといえよう．なお，この認知症ケアパスを「地域共生型認知症ケアパス」として，その構造を示した別記 1 と地域住民等関係者で実際にケアパスの内容を検討・作成するときのワークシートを別記 2 に参考として掲げた．

3）認知症施策推進大綱と地域包括ケアシステム，地域共生社会の構築

　地域包括ケアシステムや地域共生社会の構築は，「地域づくり」であるとされている．地域づくりを行うためには，それを担う地域住民・地域の専門機関等が共有できる共通の目標が必要である．超高齢社会にあって，地域住民の生活上の支障（生活課題）が多様化し，共通目標が定めにくいなかにあっても，認知症の人とその家族の生活上の支障を解決することは，多くの人々に理解されやすく共通の目標になりうるものと考えられる．「認知症ケアを切り口にした地域づくり」から始めることで，やがては社会的支援を要する人々の有する他の生活課題の解決にも働きかけることができるようになると考えられる．

4）認知症施策上の実践リーダー研修の位置づけ・意義

　認知症介護実践リーダー研修は，介護実践経験おおむね 5 年以上で事業所内のケアチームの指導者役になるための研修であることはすでに述べた．加えて，新オレンジプランでは，研修修了者が介護現場だけでなく，地域の認知症施策のなかでさまざまな役割を担うことが期待されている．とくに，実践リーダーは，すでに述べた地域包括ケアシステムの地域での実際の展開例を知り，介護職員等に説明し，事業所の周辺地域での地域包括ケアシステムの構築や関係機関との連携に貢献できるよう指導することが求められている．

　また，この研修受講は，介護報酬の認知症専門ケア加算（1）の算定要件でもあるため，算定要件を表 2-7 に示す．

　なお，2021（令和 3）年度介護報酬改定により，認知症対応力向上を介護サービス全般で進めるため，介護保険施設等のみでなく訪問系のサービスにも算定対象が拡大されている．

　※介護保険施設等：介護老人福祉施設，認知症対応型共同生活介護，特定施設入居者生活介護，介護老人保健施設，短期入所生活介護，短期入所療養介護，介護医療院．

　訪問系サービス：訪問介護，訪問入浴介護，夜間対応型訪問介護，定期巡回・随時対応型訪問介護看護．

3．地域における認知症ケア関連施策の展開

　認知症施策とは，すでにみてきたように行政による「制度」「事業」であり，それを具体化す

表 2-7　認知症専門ケア加算（1）算定要件

・認知症高齢者の日常生活自立度Ⅲ以上の者が利用者の 100 分の 50 以上
・認知症介護実践リーダー研修修了者を認知症高齢者の日常生活自立度Ⅲ以上の者が
　20 人未満の場合は 1 人以上，20 人以上の場合は 1 に，当該対象者の数が 19 を超えて
　10 または端数を増すごとに 1 を加えて得た数以上配置し，専門的な認知症ケアを実施
・当該事業所の従業員に対して，認知症ケアに関する留意事項の伝達または技術的指導
　にかかる会議を定期的に開催

るのは，認知症ケアの第一線である施設やサービス事業所での実践である．しかも，今日は地方自治の時代であり，たとえば国が示すさまざまな事業のうち，どの事業に力点を置きどのように実施するかは，地方自治体の判断によるところが大きく，また実際に認知症の人やその家族，地域社会にどのように働きかけるかは，それぞれの地域の介護実践者をはじめとする認知症ケア関係者の考えや実施体制によっても異なると考えられる．今後とも，認知症の人は増加し，高齢者の独居世帯や高齢者のみの世帯が増加するなかで，対応する専門ケアに対する需要も増加するであろう．しかも，認知症の人の居所は，自宅，介護保険施設，特定施設入居者生活介護対象施設などに分散する可能性があることを考えると，専門性が確保された認知症ケアが，地域のさまざまな場所でさまざまな立場から連携を伴って実践される必要性が高まると予想される．なお，この際には，入所施設も地域のなかにあることが強く意識される必要があり，「地域から支えられる・地域のものとしての施設」になる必要があると考える．入所系施設に入所する利用者であっても，そこで営まれる生活は，地域社会に開かれた生活（地域生活）である必要がある．

1）認知症ケアの実践と施策の関係

　認知症ケアに限らず，「施策」は行政で企画・立案・予算化されたり，情報として発信されたりする．施策がなければ，制度や財源に裏打ちされた具体的な社会サービスとしての認知症ケアはできない．このため，認知症ケアの第一線での介護実践者による個別のケアは，施策のあり様に大きな影響を受けることになる．前述したように，施策は大綱により，「企画・立案や評価への認知症の人やその家族の参画など，認知症の人やその家族の視点を重視した取り組みを進めていく」こととされている．認知症の人やその家族が認知症とともによりよく生きていくことができる支援が重要であり，その生活の主体は本人・家族であるため，認知症の人やその家族のためにこそ一連の認知症ケアの施策があると考えられる．

2）地域の認知症施策の把握

　自施設や事業所の職員のみならず，近在の介護サービス事業所の職員なども加えて，最新の認知症施策，活用できる補助金などについて勉強する機会を設けることが考えられる．その際には，行政の担当職員や地域包括支援センター職員，認知症地域支援推進員，認知症介護指導者等を講師として招き，施策の内容や実施状況などのほか，身近な地域や他の地域での実践例を知り，実践リーダーが自らの地域でどのような役割を果たすことができるかを理解・検討することも考えられる．こうした機会をもつことは，自らの活動のネットワークを強め拡大して

いくことにもつながるであろう.

3）地域における認知症施策の展開方法

　今日では，大綱に掲げられた事業項目・内容に沿って認知症施策が展開されているため，大綱の項目に沿って，実践リーダーとして自地域でなにが必要でなにが実践できるか，その際の工夫などについて検討することが重要である.

　しかし，「施策があるから事業を実施する」のではなく，「認知症の人やその家族の困難に満ちた生活があるからそれを解決するために事業を実施する」のではないであろうか.「事業ありき」ではなく「生活上の支障（ニーズ）ありき」と考えたほうが建設的であり，地域特性にも合致する.大綱でもさまざまな必要な施策を掲げたうえで，「これらの施策は全て認知症の人の視点に立って，認知症の人やその家族の意見を踏まえて推進することを基本とする」とされているのは，このことを意味している.もちろん，大綱以前に介護実践者はそのことの重要性をよく知っているはずである.まずは，地域の生活課題を明らかにして，それを解決・軽減するために事業を行い実践していくという「生活課題優先の姿勢」で，地域実態を踏まえた基本構造を獲得していく必要がある.

　また，大綱は「認知症になっても希望を持って日常生活を過ごせる社会を目指し，認知症の人が，尊厳と希望を持って認知症とともに生きる，また，認知症があってもなくても同じ社会でともに生きる，住み慣れた地域の中で尊厳が守られ，自分らしく暮らし続けることができる社会を目指す」としていることは既述した.さらに，新オレンジプランでは，認知症介護研修修了者が「介護現場だけでなく，地域の認知症施策のなかでさまざまな役割を担う」ことが研修目的として掲げられた.

　大綱の項目ごとの内容（相互関係を含め）を理解し，その内容と，自らの知見や実践とを照らし合わせて，自地域での要・不要や過不足とその理由を明らかにし，現状の実践の点検も含めリスト化し，必要なもので不足な事項については，（すべていっせいに進めることは困難で失敗するため）優先順位をつけて確実・着実に実践していく方法を検討することも，1つの有効な手法かと考えられる.

　加えて，PDCA の仕組みで，「常に生活課題と施策・事業が一致し続け進化していく」ことを念頭におくことが重要である.なお，こうした検討の結果として，介護実践者1人，自らの施設・事業所のみの力では地域の生活課題の解決・軽減は困難であり，地域社会全体の力の結集が必要であること，地域全体を認知症の人やその家族の生活を支える一つのチームにしていかなければならないことを発見することが大切である.

　なお，地域でなにができるかの検討については，別記 1，2 に参考として示した「地域共生型認知症ケアパスづくりワークシート」の構造に沿っておのおの工夫したシートを作成し，生活課題を明らかにしたうえで，それを解決・軽減するための社会資源の役割分担を考えてみるのも 1つの手法かと考える.

4）地域における実践リーダーの役割

　実践リーダーは，「事業所全体で認知症についての理解のもと，本人主体の介護を行い，生活

の質の向上を図るとともに，行動・心理症状（BPSD）を予防できるチームケアを実施できる体制を構築するための知識・技術を持ち，かつ地域の認知症施策の中で様々な役割を担う」ことが期待されていることは既述のとおりである．実践リーダーには，認知症介護の専門職者として，自施設・事業所だけでなく，地域の関係機関と連携して実践的な認知症介護の知識・技術を地域社会全体に普及・展開することで，地域包括ケアシステム，地域共生社会の構築に参画する役割がある．なお，この場合にも自らの地域での認知症の人とその家族の生活上の支障（生活課題・生活ニーズ）を基軸（土台）にすることが大変重要である．そのうえで，市区町村の地域ケア会議への参画も重要になろう．地域ケア会議の主催は多くの場合に地域包括支援センターが行うため，地域包括支援センターとの連携も欠かせない．地域包括支援センターは地域ケア会議を主催するが，「介護等が必要な高齢者の住み慣れた住まいでの生活を地域全体で支援してくことを目的としており，個別ケースの検討により共有された地域課題を地域づくりや政策形成に着実に結びつけていくことで，市町村が取り組む地域包括ケアシステムの構築に向けた施策の推進にもつながる」[30)]機能をもっている．実践リーダーが，「地域住民や関係者が認知症の人やその家族の生活課題を発見し，それを解決・軽減するためのサービス・サポートを築いていくために，その必要性を説明し連携した活動を促す発信者になることができれば，その活動は，単なる自施設・事業所の「地域社会への貢献」を超えて，地域社会に支えられた「地域社会のもの」としての施設・事業所になることにもつながると考えられる．

　また，実践リーダーには，認知症地域支援推進員，認知症介護指導者，地域の各種社会資源等との連携が求められる．認知症地域支援推進員は，「認知症の人が住み慣れた地域で安心して暮らし続けられるよう，認知症疾患医療センターを含む医療機関や介護サービス及び地域の支援機関の間の連携を図るための支援や認知症の人やその家族を支援する相談業務，地域において「生きがい」をもった生活を送れるよう社会参加活動のための体制整備等を行う」[31)]ことになっている．また，認知症介護指導者とは実践リーダー研修，その他の研修等の機会を通じて知り合うかと考えられる．認知症介護指導者は各都道府県域単位で活動しているため，各種相談や情報交換を行い，他の地域の優れた実践を取り入れたり，他の地域に自らの地域の実践を波及させたりするための連携を図ることができる．加えて，地域にある各種社会資源との連携が重要である．認知症の人やその家族の生活課題を解決・軽減するためには，地域全体がチームになる必要がある．生活課題の解決・軽減のために役立つものは，すべて実践リーダーが活用する社会資源である．地域にはさまざまな社会資源があるが，思わぬサークルグループなどが力を発揮することもあろう．「力は外からやってこない，力は内にある」のである．地域づくりのプロセスで多くの社会資源を発見し，それを「社会資源リスト」として作成し，関係者で共有することも有効であろう．なお，こうした社会資源は変動するため，リストの情報はたえず更新することが重要である．実践リーダーは，関係者からこうした更新情報が集まるような関係性を築いておく必要がある．

別記 1

地域共生型認知症ケアパスの構造
（公的サービスと非公的支援の結合）

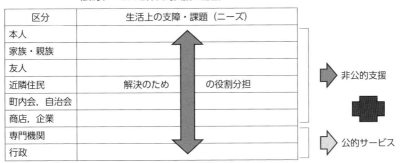

区分	生活上の支障・課題（ニーズ）
本人	
家族・親族	
友人	
近隣住民	解決のため　　　の役割分担
町内会，自治会	
商店，企業	
専門機関	
行政	

非公的支援

公的サービス

※生活課題ごとに，元気なときの段階から容態の進行段階ごとに展開
※参考資料：「住民視点から策定する地域包括型認知症ケアパスの在り方に関する実証的研究事
　業報告書」認知症介護研究・研修東京センター，「地域共生型認知症ケアパス普及事業報告書」
　認知症介護研究・研修東京センター

別記 2

地域づくりの役割分担ワークシートの構造

区　分	生活課題（生活上の支障）			
	発症前	軽度	中度	重度
本人				
家族				
友人				
近隣住民・サークル等				
町内会・自治会				
商店・銀行・企業等				
専門機関				
行政				

※生活課題ごとに，元気なときの段階から容態の進行段階ごとに
　展開
　認知症介護研究・研修東京センター：住民視点から策定する
　地域包括型認知症ケアパスの在り方に関する実証的研究事業
　報告書（中間報告）．52（2018）を一部改変．

【演習】
①今日，さまざまな認知症施策が展開されているが，何のためにだれがどのように実施するのか検討
　してみよう．
②自施設・事業所の所在する自治体の高齢者福祉計画・介護保険事業計画に盛り込まれた認知症施
　策を理解し，自らの認知症ケアの立ち位置と実践を照らし合わせて検討してみよう．
③自施設・事業所の所在する自治体の認知症ケアパスを理解し，認知症施策推進大綱が目指す地域共
　生型認知症ケアパスを作成するため，自施設・事業所で実践できる手法を検討してみよう．
④認知症施策推進大綱の項目ごとの内容を確認し，自施設・事業所および地域の実情に合わせた活動
　計画を検討してみよう．

【注】
(1) 症候：疾患を有する人の表面に現れる病的現象を「症状」，診察や検査等で検者が見いだす現象を「徴候」，両者を合わせ「症候」という．
(2) ミオクローヌス：筋のすばやい収縮によりピクッと動く不随意運動．
(3) 悪性症候群：向精神薬，とくに抗精神病薬の服用により，急激に発熱，筋強剛，血清クレアチニンキナーゼ（CK）値の上昇をきたし，さらには腎不全に陥ることもあり，ときに致命的である．抗パーキンソン病薬を急に中断したときにも起こりうる．脱水が引き金になることもあるので，注意を要する．

【文　献】

1) World Health Organization（2018）「ICD-11；International classification of diseases 11th revision」（https://icd.who.int/en/）．
2) 平成 27 年度厚生労働科学研究費補助金（厚生労働科学特別研究事業）認知症に対するかかりつけ医の向精神薬使用の適正化に関する調査研究班（主任研究者：新井平伊）（2016）「かかりつけ医のための BPSD に関する向精神薬使用ガイドライン（第 2 版）」（https://www.mhlw.go.jp/file/06-Seisakujouhou-12300000-Roukenkyoku/0000140619.pdf）．
3) Kitwood T（高橋誠一訳）：認知症のパーソンセンタードケア；新しい文化へ．筒井書房，東京（2006）．
4) 村田康子，鈴木みずえ，内田達二編：認知症ケアマッピングを用いたパーソン・センタード・ケア実践報告集第 2 集．クオリティケア，東京（2010）．
5) 認知症介護研究・研修大府センター：平成 21 年度独立行政法人福祉医療機構長寿社会福祉基金（一般分）「認知症高齢者の在宅介護の家族に対するパーソン・センタード・ケアに基づく支援プログラム開発事業」報告書（2010）．
6) 大久保幸積，宮島　渡編：認知症ケアの視点が変わる「ひもときシート」活用ガイドブック．中央法規出版，東京（2013）．
7) 厚生労働省（2018）「認知症の人の日常生活・社会生活における意思決定支援ガイドライン」（https://www.mhlw.go.jp/file/06-Seisakujouhou-12300000-Roukenkyoku/0000212396.pdf）．
8) 日本老年医学会（2012）「「高齢者の終末期の医療およびケア」に関する日本老年医学会の「立場表明」2012」（http://www.jpn-geriat-soc.or.jp/proposal/pdf/jgs-tachiba2012.pdf）．
9) 汲田千賀子：デンマークにみる「介護遺言（Plejetestamente）」の実際とその意味；認知症高齢者の自己選択・自己決定を支える取り組み．日本認知症ケア学会誌，**13**（4）：790-799（2015）．
10) 朝田　隆：厚生労働科学研究費補助金認知症対策総合研究事業「都市部における認知症有病率と認知症の生活機能障害への対応」平成 23 年度～平成 24 年度総合研究報告書（2013）．
11) 粟田主一：わが国における若年性認知症の有病率と生活実態調査．精神医学，**62**（11）：1429-1444（2020）．
12) 全国若年性認知症支援センター「全国各地の専門相談窓口」（https://y-ninchisyotel.net/contact/）．
13) 厚生労働省：認知症介護実践者等養成事業の円滑な運営について．老計発第 0331007 号，平成 18 年3 月 31 日 2-(2)，老認発 0406 第 1 号，令和 3 年 4 月 6 日一部改正（2021）．
14) 厚生労働省，内閣官房，内閣府，ほか：認知症施策推進総合戦略（新オレンジプラン）．第 1⑦，2015（平成 27）年．
15) 中央社会福祉審議会：当面の在宅老人福祉対策のあり方について（意見具申）．1981（昭和 56）年 12 月 10 日，第 5，1-(4)．
16) 厚生省痴呆性老人対策本部：痴呆性老人対策推進本部報告；はじめに．1987（昭和 62）年 8 月 26 日．
17) 厚生省痴呆性老人対策本部：痴呆性老人対策推進本部報告；第 2（4），第 3（4）．1987（昭和 62）年8 月 26 日．
18) 大蔵・厚生・自治 3 大臣合意：新・高齢者保健福祉推進十か年戦略（ゴールドプラン）．1994（平成 6）年 12 月 18 日．
19) 厚生労働省，高齢者介護研究会：2015 年の高齢者介護；Ⅱ．高齢者介護の課題（求められている痴呆性高齢者ケア）．2003（平成 15）年 6 月 26 日．

20）厚生労働省：「痴呆」に替わる用語に関する検討会報告書.
21）厚生労働省：今後の認知症施策の方向性について；認知症施策検討プロジェクトチーム報告，2012（平成 24）年.
22）厚生労働省，内閣官房，内閣府，ほか：認知症施策推進総合戦略（新オレンジプラン）．1，2015（平成 27）年.
23）厚生労働省，内閣官房，内閣府，ほか：認知症施策推進総合戦略（新オレンジプラン）．1-3，2015（平成 27）年.
24）厚生労働省，内閣官房，内閣府，ほか：認知症施策推進総合戦略（新オレンジプラン）．14，2015（平成 27）年.
25）佐藤信人：尊厳：あなたがいなければ，私はいない．18，ぱーそん書房，東京（2019）.
26）認知症施策推進関係閣僚会議：認知症施策推進大綱．2019（令和元）年 6 月 18 日.
27）認知症施策推進関係閣僚会議：認知症施策推進大綱．3，2019（令和元）年 6 月 18 日.
28）厚生労働省老健局認知症施策・地域介護推進課：認知症施策の動向について．2021（令和 3）年 3 月 25 日.
29）厚生労働省認知症施策検討プロジェクトチーム：今後の認知症施策の方向性について．12，2012（平成 24）年 6 月 18 日.
30）厚生労働省：地域支援事業の実施について別紙地域支援事業実施要綱；別記 2. 2-(2)，2006（平成 18）年 6 月 9 日，老発 0609001 号.
31）厚生労働省：地域支援事業の実施について別紙地域支援事業実施要綱；別記 3. 3-(2)，2006（平成 18）年 6 月 9 日，老発 0609001 号.

第3章

認知症ケアにおける
チームケアとマネジメント

I. チームケアを構築するリーダーの役割

学習の Point

チームで行う認知症ケアにおいて，実践リーダーはチーム構築や活性化を促進するチームビルダーとしての役割を担う．機能的なチームが形成されることによって，チームメンバーの仕事への動機づけ，メンタルヘルス，学習意欲の向上が期待でき，それがケアの質の向上に結びつく．本節では，チームの目標や方針の共有と実践への展開，介護職員等のストレスマネジメント，情報共有のためのカンファレンス等の実施，チームメンバーの編成，介護職員等への動機づけ，教育や指導に関する基本的な考え方と方法について学習し，実践リーダーとしてチームを円滑に運用する方法を理解する．

キーワード：チームワーク，動機づけ，学習する組織，ストレスマネジメント，チーム目標，会議

1．チームの意味や目的，種類

1）チームとは

今日の認知症ケアは，地域のなかで，1人ひとりの個別性を尊重することが前提であり，単にケアをその内容で分業し，スタッフがそれぞれ決められた役割を画一的にこなす支援は望まれていない．とくに，地域包括ケアシステムを進めるなかで必要とされているのは，従来に比べ，スタッフも高齢者も少ない人数で人間関係を構築し，地域の実情や高齢者の暮らしに合わせて，スタッフがさまざまな支援を柔軟に提供できる体制である．

このように，認知症ケアはチームで行うものである．それでは，この「チーム」とはどのような特徴をもった集団なのであろうか．

そもそも，単に人が集まっただけでは，それを組織やチームとはよばない．広辞苑によれば，組織とは「ある目的を達成するために，分化した役割を持つ個人や下位集団から構成される集団」[1]であり，また Rousseau は，チームを「集団のメンバーたちが共通の目的（使命）を達成するために，コミュニケーションを取り合い，協力的に活動している状態または過程」[2]と説明している．

これらの定義からは，組織もチームも目的をもった集団であることには変わりないが，組織に比べると，チームはメンバーが主体的に協力し合って目的を達成しようとする状態であることが強調されており，メンバー同士のコミュニケーションがチームの維持に重要な役割を果たしていることが特徴である．

「認知症の人がその地域のよりよい環境のなかで暮らし続ける」という目標をメンバーが共有し，目的達成のためにメンバーが互いに協働して，支援する認知症の人の地域や他者との関係性に応じて，メンバーが自分の役割を臨機応変に変化させていく集団，つまりケアのための「チーム」が形成されることが認知症の人の支援では不可欠なのである．

2）チーム形成とその条件

実践リーダーの大きな役割のひとつは，互いに面識がないメンバーに，認知症ケアの理念や目標を浸透させ，それに向かってメンバー同士協働することができるケアチームに育てていく

表 3-1　チーム形成の 5 段階

段階	チームの特徴	リーダーに求められる行動
形成期	遠慮がちで，互いに本音を言わない．信頼関係や人間関係ができていない．チーム目標が明示されても，メンバーはチーム内で自分が果たすべき役割を理解していない．	メンバーが互いを知ることができるよう，メンバー相互にコミュニケーションをとる機会を積極的につくる．とくに，人柄や考え方など表面的にはわからない個性を知り合う機会が必要だが，拙速な自己開示を迫ることはかえって警戒心を高める．開示しやすい話題やテーマを選んで相互の交流を図る．
混乱期	メンバーの意見・考えが率直に示されるようになるため，違いが明白になり対立や葛藤が生じる．	対立を避けず，最後までメンバーが自分の考えを主張でき，結論にかかわらず自分の意見表明が尊重され，歓迎されていることを実感できるよう，リーダーはメンバーの発言を積極的に傾聴し，承認する．リーダーはメンバーに不公平感を感じさせないよう，中立的にかかわる．
統一期	チーム内に自発的なルールや役割が発生し，それに沿ってメンバーが行動するようになるため，メンバー間の葛藤が減少する．	形成されつつあるチーム内のルールや役割を整理してメンバーにフィードバックし，チーム内で円滑に情報共有や意見交換，合意形成ができるチーム内の仕組みをつくる．
機能期	リーダーの役割が相対的に減少し，メンバーが主体的に行動して，チーム全体としての成果が上がる．	可能な限りメンバーに権限を委譲し，メンバーが自律的に判断し，行動できるようにする．指示は細かく出すのではなく，リーダーもプレイングマネジャーとしてチームの一員となる．
散会期	目標が達成されたことにより共通の目標がなくなり，チームの凝集性が下がって散会する．	チームの活動を振り返り，目標達成を承認・賞賛し，チームの終了を告げる．新たなチームの結成に向けて送り出す．

Tuckman BW：Development sequence in small groups. *Psychological Bulletin*, 63（6）：384-399（1965）および Tuckman BW, Jensen MAC：Stages of Small-Group Development Revisited. *Group & Organization Studies*, 2（4）：419-427（1977）の段階に筆者による説明を加えた．

ことであろう．そこで，チームがどのようにして形成されていくのかを理解することが必要になる．

（1）チーム形成のプロセス

　Tuckmanは，チームは形成期，混乱期，統一期を経て機能期に至り，その後，散会期に到達するという段階を唱えた[3,4]．形成期では遠慮しがちなメンバーが，やがて互いの意見を主張し合うようになり，その後対立や衝突が生じやすくなる（混乱期）．しかし，その段階を経て，徐々に互いの理解が進み，違いだけではなく共通の目的が理解されるようになると，メンバーが自分の役割を明確に理解しはじめ（統一期），やがて目標に向かってメンバーが協力して高いパフォーマンスを出すことができるようになる（機能期）．つまり，徐々に目標と役割が明確になり，相互の協力関係ができてくると，チームとしてよい仕事ができるようになる．しかし，この状態は永遠に続くわけではなく，チームの目的の達成とともにチーム自体が散会となる（散会期）（表3-1）．

　このようなチーム形成のプロセスでは，いわゆるチームワーク自体が発達していく．当初は，チーム内でそれぞれに与えられた役割のもと，業務上課せられた課題に取り組む（タスクワーク）だけであったメンバーが，チーム機能が向上するにつれて，チーム全体の目標達成に向けて，メンバー間での情報を積極的に共有し，相互に信頼し，支え合う関係をつくるための活動，

表 3-2　チームワーク発達

レベルⅠ	メンバー間の円滑な連携，コミュニケーション，円滑な人間関係，情報共有など
レベルⅡ	役割を超えた行動，新規行動（文脈的業績とよばれる行動）
レベルⅢ	創発的コラボレーション，知的な相互刺激，情報の練り上げ

出典）古川久敬：チーム・マネジメント．日本経済新聞社，東京（2004）．

表 3-3　チームに必要な条件

①達成しようとする共通の目標がある
②目標達成のためにメンバーが相互に依存している
③各メンバーに果たすべき役割が与えられている
④チームのメンバーがそれ以外の人とは区別されて認識される

出典）Salas E, Dickinson TL, Converse SA, et al.：Toward an under-
standing of team performance and training. In Teams：Their
training and performance, ed. by Swezey RW, Salas E, 3-29,
Ablex Publishing, Norwood（1992）.

つまりチームワークを主体的にとるようになる．古川は，このようなチームワークの発達を，
表 3-2 のように整理している[5]．

　チームが形成され始めると，情報共有が以前よりもスムーズに行われるようになり，コミュ
ニケーションがスムーズで，互いによい連携がとれる状態がつくられる（レベルⅠ）．しかし，
それだけにとどまらず，メンバーは，他のメンバーに対して一定の信頼感をもち，少なくとも
心理的に強くおびやかされないという安心感（心理的安全）を得るようになる．このように，
いったん互いに信頼し，連携できる関係がつくられると，メンバーはチームの目標達成にどの
ような業務を行う必要があるのかを自ら判断し，従来の自分の役割を超えた業務も担おうとし
（レベルⅡ），やがてメンバーは相互に知的に刺激し合い，新しいアイデアを提案し実行するな
ど，より自由で創造的な仕事が可能になっていく（レベルⅢ）．

　このように，チームがつくられていく過程では，連携や情報共有などのような，業務の遂行
にとって有益なシステムが出来上がるが，それだけではなく，チームワークも発達して，より
創造的で仕事への内発的動機づけが高い状態がつくられる．地域包括ケアシステムのもとで行
われる認知症ケアにチームが必要とされるのは，認知症ケアにはメンバーの創造性が欠かせな
いためである．チームを育て，活性化させて，チームメンバーが創造的に仕事に向かうことが
できるとき，質の高い認知症ケアが実現できるのである．

(2) チームの条件

　これまでチームに必要な条件として，Salas ら[6]の 4 つの条件がよく取り上げられてきた（表
3-3）．

　ここに示されているとおり，チームには「目標」が必須であり，その目標があるからこそチー
ムが結成される（表 3-3 の①）．ただし，形骸化した目標ではなく，メンバーがその目標に価値
をおき，それが目標であることをはっきりと認識しているような，実質的な目標である必要が

ある.「認知症の人が地域で暮らし続ける」ことが目標と掲げながら，実際はその目標に価値を
おいていないメンバーが多ければ，チームにはなっていかない．また，チームではチーム内の
メンバーが協働して目的達成を目指しており，メンバーは相互に依存している（表3-3の②）.
優秀な短距離走の選手を集めたからといって，すぐにはリレーでよい成績が残せないように，
個々のメンバーのケア技術が高いだけでは，チームとしてよい支援ができるわけではない．
チームでは，自分以外のメンバーの得意，不得意や，その時々の業務量などを考慮し，持ちつ
持たれつしながら業務に当たる．メンバーが自分の役割を把握していること（表3-3の③）は
大切であるが，柔軟性がなく，決まりきった範囲の業務を，それぞれが行っているだけはチー
ムにならない．

　Edmondson は，従来のこうしたチームの考え方は，しっかりした組織的な構造のなかで，メ
ンバーの業務を管理し効率的に成果を上げるためには有効でも，複雑化した社会のなかで，よ
り柔軟な対応が求められる業務を進めるためには必ずしも適切ではないと指摘し，チーミング
という概念を提唱している[7].

　チーミングとは，安定したチームの構造や枠組みがなくても，目的のために協働し，メン
バーが安心して，積極的に相互に質問し，意見を言うことを通して，メンバーが意識的にチー
ムワークを発達させるチームづくりのことを指している．メンバーがチーミングの必要性を理
解して，それを実践することによって，チームが形成されるだけではなく，組織の維持，発展
に不可欠な「学習する組織」[8]が形成されるのである．

　認知症の人を支えるケアチームのメンバーは，専門職ばかりとは限らず，ときには認知症の
人の隣の家の人や民生員がチームの一員となりうる．そして，地域によっても，事例によって
も，そのメンバー構成は異なるし，変化もする．つまり，会社組織のように明確なチームの境
界があるわけではなく，事例や支援の目的に応じてより柔軟な対応が求められているのが，認
知症のケアチームである．そのように考えると，認知症ケアのチーム形成においては，チーム
の明確な目標への共通認識をもつことに加えて，メンバーの心理的安全を守り，チーム全体で
学習する組織風土をつくることが重要であると考えられる．

3）対人援助チームの特徴

　認知症ケアに限らず，人を援助するチームは，通常，異なる専門性や立場をもったメンバー
で構成される．認知症ケアでは，介護職員や介護支援専門員，医師，看護職やリハビリ職はも
ちろん，多くの場合家族もメンバーであるし，それに行政職や地域住民が加わることも珍しく
ない．異なる専門性や立場のメンバーが協働するためには，メンバーそれぞれが，自分が尊重
され，専門性や立場が認められ，そして安心して自分の意見や質問が言える必要がある．対人
援助チームにおけるリーダーの役割のひとつは，メンバーの心理的安全性を保障するととも
に，異なる専門性や立場を理解して共感を示し，率直な意見を言うことができる職場風土を醸
成することである．

　また，対人援助チームの目標は，援助の対象者の幸福や生活の質（Quality of Life；QOL），
自立や尊厳，といった崇高なものであり，その達成は容易ではない．メンバーは援助の対象者

の幸福とはなにか，尊厳とはなにか，という倫理的な命題を常に考える必要に迫られ，支援の実際の内容や課題の解決方法の選択では，メンバー間で意見が衝突することも避けられない．

そこで，リーダーは，メンバーの異なる意見を調整し，メンバーが大きな葛藤をもたずに協力できる最終的な結論を導き出す合意形成の技術をもつことが必要になる．会議では，会議の目的や時間などの枠組みを明示し，建設的な意見交換をするよう促すとともに，実際の会議においては発言そのものを承認しつつ，会議の目的からずれた議論になったときには軌道修正しなければならない（2-2)-(3) 参照）．

【演習1：高い塔】
①目的：チーム形成を促進する要件を体験から学ぶ
②用意するもの：A4サイズの紙（少し厚めだが手でちぎれる紙），振り返りシート；各人数分，セロハンテープ；チーム数分
③実施手順
1．4〜5人のチームをつくり，1人1枚の紙を配る．
2．講師は，20分で，グループで協力し，できるだけ高さのあるものを作るよう指示する．のりやハサミなど，紙とセロハンテープ以外のものは使用しない．
3．20分経過後，高さを測り，高いチームを賞賛する．
4．ふりかえりシートで以下のような点を各自振り返り，その後チーム内で共有する．
　・チームメンバーがそれぞれどのような役割をしたのか
　・意見の違いや対立をどのように解消したか
　・もう一度行うとしたら，チームワークをより発揮するためには，あなたはどのような工夫ができるか
　・どんなメンバーが追加されたらよいか，など

2．チームの構築と活性化
1）チームの構築
(1) チームの目標や方針の設定と実践への展開

チームには目標が必要である．目標は理念や方針よりもさらに具体的で，到達できたかどうかが判断できるものである必要がある．たとえば，「認知症の人に寄り添う」ことを目標にしてしまうと，達成できたかどうかがわからない．それは，ケア方針ではあっても目標ではない．

そこで，チームのケア理念（あるべき姿）に基づいた，具体的なチーム目標をメンバーで話し合う機会を定期的につくるとよい．その際，そのチームのケア理念（目指すべき理想の姿やあり方）とケア方針（ケア時の判断における基準，方向性，方略）をメンバー全員で確認し，具体的な目標についてはメンバーそれぞれが自分の意見を述べ，メンバー全員が目標の決定に関与することに意味がある．なぜなら，そのように自分もチームの意思決定に関与したものは，決定した責任の一端を自分が引き受けることになり，メンバーはその目標に意味を見いだしやすく，目標を達成しようという意欲をもちやすくなるためである．

このように，リーダーの役割は，単に目標を決定して示すことだけではない．目標の決定プロセスにメンバーを関与させながら，実質的に有効なチーム目標となるように，メンバーに働きかけることが重要である．

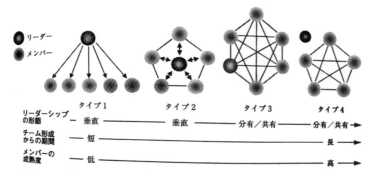

出典）山口裕幸：チームにおけるリーダーシップ．（山口裕幸編）コンピテンシーとチー
ム：マネジメントの心理学，朝倉書店，東京（2009）．

図3-1　チームメンバーとリーダーの関係

(2) メンバー選定とチーム編成方法

　メンバーはそれぞれが個性や異質の能力をもつ．それらの能力が統合されて効果的に発揮されるチームを目指す必要がある．今日，リーダーシップは，単に全体を率いる強いリーダーがもつ特性を指すものではなく，チームの目標達成に向けたチーム内の活動を促進する働きかけのことを指し，単に1人のリーダーだけが発揮するものではないと考えられている[9]．そして，チームが成熟してくると，リーダーだけがリーダーシップを発揮するのではなく，メンバーもリーダーシップを発揮できるようになる（共有リーダーシップ）（図3-1）．

　チーム編成とメンバーの選定にあたっては，認知症ケアの目標や方針の達成のために，どのような人材が必要かを洗い出し，必要な特技や専門性をもちながらも，互いに補完し合ってチームとして機能する協調性をもったメンバーを選定していくとよい．本来，チームは似た者同士や同じ程度の能力の者同士ではなく，それぞれが独自の個性や能力をもったメンバーであるときに，より高いチーム機能を発揮するものである．チーム編成当初は，とがった専門性であっても，チームが形成されるにつれて，チーム内での自分の発揮すべき専門性と役割を認識し，効果的な働きが可能になることも多い．多様性のあるメンバーでチームを編成し，その後チームとともにメンバーが成長し，共有リーダーシップを発揮していくことができるようにリーダーは働きかけていかなければならない．リーダーは積極的に個々のメンバーの特徴や専門性を認め，意見を求めて，メンバーが自分の専門性に自信をもつことができるよう支援することが重要である．

(3) コミュニケーション支援

　リーダーによるメンバー支援の重要な要素のひとつが，メンバー間のコミュニケーション支援である．

　いわゆる「ホウ・レン・ソウ」といわれる報告・連絡・相談は業務遂行におけるコミュニケーションの必要性を指す言葉であるが，よいチーム形成のためには，業務と直接はかかわりのない，メンバーの感情や業務とは直接関係のない，人間的な側面でのコミュニケーションが不可欠である．

　リーダーシップ論のひとつである PM 理論では，リーダーシップ機能には，業務が適切に進行し，目的達成するように働きかける側面（Performance 機能）と，メンバーが相互にコミュニケーションをとって互いによい人間関係のもとで業務ができることでチームを維持し，チーム機能を発揮させる側面（Maintenance 機能）の 2 つがあるとされる[10]．つまり，リーダーがメンバーにコミュニケーション支援を行う場合も，業務を適切に進めるためのコミュニケーションと，人間関係の維持や相互支持のためのコミュニケーションの両方を促進する役割を担う必要がある．業務遂行のためのコミュニケーションは，ミーティングでの発言や，日ごろの引き継ぎ，また立ち話も含めて，認知症の人やその関係者について情報をこまめに共有するよう働きかける．人間関係構築のためのコミュニケーションが進むと，メンバーは互いに自己開示するようになり，業務以外の人間らしい側面を知ることでさらにコミュニケーションが促進される．

　一方で，メンバーへの無理な自己開示の要求やプライベートな時間を使った交流は，メンバーの負担になり，それがリーダーによるハラスメントにつながることもあって，労務管理上問題が多い．そこで，メンバーからの自発的な自己開示やプライベートな交流の誘いをリーダーが受けることはあっても，リーダーから強要せず，むしろリーダーは日ごろから場の緊張を和ませ，前向きにチャレンジすることを奨励することで，和やかで建設的な職場風土をつくるようにする．そして，ときにはリーダー自身が失敗を率直に話したり，自分の感情を吐露したりするなど，メンバーが負担を感じない範囲の自己開示をすることは，チーム内の良好なコミュニケーションを促進する．

2）チームの活性化
（1）動機づけ

　人の行動を一定の方向に向かわせる過程や機能を動機づけという．一般には「やる気」とよばれる動機づけには，他者からの高い評価や報酬を得ることなどで高まる外発的動機づけと，外からの評価や報酬がなくてもその行動（業務）自体が楽しいから行いたいと感じる内発的同意づけがある．

　チーム機能を発揮し，柔軟性をもったチームでは，メンバーが主に外発的動機づけによって業務に当たる状態ではなく，目標達成のための業務を自ら発見し，それ自体を楽しいと感じて積極的に業務を担う状態であり，業務遂行が内発的に動機づけられていることが多い．

　Deci らは，外発的に動機づけられていた行為が，内発的動機づけによるものに変化していく過程では，自律性，有能さ，人間関係，の 3 つが重要であると指摘している[11]．つまり，ケアチームにおいても，業務への裁量があり，自分を有能と感じることができ，そして信頼できる他者との人間関係があるときに，メンバーは内発的に動機づけられて，生き生きと業務に当たることができるようになるのである．これは，チーム形成過程で観察されるメンバーの状態の変化とも合致しており，チームがその機能を十分に発揮するためには，メンバーの内発的動機づけが高い状態が必要であることがわかる．

　メンバーは自分で考え，判断，決定して業務を行うことによって業務に対する自律性を感じ

表3-4　パワーハラスメントの定義（厚生労働省）

職場において行われる①優越的な関係を背景とした言動であって，②業務上必要かつ相当な範囲を超えたものにより，③労働者の就業環境が害されるものであり，①から③までの3つの要素を全て満たすもの

られる．そこでリーダーは，メンバーの内発的動機づけを高めるために，コーチング技術を使うなどして，メンバーが自分で業務を省察し，よりよい方法を見つけて試してみることを推奨していくことが望まれる．また，チーム内の円滑な人間関係の構築はもちろん，それぞれの能力や専門性を積極的に認め，承認していくことで，メンバーの内発的動機づけの向上を図ることができる．

（2）ストレスマネジメント

　労働安全衛生法では，1つの事業場に50人以上の従業員がいる場合，事業者が従業員のメンタルヘルスをチェックすることが義務づけられている．また，2022年4月からは，中小事業主も含めてパワーハラスメント（表3-4）の防止が義務づけられる．さらに，厚生労働省は介護現場のハラスメント（利用者や家族からのものも含む）への対策を強化しており，事業者や管理者，リーダーには，認知症ケアを行う職員が，心身の健康を損なうことがないように労働環境を整える責任がある．

　認知症ケアチームで行うストレスマネジメントとしてもっとも大切なことは，リーダーがメンバーに対して行うラインケアであろう．リーダーは，自身がハラスメントを行わないことはもちろんのこと，チーム内でのハラスメントが生じないよう日ごろからメンバーの心身の状態を把握し，ハラスメントの予防に努め，またメンバーからのストレスやハラスメント被害に関する相談にいつでも乗ることができる関係をつくっておく必要がある．そして，予防のためには日ごろから職場環境が悪化していないかに留意し，こまめに改善の働きかけを行うことがリーダーに求められる．

　リーダーによるストレスマネジメントは，チームの心理的安全性をつくり，メンバーの率直な意見交換を可能にしてチーム機能を向上させるうえでの土台となる．とくに，認知症ケアでは，要介護者の行動・心理症状（Behavioral and Psychological Symptoms of Dementia；BPSD）や家族の負担による理不尽な言動がケア職員に向けられることもあり，ケア自体にストレスが伴う場面がある．チーム内のハラスメントだけではなく，利用者やその家族からのハラスメントを受けたメンバーに対して，リーダーが「認知症だからがまんして」「あなたのケア方法が悪い」という対応は不適切である．ラインケアの観点からは，メンバーのストレッサーとなっている事実に対処するために，リーダーはときには利用者本人や家族にも協力や調整を依頼する役割を担わなければならない．ケア方法を見直す場合にも，メンバー個人に焦点を当てるのではなく，どのスタッフにも起こりうる状況ととらえて，今後ハラスメント状況をつくらないためにとりうる方法をチームで考える姿勢が望まれる．

（3）ミーティング

　チーム内で情報を共有し，生じた問題を解決するためには，会議やミーティングが必要であ

表 3-5　会議・ミーティングにおけるリーダーの留意点

①会議の開始と終了を明確にし，予定時間を超過しない．
②会議の目的を明確に示し，メンバー全員にそれを理解させる．
③会議の目的を達成できるよう，事前準備とファシリテーションを行う．
④メンバーが発言しやすい雰囲気をつくる．
⑤必ず結論を出し，結論をメンバー全員に周知する．
⑥会議後に結論を実行に移すことができるよう，だれがいつどのように行うか決める．

る．チームの運営に関する会議や，ケアミーティングなどがあるが，それらのミーティングには主に，①意見収集・議論，②問題解決・意思決定，③情報や知識の共有と伝達確認，の3つの機能がある．

　会議・ミーティングを行う際，リーダーが念頭におくべき留意点を表3-5に示した．

　会議やミーティングは，必ず目的をもち，その目的達成のために，司会が効果的なファシリテーション技術を使って進行するものである．たとえば，ケア会議では，個別事例のケア方法を決定することが目的のこともあれば，生じている課題を解決することが目的の場合もある．ときにはケア会議の形をとりながら，メンバーの教育が主な目的となる場合もあるであろう．司会は，その目的に合わせてなにをどのように問題提起するのかをあらかじめシミュレーションしておく．そして，目的を会議の時間内で達成できるように，参加者にも時間を意識した発言を求め，何らかの結論を出して全員で共有する．

　会議は，開始の宣言，目的，終了予定時間を示し，議案に沿って進行する．司会の重要な役割は，参加メンバーが建設的で目的達成に役立つ，率直な意見を言うことができるよう，発言しやすい和やかな雰囲気をつくるとともに，議題から脱線した話題をもとに戻し，決定した結論を確認して，むだのない会議を行うことであろう．

　目的や終了時間が示されない，示されても守られない，など会議の規範が乱れると，参加者は会議に失望し，建設的な意見は期待できなくなる．よい会議・ミーティングができることが風通しのよい職場風土，建設的なチームワークを形成する．

3）教育指導

　管理監督者でもあるリーダーは，2つの意味でメンバーの人材育成を行うことが不可欠である．

　1つは，質の担保された認知症ケアが適切に提供されるよう，その水準に達するための教育をメンバーに行う意義がある．たとえば，認知症の人への食事介助において，嚥下の仕組みを理解せずに介助を行い，利用者がむせているような場面では，提供するサービスの質を担保するために，その介助方法が不適切であることを理解させ，嚥下の知識や生活行為としての食事の意味を伝え，実際に適切な介助方法を実践できるように指導することが必要になる．教育によって，適切なサービスの質を保つことができる．

　人材育成のもう1つの意義は，チームとして学習する組織風土をつくることで，チーム形成が図られ，チームの機能を向上させることができるという点である．ケアの質の担保にとどま

表 3-6　チームの目標設定の留意点

①組織の理念と整合性をもたせること
②少しがんばれば到達できそうな目標とすること
③チームメンバーが目標設定プロセスに関与すること
④具体的で達成したかどうかが明確にわかる目標とすること

らず，よりよい認知症ケアの方法を検討し，実践していくことが歓迎されている職場では，メンバーが自律的に自分のケアを省察し，改善を試みるようになる．

　日ごろから，どのメンバーにも自分の課題を自分で見直し，省察することを促し，リーダーが指導する場合でも，メンバーの省察を踏まえた指導を前提とするべきである．経験学習は，メンバーのケア方法やケア方針に課題がある場合でも，直接課題をリーダーが指摘するよりも，できる限りメンバーが自分で自分の課題に気づくというプロセスを経ているほうが望ましい．いくら指導内容を伝えても，メンバーがその内容に納得し，実際に自分の行動を変えなければ教育としては失敗であろう．リーダーは，傾聴スキルとともに，コーチングスキルを身に着け，メンバーが自己決定しながらケアの質を向上させることができるように支援していく．

3．チームの目標・方針の決定とその展開
1）チーム目標・方針の設定

　チームの目標や方針を決める際，表 3-6 のような点を考慮する必要がある．

　組織には，理念が示されている．組織の理念を，より具体的にしたものが目標であるため，チームが設定する目標は，理念との整合性がとれていなければならない．また，メンバーの目標達成への動機づけを高めるためにも，メンバーが目標設定プロセス自体に関与するとともに，努力によって到達できそうな目標となっている必要がある．組織やリーダーが勝手に設定した目標設定は，メンバーの「やらされ感」を高めて動機づけを下げてしまう．また，到達できそうにない目標では，やがて目標が形骸化したり，具体性がなくなったりして，目標が意味をなさなくなる．

　認知症ケアはその成果を具体的に示すことがむずかしい業務である．ケアの質の向上をどのような指標で把握するかを慎重に検討する必要がある．直接的には認知症高齢者の QOL の向上が指標になるが，それも測定はむずかしい．そのため，目標に沿った研修の受講や資格取得，連携先事業者の数，業務時間などが目標達成の指標となることもある．しかし，このような間接的な指標が用いられる場合は，その指標の改善が本当に認知症高齢者の QOL の向上につながっているかどうかを常に確認しておく必要がある．たとえば，業務効率化として業務時間の削減を目標とした場合に，必要なケアを単に減らして業務時間を短くしたということでは，認知症高齢者の QOL は低下してしまう．高齢者の QOL を維持または向上させて，業務時間を削減するためには，ケアの質を下げずに，従来よりもよいケア方法を導入することが必要になるであろう．目標達成は常に，認知症高齢者の QOL や自立支援のためであることを忘れてはな

らない.

2）目標達成を目指した業務推進プロセス

目標に基づいたメンバーのマネジメントは，目標管理制度とよばれ，一般企業ではメンバーの人事考課と連動して運用されることが多い．しかし，認知症ケアチームにおける目標管理では，むしろチームとしての学習する風土の醸成とチーム形成に意義があり，個々の目標達成を人事考課に直接結びつけることが必ずしも適切とはいえない．むしろ，認知症ケアへの内発的動機づけを高めるためには，人事考課は逆効果になる場合が多い．ここでは，チーム目標を個々のメンバーに浸透させ，理念で目標を業務に反映してケアの質を向上させる展開例を述べる.

（1）目標設定のためのチーム会議の開催

チーム目標や方針の設定のためのチーム会議を設定し，できる限り多くのメンバーが参加して目標を決める.

リーダーは，リーダーとして認識しているチームの課題や，組織の理念，組織や社会からの要請を考慮して，目標となりうる大きなテーマをリストアップしておく．ミーティングでは，組織理念に沿って認知症ケアの質の向上を図ることができる目標を設定する必要があることをメンバーに説明し，最初に「質の高い認知症ケアはどのようなものか」を，ブレインストーミングで意見を出してもらい，いくつかに集約する．そのうえで，リーダーがリストアップしたテーマや，メンバーが感じている課題，認知症ケアの質の向上のために努力したいテーマを勘案して，目標を文章化する．議論が迷走したり，大きくテーマからずれたりしない限り，リーダーはできる限り発言を控え，メンバーが考えていけるよう，ファシリテーションする.

（2）目標の具体化

設定したチーム目標を，達成可能な形にさらに具体化する.

チーム目標に基づいて，個人目標を決める．個人目標は，そのメンバーが実際に行動に移すことができる具体的な内容で，いつ，どのように達成するのかをメンバー自身に計画してもらう．リーダーは，メンバーと面談し，目標や計画のよい点を賞賛したうえで，計画に無理がないか，具体的か，達成可能な目標かを確認する．目標設定や計画立案自体に動機づけが低いメンバーには，ごく小さい目標でよいことを伝えて，達成できそうな低い目標をリーダーがいっしょに見つける.

また，メンバーが互いに自分の目標を発表する機会をつくりメンバー同士が知っておくと，業務のなかで目標達成のために相互に融通を利かせるなどの協力体制がつくられやすい．目標を，単に個々のメンバーの目標達成ではなく，チーム全体で，チームと個人の目標や計画をブラッシュアップしたり，達成のためのアイデアを出し合ったりすることは，チーム形成にも望ましい.

（3）成果の評価

リーダーは，メンバーの目標達成の進捗を見守り，必要に応じて声をかけて進捗を確認し，滞っている場合は相談に乗って，計画の修正を行う.

　達成期限がきたら，到達度についてメンバーが自分で自己評価を行う．リーダーは到達度だけではなく，達成プロセスについて気づいた点のうち，さきによい点をメンバーに伝えて共有する．同時にメンバーに，計画を進めるうえでの苦労や困った点などをたずねて，どのような工夫でよりスムーズに計画が進められそうかを質問して，次の目標達成に反映できるようにする．

　評価では，リーダーの権威的態度を避け，メンバーが自分を振り返り，自ら改善点に気づいていくことができるよう，リーダーにコーチングスキルが求められる．

【演習 2：チームの目標設定とその展開】
①目的：チームの目標設定と展開を理解する
②用意するもの：ブレインストーミング用の模造紙，サインペン，付箋
③実施手順
1．4〜5 人のチームづくり「質のよい認知症ケアに欠かせないこと」をブレインストーミングでできるだけ多く挙げる．その後集約してカテゴリをつくる．
2．メンバーで 6 か月の臨時の認知症ケアチームをつくることを想定し，1．を踏まえてチーム目標を決める．なお，組織の理念は「できるだけ地域で暮らし続けることを支援する」．
3．各自で，チーム目標に沿った個人目標とその計画，成果の指標を具体的に決める．達成期限は 6 か月．
4．チーム内で個人目標と計画を発表し，メンバーそれぞれの目標達成がチーム目標の達成になっているか検討し，なっていないとすれば，なぜなっていないのか理由を話し合う．

Ⅱ．ストレスマネジメントの理論と方法

┌ 学習の Point ┐

本章では，ストレスの考え方の理解を踏まえ，実践リーダーとしてスタッフのストレス支援の方法を学ぶ．チームアプローチを展開するうえで，ストレスによるチーム活動の低下は，スタッフ間の人間関係の悪化を招き，ひいてはケアの質低下につながる．それは，ケアを受ける認知症を患う本人の生活環境の質の低下を招くことになる．ストレス緩和を，人材育成と，職場環境・利用者の生活環境改善の視点からとらえ，どのような支援方法があるか，演習を交えながら，実践に役立つ考えを醸成することをねらいとする．

キーワード：ストレス理論，ストレスマネジメント，メンタルヘルス，認知症の理解度，職場の環境調整

1．理論編

認知症介護実践リーダーには「チームによる円滑な認知症ケアを推進するため，チームマネジメントの知識と技術を有し，チームを活性化して認知症者の生活の質を向上すること」[12]ができるスキルが求められる．

ストレスの理解を深め，ストレスマネジメントを行うことは，チームケアを推進するうえで非常に重要となる．メンバー個々がストレス状態にあれば，チーム活動の弊害となり，チーム凝集性を低下させる．そして，チームメンバーの関係を悪化させたり，認知症ケアの質を低下させたりすることにつながる．このように，よりよい認知症ケアの環境を作り出すためにも，チームメンバーのストレスマネジメントは必要不可欠である．

上記を踏まえ，本項ではストレスとはどういうものか，その概念や理論について述べていく．

1）意義と必要性の理解

認知症ケアにおいて，なぜ介護職のストレスマネジメントが必要なのか．

ストレスの詳細は後述するが，ストレス状態になると業務に支障をきたしうる．製造分野では製造欠陥や従事者の事故といった結果として現れやすい．認知症ケア領域では，どのような形で業務に支障をきたすのであろうか．図3-2に示すとおり，入所サービスであれば介護職の職場環境と利用者の生活環境が完全に重なる．その環境で介護職がストレスを抱えたまま業務を行うことは，利用者の生活環境の質を低下させることになる．デイサービスも利用者が半日をすごす日中の生活の場になる．訪問介護サービスにおいては，利用者の自宅を訪問する．ストレスを抱えたホームヘルパーが訪問することは，利用者の生活空間にストレスによる負の環境を持ち込むことにつながる可能性もある．介護職の健康が維持されていれば，仕事環境も良好に維持される．一方で，介護職がストレスによって疲弊し不健康な状態でケアを行う場合は，ケアの質が低下し，利用者の生活環境を劣化させることになる．そして，ケア内容によっては，利用者の尊厳を傷つけたり，虐待につながったりといった問題になりうる可能性もある．

介護職のメンタルヘルスを良好に保つためのストレスマネジメントは，介護職自身のためとともに，利用者の生活の質を確保し維持するためにも重要なことである．

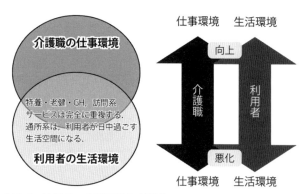

図 3-2　高齢者の生活環境と介護職のストレスとの関連

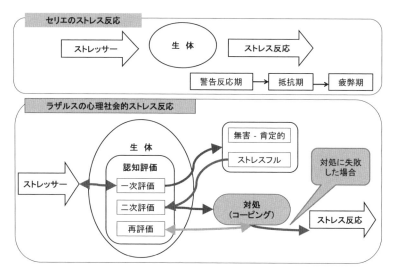

ハンス・セリエ（杉靖三郎，多田井吉之介，藤井尚治，ほか訳）：現代社会とストレス原書
改訂版．法政大学出版局，東京（1988）および RS ラザルス，S フォルクマン（本明　寛，
春木　豊織田正美監訳）：ストレスの心理学；認知的評価と対処の研究．実務教育出版，東
京（1991）を参照し，筆者が作成．
図 3-3　セリエのストレス反応とラザルスの心理社会的ストレス反応の模式図

2）ストレスの考え方の理解

　ストレスはすでに一般語になっているといえる．では，ストレスとはどういうものか．スト
レスという用語は，もともと工業分野における金属の磨耗状態を指すものであったといわれ
る．それを人間の状態に用いたのが，カナダの生理学者 H. セリエである．セリエはストレスを
「なにかの要求に応ずる身体の特異的反応」と定義した．セリエのストレス理論は図 3-3 に示す
とおり，まずストレスの原因となるものが生体に作用する．このストレスを惹起するものを，
セリエはストレッサーとよんだ．生体はストレッサーにさらされると，ストレッサーが異なっ
てもある一定の身体的な反応を示す．そして，ストレッサーが持続すると，その反応を変化さ

せていく．セリエはこれを汎適応症候群とよび，警告反応期（ストレッサーにさらされたこと
を伝える時期），抵抗期（ストレッサーに対抗し現状に復帰しようとする時期），疲弊期（スト
レッサーに抵抗していた適応力が失われ，再びストレッサーにさらされる時期）の 3 期に分け
た[13]．このように，ストレッサーに適応するために生体が示す身体の生理的な反応の過程が，
セリエのストレス理論の概要である．

　今日，ストレスと一般に使用されるものは，この一連の流れ全体を指す．しかし，多くの人
は，ストレッサーもしくはストレス反応を区別することなく使用しているといえる．実は，そ
こにこそメンタルヘルス対策で求められる，ストレスに対する理解不足という課題が指摘でき
る．

　セリエのストレス理論は，生理学的なストレス理論といえる．確かに，今日のストレス研究
の一分野は，生体の生理的変化に焦点を当てた研究がなされている[14]．

　このセリエのストレス理論に対して，アメリカの心理学者ラザルスは，図 3-3 に示すストレ
スモデルを提唱した．ラザルスはとくに，心理的ストレスに着目した．ラザルスのストレス理
論の特徴は，1 つはストレッサーとなるものへの認知的評価（アプライザル）である．この認
知的評価は 1 次評価と 2 次評価，再評価とに分けられる．1 次評価は無関係，無害―肯定的，
ストレスフルの 3 つに分けられる．ストレスフルはさらに，害―喪失（すでにストレッサーか
らこうむっている損害），脅威（予想される害―喪失），挑戦（ストレッサーを支配できる可能
性）の 3 つに分けられる．2 次評価は，ストレッサーに対する対処方法（コーピング）の選択
と，選択したストラテジーがうまくいくかどうかという評価のことである．再評価とは，スト
レッサーに対する対処方法（コーピング）やその結果によって生じた周囲の環境の変化に基づ
いて改めてなされる評価のことである．なお，この認知的評価は，意識的である場合，無意識
的である場合の双方が考えられる．2 つ目の特徴は，ストレスへの対処方法（コーピング）で
ある．上記の 2 次評価のところにも登場したが，コーピングとはこの評価に基づいて行われる
プロセスのことである．プロセスとは，ストレッサーに対してそれを最小限にとどめる，回避
し耐えることができるようにする，受け入れることができるようにするなど，ストレッサーを
処理していく過程を指す[15]．

　この対処の機能について，ラザルスは情動中心の対処と問題中心の対処を挙げている．この
対処の機能の詳細は，次項の方法編で述べる．

　では，ストレッサーやストレス反応には具体的にどのようなものがあるのか．ストレッサー
に関して，ホームズとレイは，ある種の社会的出来事と疾病の発症が関連するとして「ライフ
イベント」型のストレスを提唱した．そして，人生に変化を起こすような出来事がストレスに
関連すると考え，その出来事を計量することを試みて，「社会的再適応評価尺度」を作成した．
この尺度の内容例を示すと「配偶者の死（ストレス値 100）」「離婚（73）」「結婚（50）」「休暇
（13）」「軽微な法律違反（11）」などが挙げられる．しかし，ライフイベントと疾病の関連が弱
いなど，その後の研究者からの批判と議論をよんだ[16]．しかし，このライフイベント研究の問
題点の議論が，その後のストレス研究を促進させたといわれる[17]．このライフイベントに対し

表 3-7　ストレス反応の内容例

心理的 ストレス反応	不快な感情の慢性的体験（怒り，不安，抑うつなど） （疾患へ移行した場合）うつ病，不安障害，適応障害など
身体的 ストレス反応	身体面の慢性的な不調（不眠，動悸，めまいなど） 免疫系，自律神経系，内分泌系への悪影響により身体疾患（胃潰瘍など）につながる可能性がある． （疾患へ移行した場合）過敏性腸症候群，過換気症候群，自律神経失調症，胃・十二指腸潰瘍，高血圧，冠動脈疾患など．
行動的 ストレス反応	不登校，ミスの増加，暴力，アルコールの乱用など不適切なコーピングもしくは，不適切なコーピングの結果． （疾患へ移行した場合）アルコール依存症，適応障害など．

大塚泰正：心理学的ストレスの理論モデルと測定．（丸山総一郎編）ストレス学ハンドブック，66-75，創元社，大阪（2015）および永田頌史：ストレスの診断と治療．（丸山総一郎編）ストレス学ハンドブック，97-116，創元社，大阪（2015）をもとに，著者が作表．

　て，ラザルスは日常的混乱（デイリーハッスル）という概念を提示し，日常のささいな出来事がストレッサーとして重要であると指摘した．デイリーハッスルの具体例として，「厄介な隣人」「社会的義務」「死についての考え」「家族の健康」「住宅資金の不足」などが挙げられる[16]．

　このように，ストレッサーは日常生活のなかに存在しているといえる．では，介護専門職のストレッサーはどのようなものであろうか．介護専門職など，職場におけるストレッサーを考えた場合，職場内で生じるストレッサーと日常生活のなかで生じるストレッサーに分けられる．

　職場における第 1 のストレッサーとして人間関係が挙げられる．これは，業種を問わず取り上げられるものである．具体的には，上司や同僚，部下との関係，利用者やその家族との関係，外部機関の職員との関係などである．次に，業務内容や施設の建物構造などもストレッサーとなりうる．ラザルスのストレス理論に沿えば，ストレッサーは個人ごとに異なる．同様の人間関係や職場環境でも，それをストレッサーと受け取るか，受け取らないかは，その個人の認知的評価（アプライザル）による．また，その時々の個人の体調や状況によってもストレッサーの認知の仕方は異なる．たとえば，高齢者のトランスファー援助行為は健康なときなら問題とされないが，体調不良のときには非常につらいものに感じる場合もある．また，近親者との死別体験を経験したばかりのときに利用者の死に直面すると，悲しみの感情が以前とは違ってつらいものとして喚起される場合もあるといえる．このように，そのときの状況次第で，ストレッサーの認知的評価は異なる．

　一方，ストレス反応は身体的な反応，心理的な反応，行動的な反応に大別される．表 3-7 に具体例を示した[18,19]．これらのストレス反応は軽度であれば不調として現れ，重篤になれば疾患として現れる可能性がある．ストレス反応が疾患として生じた場合は治療を要する．ゆえに，疾患として生じる前にストレスを軽減する対応を行うことが求められる．

　介護専門職を含むヒューマンサービス専門職に認められるストレス反応として，バーンアウト・シンドローム（燃えつき症候群／以下，バーンアウト）がある．マスラックによるバーンアウトの定義は，「長期間にわたり人に援助する過程で，心的エネルギーが絶えず過度に要求さ

れた結果，極度の疲労と感情の枯渇を主とする症候群であり，卑下，仕事嫌悪，思いやりの喪失を伴うもの」[20]である．介護専門職におけるバーンアウトの問題は，介護専門職が，その職務に燃えつきてしまい，自分を卑下したり仕事を嫌悪したりする結果，離職を引き起こす，相手への思いやりを喪失することで，利用者・入居者に対するケアの質の低下につながることといえる．

3）ストレッサーとなりうる認知症の理解度とその背景

　認知症ケアに焦点を当てると，認知症の症状がストレッサーとなっている現状がある．とくに，認知症の行動・心理症状（Behavioral and Psychological Symptoms of Dementia；BPSD）は，厚生労働省が認知症ケアの課題のひとつにも挙げているように，ケアする側にとって大きな課題になりやすい．

　行動・心理症状（BPSD）の症状面から考えると，行動・心理症状（BPSD）の内容がケア場面での対応困難さを引き起こす場合が挙げられる．たとえば，レビー小体型認知症の症状のひとつである幻視や，認知症の発症に伴ううつ状態が挙げられる．これらはいずれも抗精神病薬の投与が第一選択とされるであろう．しかし，原因疾患によって生じているものであるため，それを根治することは困難である．すると，幻視や抑うつ状態への対処をどうするべきかという問題がケア現場で生じる．

　この問題には，ケアする側が行動・心理症状（BPSD）をどのように理解し受け取っているのかということが関連する．たとえば，幻視のように根治できない認知症症状の出現を，ゼロにしようと考えた時点でそのケア内容は実現困難なものになる．しかしそれでも，幻視出現ゼロを目指したケアを提供しようとする介護専門職には，大きな負荷がかかる．この負荷がストレッサーとなり，ストレス反応を引き起こすことになる．

　この例の背景にあるものは，1つは認知症の知識不足であり不十分な理解である．確かに，ケアによって減少しうる行動・心理症状（BPSD）はある．一方で，認知症自体から生じている行動・心理症状（BPSD）は，認知症が完治しない限り消失することはない．そのような行動・心理症状（BPSD）までゼロにしようと考えてしまうところに，認知症の理解不足があるといえる．

　もう1つは，認知症ケアマネジメントの目標設定の不十分さもしくは不明確さである．つまり，慢性疾患としての認知症を抱える個人のケアマネジメントの目標が，個人の生活の維持向上を基盤とするのではなく，行動・心理症状（BPSD）といった症状消失によるケア提供者側の負担軽減になってしまっている場合である．図3-4に，認知症と個人の関係の理解を示した．これは，家族療法の一分野のナラティブセラピーの「外在化」の手法をもとにしたものである．たとえば，左図のように個人と「認知症」を同一視すると，個人が認知症のなかに取り込まれてしまう．すると，認知症の症状＝個人の主体的な行動になり，行動・心理症状（BPSD）を生じさせる人は主体的に行動・心理症状（BPSD）を行っているというとらえ方になる．一方，右図に示すように「外在化」の手法を用いれば，「認知症」と個人は別のものになる．つまり，認知症という病気が個人に「悪さ」をしていることになる．この「悪さ」が記憶障害や行動・

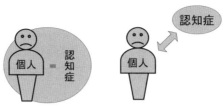

図 3-4　認知症と個人のとらえ方

心理症状（BPSD）を生じさせているととらえる考え方である．この考え方は，たとえばイン
フルエンザで熱が出ているや，かぜで喉が痛い状態と本質的には変わらない．つまり，認知症
の症状として生じているのであり，わざと生じさせているものではないということである．こ
の理解が「外在化」による理解であり，それに基づけば，認知症によって生じている行動には
本人も困っており，それを本人自身も何とかしたいと思っている（ゆえに，いろいろと本人も
行うが，認知症のために不適応行動＝行動・心理症状（BPSD）になる）という視点の転換が
図られる必要がある．つまり，症状への対応ではなく個人への対応を主としたケアマネジメン
トの視点が求められる．そして，この考え方に基づき，本人のケアマネジメントの目標を明確
にしていくのである．

　このように，認知症ケアの課題や困難さの一部には，ケアを提供する介護専門職側の知識不
足や誤った理解があるために，ケアを行っていくなかで自分たち自身を追い込み，ストレスフ
ルな状況を作り出し，自分自身のメンタルヘルスを低下させる一因を結果的に引き起こしてい
ると指摘できる．

4）ストレッサーとなりうる職場環境の理解

　前述したとおり，高齢者福祉領域に限らず，職場環境がストレッサーとなりうる．この職場
環境とは，職場内の対人関係，つまり上司，部下，同僚との関係，利用者とその家族との関係
である．

　この対人関係に，職場の組織構造や風土が関係する．たとえば，松井は，大規模施設である
特別養護老人ホームと小規模施設となる認知症高齢者グループホームでは組織構造の違いから
ストレスの生じ方が異なることを指摘し，組織特性に配慮したケアの質向上を図っていくこと
が必要であると指摘している[21]．つまり，組織構造によって，業務の進め方が異なる．業務改
善の取り組みの程度が異なる場合もある．硬直化した組織では，非効率的な組織運営がなされ
ている場合も考えられる．一方で，職員によっても，業務手順がしっかりと決まっていてルー
チン化しているほうが対応しやすい人もいるであろう．そのため，業務改善が柔軟に進められ
ていくとそのスピードについていけない人も生じる．この点も，環境のどのような要因をスト
レッサーととらえるか，個人によって異なってくる面であるといえる．

　また，業務伝達の程度もストレッサーとなりうる．現場で「ホウ・レン・ソウ（報連相）」と

作 業 環 境	ケアをする場所の環境です. ここは高齢者の生活の場ですから, 作業のしやすさと生活のしやすさのバランスが求められます.
作 業 方 法	具体的なケアの内容や方法になります. 援助場面や利用者によって方法が異なる点を考慮する必要があります.
労 働 時 間	ケア現場は, 早出勤, 遅出勤, 夜勤などがあります. また公休, 有休の消化状況も労働時間の把握に関係します.
仕事の量や質	ケア現場は介護保険後, 記録や評価のための事務作業も増えています. 残業状況も含めた仕事の量と内容が関係してきます.
職 場 の 組 織	リーダーが受け持つ現場の位置づけは組織の大きさや運営方針によって異なります.
人 間 関 係	ケア現場では, スタッフ同士の人間関係に加え, スタッフと利用者, 利用者同士の人間関係も含まれます.

出典）認知症介護研究・研修仙台センター監：介護現場のためのストレスマネジメント支援テキスト；高齢者虐待・不適切ケアの防止に向けて. 認知症介護研究・研修仙台センター, 宮城（2009）.

図3-5　ストレスにかかわる職場環境

いわれる報告・連絡・相談が円滑になされていないと, 対人関係や業務遂行に支障をきたす. この点はリスクマネジメントの観点からも重要なことであるが,「ホウ・レン・ソウ」が円滑にいかない場合は, 職員同士が相手に不信を抱いているなどの対人関係上の問題が考えられる. そして, その状況がストレッサーとなりうるのである.

　職場内の環境を図3-5に示した[22]. 環境にはさまざまあるが, この図では, 施設サービスで働く介護専門職を主に想定し, ソフト面としての環境を中心に示している. このような環境があること, これを調整してケアの質を低下させないように維持し改善していくことが必要になるといえる.

2．方 法 編
1）ストレスマネジメントの意義と必要性を深めること

　たとえば, あるストレッサーによってストレス反応を生じている個人が, 自身のストレス状態を解消する手立てとしてどうすればよいか. そのストレッサーが職場の場合, 早急な対応の第一選択は, ストレッサーである職場から遠ざかることである. つまり, 退職なり休職により職場を離れる選択を行うことである. しかし, 職場側, つまり事業主や業務を継続している職員からすると, 退職者や休職者が出ることは人手不足となり, 現場にいる職員の業務量が増え, 結果として業務の質の低下にかかわるゆゆしき問題となっていく.

　この問題にどう対応すればよいかを考えていくことが, ストレスマネジメントのひとつである. その際, ストレスマネジメントを推し進める人は, 個人のストレス対処（コーピング）に, ストレッサーである職場を去るという選択肢があることを知っておくことも重要である. そして, 退職した職員を責める, その職員の個人的資質に問題を置き換えるといった矮小化した考え方に陥らないことが求められる. なぜなら, そのように問題を矮小化してしまうと, 本来取

り組まなければならない職場が抱える問題がみえづらくなってしまうからである．この考えを念頭に，介護職が退職しないためにどうすればよいのか，つまり職場がストレッサーにならないようにするためにどうすればよいかを考えていくことが重要である．

　ストレスマネジメントは，厚生労働省が推し進めているメンタルヘルス対策が基本になる．メンタルヘルス対策の基本的な考え方を図3-6に示した[23]．介護分野で説明すれば，メンタルヘルス対策は，介護職自身が対応する「セルフケア」，中間管理職（介護課長や介護主任など）が部下のメンタルヘルスに対応する「ラインによるケア」，事業所内の看護師や安全衛生委員会の担当者等による「事業場内専門スタッフによるケア」に分けられる．これが事業場内における対策になる．そして「事業場外資源によるケア」は，医療機関や心理相談室といった外部の専門機関によるケアである．

　このメンタルヘルス対策は，図3-6にも示されている事業者，つまり事業所の経営に当たる理事長や社長もしくは施設長や事業所長の役割である．この立場の人には，メンタルヘルス対策の全体を計画し，それを推進していくための体制をつくり，そのための人員や予算を配置し，滞りなく対策を推し進めていくことが求められる．事業者がこの役割を十全に果たさなければ，中間管理職ががんばろうが，職員自身が努力しようが，メンタルヘルス対策，ストレスマネジメントは円滑に進まない．事業所の役割が従前に果たされていることが前提で，介護課長や介護主任などの中間管理職は，「ラインによるケア」を推進していくことになる．

　職場環境について，その現状を把握することは大切である．自分の職場環境がどういう状況であるのかということを確認する1つの手立てとして，「公益財団法人介護労働安定センター」が毎年実施している「介護労働実態調査」があり，介護労働安定センターのホームページ（http://www.kaigo-center.or.jp/）に掲載されている．過去の調査結果も掲載されているので参照されたい．ここでは，その一部を表3-8～3-9に示した[24]．

　表3-8に示すとおり，前の介護事業所を退職した理由は，収入だけの問題ではなく，人間関係や職場の理念，運営への不満もあることがわかる．なお，この結果をみるときに注意が必要なことは，すべて複数回答によるということである．つまり，表3-8の場合は，結果の％値に大きな差異がないことから，これらの複数の理由が混ざり合って仕事を辞めていく可能性が指摘できる．つぎに表3-9をみると，仕事の満足度として，仕事の内容・やりがい，人間関係の良好さや職場の環境のよさが示されている．これは表3-8の結果に示される退職した理由と重複している．つまり，退職の理由はこれらの不良さが原因となっている．このことから，仕事の内容・やりがいや人間関係，職場の評価の善し悪しが，退職するか仕事を継続するかを左右する要因になっているといえる．

　この現状を踏まえ，ストレスマネジメント，メンタルヘルス対策の方法を考えていくことになる．その方法の基本は，メンタルヘルス対策の図に示される内容を，職場の現状に合わせて具体的に実践していくことである．その際に，職場環境の整備として，職員の仕事のやりがい，満足度を上げていくことが求められる．これが前述した利用者の生活環境の向上にもつながる．

　次項では，これまで述べてきたストレスに関する知識，そして職場環境を向上させるための

4つのケア

セルフケア

事業者は労働者に対して、次に示すセルフケアが行えるように支援することが重要です。
また、管理監督者にとってもセルフケアは重要であり、事業者はセルフケアの対象として管理監督者も含めましょう。

- ストレスやメンタルヘルスに対する正しい理解
- ストレスへの気づき
- ストレスへの対処

ラインによるケア　　　　　　　　詳細は、14〜17頁をご参照ください。

- 職場環境等の把握と改善
- 労働者からの相談対応
- 職場復帰における支援、など

事業場内産業保健スタッフ等※によるケア

事業場内産業保健スタッフ等は、セルフケア及びラインによるケアが効果的に実施されるよう、労働者及び管理監督者に対する支援を行うとともに、次に示す心の健康づくり計画の実施に当たり、中心的な役割を担うことになります。

- 具体的なメンタルヘルスケアの実施に関する企画立案
- 個人の健康情報の取扱い
- 事業場外資源とのネットワークの形成やその窓口
- 職場復帰における支援、など

事業場外資源によるケア

- 情報提供や助言を受けるなど、サービスの活用
- ネットワークの形成
- 職場復帰における支援、など

※それぞれの事業場内産業保健スタッフ等の役割は以下のとおり.
○産業医等：専門的立場から対策の実施状況の把握，助言・指導などを行う．また，長時間労働者に対する面接指導の実施やメンタルヘルスに関する個人の健康情報の保護についても，中心的役割を果たす.
○衛生管理者等：教育研修の企画・実施，相談体制づくりなどを行う.
○保健師等：労働者及び管理監督者からの相談対応などを行う.
○心の健康づくり専門スタッフ：教育研修の企画・実施，相談対応などを行う.
○人事労務管理スタッフ：労働時間等の労働条件の改善，労働者の適正な配置に配慮する.
○事業場内メンタルヘルス推進担当者：産業医等の助言，指導等を得ながら事業場のメンタルヘルスケアの推進の実務を担当する事業場内メンタルヘルス推進担当者は，衛生管理者等や常勤の保健師等から選任することが望ましい.
出典）独立行政法人労働者健康福祉機構 産業保健・賃金援護部 産業保健課（2013）「Relax 職場における心の健康づくり；労働者の心の健康増進のための指針」(http://kokoro.mhlw.go.jp/brochure/worker/, 2015/11/1).

図 3-6　職場のメンタルヘルスケア対策

取り組みに関する演習方法の例を提示する.

2）演習；ストレスに対応する；セルフケアの方法を体験する

（1）演習のねらい

セルフケアにおけるストレス経験策は，多数ある．ここでは，大きく2つのセルフケアの方

表 3-8　退職の理由；介護労働安定センター調査「直前の介護の仕事をやめた理由」

複数回答（％）

項　目	H29	H26	H20
職場の人間関係に問題があったため	20.0	26.6	23.0
法人や施設・事業所の理念や運営のあり方に不満があったため	17.8	22.7	23.4
他の良い仕事・職場があったため	16.3	18.8	20.0
収入がすくないため	15.5	18.3	21.8
自分の将来の見込みが立たなかったため	15.6	15.9	17.8
新しい資格を取ったから	11.5	10.0	—
結婚・出産・妊娠・育児のため	18.3	8.5	10.9

注1）全体数（人）　H29年度：5,985，H26年度：6,637，H20年度：4,450
注2）項目は上位 7 項目のみを示している．
注3）H20年度の「新しい資格を取ったから」は項目なし．H20年度の項目の順位にのみ変動がある
出典）公益財団法人介護労働安定センター「調査報告」（http://www.kaigo-center.or.jp/）．

表 3-9　仕事についての考え方 2；介護労働安定センター調査「現在の仕事の満足度」

複数回答（％）

項　目	H29	H26	H20
仕事の内容・やりがい	53.3	53.5	50.6
職場の人間関係，コミュニケーション	47.4	46.9	44.1
職場の環境	40.3	39.2	36.6
雇用の安定性	36.9	36.1	29.2
労働時間・休日等の労働条件	34.8	32.8	27.4
勤務体制	30.3	28.7	24.2
福利厚生	28.0	26.2	20.1
職業生活全体	26.8	25.9	19.5

注1）全体数（人）　H29年度：21,250，H26年度：20,334，H20年度：18,035
注2）項目は上位 8 項目のみを示している．
出典）公益財団法人介護労働安定センター「調査報告」（http://www.kaigo-center.or.jp/）．

法を示す．1つは，日常生活場面でのストレス対処法である．もう 1 つは，職場のなかで活用できるリラクゼーション法である．

「演習の学習目標」

・日々の生活や職場のなかで，ストレスをため込まずにこまめにストレス緩和を行うための，自分に合った緩和法を見つけること．

・その体験を通して，部下の介護職にも，自分に合った緩和法を勧められるようになること．

(2) 演習の進め方

①日常生活場面でのストレス対処法を考える

a）ストレス対処法の説明

　先に理論編で取り上げたストレス理論の説明，つまりストレッサーがありストレス反応があるという一連の流れを説明する．そして，介護職としてのストレッサーの内容を，図3-5を用いて説明し，ストレス反応の内容を，表3-7を用いて説明する．これらの知識をもとに，演習に臨んでもらう．

ｂ）対処法を検討する

　グループワークで，次項「演習：ストレッサーを知る，ストレス反応を知る」で出されるストレッサーを用いて，どのような対処方法があるか，その具体的な内容をグループで検討する．15〜20分程度の時間を確保する．

　②リラクゼーション法を，模擬体験を通して知る

ａ）リラクゼーション法の説明

　留意点として，講師役は，自分になじむリラクゼーション法について一定の知識と経験を身につけておくことが必要不可欠な条件である．該当する書籍の精読，研修会への参加などが求められる．ここでは，職場での短い時間でもできるいくつかのリラクゼーション法を列挙し，その概要を示す．なおリラクゼーション法の内容によって，演習に要する時間が異なるので，内容に合わせて演習時間を確保すること．

　　(a) イメージを用いた呼吸法：基本は腹式による深呼吸法である．ゆっくりと行うために，目を閉じて風船や○などが膨らんだり縮んだりするイメージを頭のなかに思い浮かべながら行う．

　　(b) 自律訓練法：ドイツの医師によって開発された自己暗示によるリラクゼーション法である．公式手順があるので，その公式に従って実施していく．禁忌事項に留意すること．

　　(c) マインドフルネス；自分の感情に気づく作業を，瞑想を通して行う．上記 (a) の呼吸法も方法の一部に含まれる．

ｂ）リラクゼーション法の模擬体験

　上記の説明を行った後に実演を行い，模擬体験を行う．

　留意点として，これらを身につける場合には，適正な指導等による一定の学習が必要であることを伝える．あくまで，リラクゼーション法の紹介と模擬体験であることを強調すること．

3）演習；ストレッサーを知る，ストレス反応を知る

(1) 演習のねらい

　メンタルヘルス対策の基本となるセルフケアにとってまず重要なことは，「ストレスへの気づき」を促すことである．そのために，ストレッサーとストレス反応の具体的な内容を振り返り，ストレス理論を介護現場や家庭内の生活の中に当てはめる体験を行う．

「演習の学習目標」

・自分たちの職場のなかにあるストレッサー，家庭のなかにあるストレッサーと，それから生じるストレス反応の内容を，演習を通して具体的にとらえる．

・ストレッサーとストレス反応の違いを確認して，ストレス理論の再確認を行う．

(2) 演習の進め方

　①ストレッサーとストレス反応の具体例を出し合う

　5人前後の小グループを編成し，グループワークにて実施する．模造紙と大きめのポストイットを使用する．

　ブレインストーミングを用いて，ストレッサーとストレス反応と思われるものをポストイッ

	ストレスの原因 （ストレッサー）	ストレスの結果 （ストレス反応）
セルフケアで できるもの		
周囲の支援が 必要なもの		

図 3-7　模造紙の使用方法例，項目内容

トに書き出し，それを模造紙に貼り，グループ内で共有する．グループ人数によるが，20〜30個程度は出してもらうとよい．10〜15分程度の時間を確保する．

　実施の際の留意点は，以下のとおりである．

(a) 書き出すストレッサー，ストレス反応は，自分自身の経験のみではなく，介護現場で想定されるストレッサー，ストレス反応も書き出すことを求める．

(b) ストレッサー，ストレス反応は，単語や体言止めで書かない．単文の文章にする（悪い例：夜勤．腰痛．よい例：夜勤業務がつらい．介助の腰の痛みがつらい）．

(c) ポストイット1枚には1個の内容を書く．複数の内容を入れない（悪い例：夜勤が大変だ，入浴援助も困る）．

(d) 内容が不明瞭の場合は，書いた人に確認をして補足し，内容を明確にする．

②ストレッサーとストレス反応の区分けをする

　ある程度具体的な内容が出されたら，模造紙を図3-7のようにマジックインキで分割し，見出しをつける．上記①で出た内容を，模造紙の枠に合わせて分類していく．ポストイットを該当する枠に貼っていく．10〜15分程度の時間を確保する．

　留意点は，以下のとおりである．

(a) 割り振りの際は，グループ内で内容を確認して意見を交換しグループ内の合意のうえで割り振る．

(b) 各自が自分勝手にばらばらに作業を行ってはいけない．

③内容の共有作業

　上記までの作業が終了したら，グループごとの結果をその研修参加者全体で共有する．1グループの発表時間は3分もしくは5分と決める．1グループの発表時間にグループ数をかけ合わせた時間を確保する．

講師役の役割を確認すると，以下のとおりとなる．

（a）ストレス理論を再確認することを促す．

（b）具体的な内容を整理することが，現場の職員のストレスマネジメントを行うスタートになることを伝える．

Ⅲ．ケアカンファレンスの技法と実践

┌─ **学習の Point** ─────────────────────────┐
・ケアカンファレンスの目的と意義を理解する．
・ケアカンファレンスを効果的に実践する方法を理解する．
・ケアを言語化し，ケアカンファレンスを通して統一したケアを実現する．
・演習を通して，効果的なケアカンファレンスを実践できる．

キーワード：チーム内コミュニケーション，ケアの共有化，ケアの言語化，チーム運営
└──────────────────────────────────┘

1．はじめに

　本科目では，チームが効果的なケアを実現するために求められるケアカンファレンスのあり方，ケアカンファレンスにおけるチームリーダーの視点について学習する．

　今日の認知症ケアは，チームケアを前提として展開されている．チームを構成するメンバーは，利用者の状態やおかれている状況により多様であり，必ずしもケア専門職のみで構成されるわけではない．チームケアの実現には，支援対象者のニーズに基づいて導かれたケアを提供するために，チーム内の役割分担などを検討・決定・共有する過程が不可欠であり，1つの方法としてケアカンファレンスを行うのである．

　また，ケアカンファレンスは，チームメンバーが集まり，議論し決定するプロセスであり，チーム内のコミュニケーションを図る機会・手段でもある．チームを効率的・効果的に運営する観点からも，効果的なケアカンファレンスの実践が求められている．

2．チームケアにおけるケアカンファレンスの目的と意義

1）ケアカンファレンスとはなにか

（1）ケアカンファレンスとはなにか

　本稿においてケアカンファレンスとは，支援対象者の支援にかかわる本人も含めた人や関係機関（医療・保健・福祉サービス機関・従事者，インフォーマルなサービス機関や人）が集まり，支援対象者の意向，状況や状態，これまで提供されたサービスを評価・検討したうえで，必要となる具体的な支援や支援全体の方向性を決める機会，という意味で使用する．

　認知症ケアの現場では，事業所ごとにさまざまな名称で会議が行われているが，ケアカンファレンスの意味を踏まえて，どの会議がケアカンファレンスに相当するのか，改めて整理してほしい．

（2）ケアカンファレンスの目的と意義

　ケアカンファレンスは，支援対象者のケアについて関係する人や機関が集まり検討・決定することを目的として行われる．話し合った成果は，私たちの支援を通して直接ないしは間接的に支援対象者へ還元される．したがって，ケアカンファレンスの参加者は，話し合いの成否が支援対象者の生活に大きく影響することを認識しなければならない．ことさら認知症ケアにお

いては，支援対象である認知症の人の多くは，自身の意向や思いを言語等で的確に表出することがむずかしく，ケアカンファレンスの参加者は，権利擁護（advocacy）の視点を強くもつ必要がある．

　また，ケアカンファレンスは，支援対象者のケアを決めると同時に，私たち支援者の共通認識・共通理解を図ることも目的としている．私たち支援者は，職種やサービス種別を問わず，ケアを提供するときはおおむね1人である場合が多い．支援対象者へのかかわりも断片的であり，支援者1人がもっている情報も断片的である．ケアカンファレンスを通じて，支援者1人ひとりの支援対象者に関する断片的な情報を整理・共有し，支援対象者の状況・状態についての共通認識を図ることができるのである．

　さらに，ケアカンファレンスは，支援対象者のみならず支援者や事業所のサービス提供状況等，支援者同士の理解を深める機会でもある．支援対象者へのケアに対して，支援者の職種や立場により見解が異なる場合も少なくない．ケアカンファレンスは，支援者間の見解の相違を押しつけ合う場ではなく，見解の相違は相違として互いに認め，そのうえで支援対象者にとって必要なケアを検討・決定する過程でもある．

（3）ケアカンファレンスの多様性

　認知症ケアも含めた今日のケアの実践では，事業所内だけではなく，事業所の枠を超えてケアカンファレンスが展開されている．

　居宅介護支援事業所や地域包括支援センターが中心となり開催するケアカンファレンス，通所・訪問系事業所，入所系事業所などサービス提供事業所内で行われるケアカンファレンスなど，実施機関や開催目的に応じて，参加メンバー，必要とされる情報，検討すべき内容等が異なる．ケアカンファレンスの目的や参加メンバーなどを把握し，開催の趣旨に応じた情報収集などの事前準備が必要となる．一方，ケアカンファレンスでは，支援経過を振り返り支援対象者の理解を深める，支援の効果を測ることがある．週や月単位の支援経過の振り返りでは気づかなかった支援対象者の変化も，改めて支援過程全体を振り返ることで気づくこともある．支援過程全体を振り返るなど比較的長い期間の支援について検討する場合，代表者がケースレポートとしてまとめ，事業所全体で議論するなど，事例発表，事例検討方式も有効である．

　また，会議の開催方法も一様ではない．一定の場所・時間に集まり開催するものから，インターネットを活用し複数の拠点を結んで行うオンライン会議，e-mail ビジネスチャットツールなどの情報共有ツールを活用した意見交換などがある．会議は組織内におけるコミュニケーション手段のひとつであり，組織の規模や特性に応じた方法が選択される．ただし，インターネットを活用した会議は情報漏えい等，セキュリティ面で十分な配慮が必要である．

2）チームケアにおけるケアカンファレンス

（1）よりよいチームケアを促すケアカンファレンス

　ケアカンファレンスは，支援対象者の具体的な支援内容や支援全体の方向性を決めるだけではなく，支援対象者の心身機能や本人を取り巻く環境，支援者の支援内容や支援過程などの評価も行う．チームでよりよい支援の実現を図るためには，単に支援を実践するだけではなく，

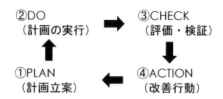

＊PDCAの過程を繰り返すことで, 目的や目標の
達成を目指す.

図 3-8　PDCA サイクル

支援の評価を行い, 必要な修正を加え, 新たな支援を実践する過程を繰り返す必要がある. 一般的に PDCA サイクルとよばれる過程である. PDCA サイクルとは, Plan→Do→Check→Action の頭文字であり, 計画立案→実行→評価→改善策の実行という一連の流れを指す(図 3-8). よりよいチームケアの実践を図るためには, チーム内で PDCA サイクルを構築することが求められる. チームケアにおいて PDCA サイクルを構築・実践する場合, ケアカンファレンスがPDCA のサイクルの主要な部分を担う. したがって, ケアカンファレンスが機能しているチームは, チーム内で PDCA サイクルが構築され, よりよいケアの実現に向けた過程を歩むことができる. また, ケアマネジメントの支援過程も, おおむね PDCA サイクルと同じ流れで構成されている (図 3-9).

　今日の医療・保健・福祉サービスでは, 限られた人員, 時間, 予算のなかで効率・効果的にケアを提供し, 支援対象者のニーズの実現を図ることが求められている. チーム内でケアカンファレンスが機能することでチーム内・外の資源を効率的かつ効果的に活用し, より質の高いケアの実現を目指すべきである.

(2) 教育機会としてのケアカンファレンス

　ケアカンファレンスは, 支援対象者のケアに携わるすべての人が集まり, 支援対象者への支援を話し合う場であると同時に, メンバーの意見や考え方などを聞く貴重な機会でもある. チームリーダーや教育担当職員が, メンバーと支援対象者への支援を話し合うと同時に, メンバーが発した意見や考え方に耳を傾け, メンバーの知識や技術に不足はないか, チーム全体として不足していることはないかなど, 職員教育を意識しながら参加することで, メンバー個人またはチーム全体の教育ニーズを把握できる.

　よりよいチームケアを実現するためには, 職員教育を通してメンバー個々の知識や技術の向上は欠かせない. さらに, 習得した知識や技術を踏まえ, 実践の変化が求められる (行動の変容). ケアカンファレンスは, 表明されたメンバーの意見や考え方・態度の変化など, 職員教育の成果やメンバー個々の成長, チーム全体の状態をリアルに体感できる貴重な機会である.

　ケアカンファレンスのすべてを教育機会としてとらえることはむずかしいが, 視点を変えることで教育機会として活用することは可能である. 日々の実践のわずかな時間を活用して, 職員教育へとつなげる視点を大切にしたい.

```
┌─────────────────────────────────────────────────────────────────┐
│ ケアマネジメント1段階：インテーク                                          │
│   ↓    ・ケアマネジメントを開始する契約を結ぶ                               │
│ ケアマネジメント2段階：アセスメント                                        │
│        ・介護支援専門員は利用者を訪問して情報収集を行う．利用者を全体的な観点か  │
│   ↓      らみて，利用者のニーズや課題を把握する                             │
│ ケアマネジメント3段階：ケアプランの作成                                    │
│        ・サービスの時間・回数，利用者の負担額を考慮し，どの事業所にどのような    │
│          サービスを頼むか検討し，必要時には新たな社会資源を開拓する            │
│        ・介護サービス計画（ケアプラン）の原案を作成し，サービス担当者会議（利用  │
│   ↓      者，家族およびサービス提供者の参加）を主宰して，ケアプランを検討する    │
│        ・ケアプランを完成させて，利用者の同意を得る                         │
│        ・ケアプランに基づいて，サービス提供事業者にサービスを依頼する          │
│ ケアマネジメント4段階：ケアプランの実施                                    │
│   ↓                                                              │
│ ケアマネジメント5段階：モニタリング（監視とフォローアップ）                    │
│        ・サービスが円滑に行われているか，利用者のニーズが変化していないかを把握  │
│   ↓      する                                                     │
│ ケアマネジメント6段階：再アセスメント                                      │
│        ・モニタリングの結果，ニーズが満たされていない場合や新たな問題が発生した  │
│          場合は，再アセスメントを行いケアプランを修正する                     │
│   ↓    ・少なくとも6か月に一度は利用者を全体的な観点から見直し，ケアプランを検  │
│          討する                                                    │
│ ケアマネジメント7段階：終結                                               │
│        ・すべてのサービスが終了する                                       │
└─────────────────────────────────────────────────────────────────┘
```

石野育子：最新介護福祉全書・第7巻；介護過程．185，メヂカルフレンド社，東京（2009）を一部抜粋．

図 3-9　ケアマネジメントの過程

3．チームケアにおけるケアの決定過程と共有化

1）ケアを導く過程を相手に伝える

（1）私たちがケアを導く過程を振り返る

　私たち支援者は，支援対象者のなにをみてケアを考え・実践しているのであろうか．図 3-10 は，支援者がケアを導き実践するまでの過程の概略である．支援者は，支援対象者の表情や体調をみて（情報を集める），支援者が知りうる支援対象者の状態等に照らして変化や異変をとらえ（比較），獲得した知識や技術を活用して変化や異変の原因や意味するところを考え（分析），ケアの原則に照らして，現在またはこれから必要になるケアを考え（ケアを導く），実現可能なことから実践し（ケアの提供），効果の有無を確認している（評価）．つまり，支援者は，情報を収集しながら考え，ケアを導き実践する過程を日々繰り返している．

　しかし，支援者は支援対象者をみてケアを導くまでの過程を瞬時に処理・判断・実践することを日々繰り返しているため，ケアを導き実践するまでの1つひとつの過程が意識されることは少ない．したがって，支援者自身がケアを導くまでの過程を振り返る機会を設けない限り，日々の時間に埋没し忘れられてしまう．

ケアを提供する人の思考の流れ
①本人に関する**事実を集め**，ケアを提供するために必要な**事実を整理**する（アセスメント）
②**事実**が本人にとって何を意味するのかを知識を活用し**意味づけ**，情報として深める（アセスメント）
③本人はどのように生活したいのか，どのようなケアを必要としているのかを導く（アセスメント）
④いかにケアを提供し支えるか計画（ケアプラン）
⑤実際にケアを実践・記録（プランの実施）
⑥ケアが本人にとって適切であったか評価，次によりよいものにするための**改良**（評価と修正）

渡邊祐紀，中西敦子，坂井明弘，ほか：認知症ケアと介護者・教育者の成長を支える人材育成の考え方：お年寄りとケアに携わるすべての人との間で起きている「学ぶ」と「教える」．季刊誌認知症介護，7（4）：53（2006）を一部抜粋．

図 3-10　支援者がケアを導くまでの過程

　今日の認知症ケアの実践では，支援者は支援者自身のケアについて説明することが求められている（説明責任）．支援者はケア専門職として，ケアを導き実践するまでの過程を説明するためのスキルを身につける必要がある．

（2）ケアを導く過程を言語化する

　支援者は自身が行ったケアを他者へ説明するために，ケアを導き実践するまでの過程を言葉にしなければならない（言語化）．説明するとは，相手に伝えることであり，考えたことを言語で表出しない限り伝えることはむずかしい．

　認知症ケアの実践では，ある特定の支援者がかかわると認知症の人が落ち着いてすごす，ということが起こるが，多くの場合，特定の支援者のかかわり（ケア）が功を奏した何らかの理由がある．認知症ケアに限らず，ケアは人と人の間で行われるものであり，相性などの不確かな要素があることを否定することはできない．しかし，特定の支援者がケアを導くまでの過程を言語化し，他の支援者へ伝えることで，他の支援者も同じようなケアを実践できる可能性が高まる．

　今日の認知症ケアは，チームケアが前提であり，チームで統一したケアの実践を目指している．チームで統一したケアを実践するとは，メンバー間で協議し，認知症の人の心身状態やおかれている状況などに基づき，適切な方法であると理解・合意されたケアが，実践場面でメンバーを通して再現・実行されることである．したがって，ケアを導く過程や導かれたケアが言語化されていなければ統一したケアを実践することはむずかしい．場合によっては，メンバー個々の理解に基づいた不統一なケアが展開される．チームリーダーは，ケアやケアを導く過程を言語化することの意義を理解し，実践することが求められている．認知症の人が落ち着かないときにはお茶を提供する，だけでは今日の認知症ケアは成立しない．認知症の人が落ち着かない理由を探り，原因に対して妥当なケアのひとつとしてお茶を提供するというケアを導き実践した過程が言語化されることで，初めてメンバーが理解し，統一したケアを実践できる．

　かつての認知症ケアでは，臨機応変に対応するという言葉を誤用し，ケアを導く過程を言語

化することへの認識が低かった．臨機応変に対応する前提として，日々のケア，ケアを導く過程が言語化されている必要がある．臨機応変に対応するとは，認知症の人や周囲の状況，状態の変化に応じてケアを再度計算し，変化に応じたケアを導き実践することであり，一定のルールや考える道筋が言語化されていることが前提となる．

2）チーム内でケアの決定過程を共有する

（1）ケアの決定過程を共有する

チームケアを実践するためには，ケアの共有化が欠かせない．ケアの共有化とは，ケアカンファレンス等で決定した具体的行動としてのケアを共有すると同時に，具体的ケアを導く過程そのものを共有することが必要である．数学の公式を例に考えると，ある公式（ルールを形式化したもの）に従って演算した結果，解が導き出される．したがって，公式という一定のルールを共有化することで，だれしも同じ解を導き出すことができる．ケアも同様に，チーム内でケアを導いた過程を共有化することで，結果としてチームメンバーは同様のケアを導き実践することが可能となる．

また，ケアカンファレンス等を通じて決定された新たなケアを共有し実践するためには，どのような話し合いの過程を経て決定されたのか，現行のケアよりも支援対象者にとって有益であるのかなど，メンバー自身が新しいケアの有用性について理解しなければならない．たとえば，ケアカンファレンスでチームリーダーが新しいケアを提案し，詳しい説明もなく決定した場合，メンバーはケアそのものに疑問を抱き，ケアを決めた過程についても納得がいかず，結果としてメンバー個々が考える支援対象者にとってよいと思うケアを実践することになる．

これまでの認知症ケアの実践では，具体的な行動としてのケアを共有してきた傾向が強く，ケアを導く過程そのものを共有化することは少なかった．チームでケアを共有するとは，ケアを導く過程そのものを共有することであり，チーム内のケアを決定する過程を共有することでもある．認知症ケアのリーダーには，ケアを導く過程を言語化する力，言語化したケアをメンバーへ伝える力が求められている．

（2）ケアの原理原則に照らして考える

認知症ケアの実践では，支援者がよかれと思い実践したケアが，結果として支援対象者に不利益を与えていることがある．たとえば，支援者がいすから何度も立ち上がろうとする認知症の人をそのつどいすへ座らせるケアを考えてみる．支援者は，転倒を防ぎ安全にすごすことが支援対象者にとって有益であり，そのつど座らせるケアをもっとも適切なケアとして導き実践している．しかし，そのつど座らせるケアは，認知症の人の立ちたいという思いを否定し，身体機能の低下を招くおそれがあり，不利益を与えていると考えることもできる．認知症の人が立ち上がることができると仮定した場合，そのつどいすに座らせるケアは，自立を支援するというケアの原則に照らして考えると，適切なケアとはいいがたい．さらに，機能低下を招くおそれがあることから，認知症の人にとって不利益であるということもできる．

認知症ケアの実践では，支援対象者である認知症の人が，自らの意思を言語で相手に伝えることがむずかしく，支援者の推測に基づいてケアを導き実践する傾向がある．支援者は，支援

対象者にとっての事実に基づきケアを考えることに加え，ケアを導く過程や導かれたケアを，ケアの原理原則に照らして適切か否かを検討しなければならない．

　チームが支援対象者にとって不利益となるケアを実践することを避けるためにも，チームリーダーを中心にチーム全体でケアの原理原則に照らして考えることを実践すべきである．

4．ケアカンファレンスを円滑に行うためのコミュニケーション
1）報告・連絡・相談の違いを知る

　報告・連絡・相談は，チーム（組織）内のコミュニケーションの基本であり，報・連・相（ホウ・レン・ソウ）と略されるなど，よく見聞きする言葉である．チーム内で円滑なコミュニケーションを図るためには，自身の発言が報告・連絡・相談のいずれに該当するのか，他のメンバーから求められていることはなにかについて判断し，情報を整理して応答しなければならない．

（1）報　　告

　チームで仕事を進めるということは，複数の人がかかわり，それぞれの役割や責任を果たし，互いに協力しながら課題を解決し目標や目的を達成することである．したがって，チームの目標や目的を達成するために，報告を通して互いに進捗状況，業務遂行に必要な情報を共有することが必要である．

　また，報告とは，相手に伝達することではあるが，単に伝えるだけはない．報告する人が，報告すべき内容を言語化し，報告を受ける人（報告を求めた人）がもっとも理解できる方法で知らせなければならない．

（2）連　　絡

　連絡とは，主に事実をチーム内に周知することが目的であり，業務上の引き継ぎ事項，指示・命令といった内容まで幅広い．連絡は，チームの行動を支える基礎であり，チームメンバーが連絡内容を同じように理解する必要がある．認知症ケアの実践では，申し送りノート，パソコンソフトの申し送り機能の活用など，言語化することでチーム内に同じ内容が伝わるように工夫している．口頭による連絡も必要であるが，口頭による情報伝達は記録に残りにくく，伝達する過程で個人的な主観や解釈が入り込み，正確性を欠くことが多い．したがって，より正確に，いつでも同じ情報をみることができるように，文字として記録し連絡することが必要なのである．

（3）相　　談

　私たちが相談するときとは，判断に迷う，わからないことを教えてほしい，他人の意見を聞きたい，あるいは自分考えの正しさを確認したいなど，相談することで何らかの課題解決を図ろうとしている場合が多い．しかしながら，相談する側が一方的に相談内容を伝えるだけでは，求めている応答を得ることはむずかしい．したがって，相談する側は，相手に相談内容の理解を促すために，具体的かつ明確に伝えることが求められる．相談は，互いに意見を出し合うことで，これまでの方法を見直す，判断に必要な情報を補う，代替案を導くなどの効果も期待できる．

表3-10　5W1H を踏まえた報告

①5W1H を踏まえない報告
　「利用者○○さん，帰宅欲求あり，落ち着かず」
②5W1H を踏まえた報告
　「利用者○○さん（だれが），17時ごろ（いつ），リビングで（どこで），自宅へ
　帰りたいと発言し，リビングから玄関を2往復した（なにを・どのように）」

　チームリーダーは，日常的にチーム内でのコミュニケーションを図り，話しやすい雰囲気，相談しやすい雰囲気を形成する配慮が必要である．

2）建設的なコミュニケーションを図るポイント

(1) 5W1H を踏まえて話す

　ケアカンファレンス，報告・連絡・相談などチーム内でコミュニケーションを図る際には，的確に内容を伝えることが求められる．

　端的かつ的確に伝える基本は，5W1H を踏まえることである．5W1H とは，いつ（when），どこで（where），だれが（who），なにを（what），どのように（how），なぜ（why）の頭文字をとったものである．相手にわかりやすく知らせるためのポイントを示している．内容によっては，量の程度（how many），価格（how much），だれに対して（whom）などが加えられることもある．

　5W1H について，認知症ケアの実践でよくある「帰宅願望あり，落ち着かない」という報告を例に考えてみる．表3-10 は，5W1H を踏まえた報告と踏まえない報告である．表3-10 の①からは，何となくイメージはできるが，具体的になにが起きたのか理解することはできない．表3-10 の②は，起きていた事実を具体的に知ることができる．表3-10 の①と②を比較した場合，受け手側が理解しやすいのは②である．

　相手に的確に知らせるためには，5W1H を踏まえることが基本であると同時に，聞く側も5W1H を念頭において聞くことが大切である．相手の話を理解するために，不足している情報をたずねる，確認することで情報を整理・共有し，話し合う素地ができるのである．

(2) 意見と感想

　ケアカンファレンスでメンバーに意見を求めたはずが，終始個人的な思いを述べる場面に遭遇したことはないであろうか．建設的に議論するためには，意見と感想の違いを認識したうえで発言することが求められる．意見とは，個人の考えるところを述べることであり，課題解決に向けて自身の専門的視点からの見解や考えを述べることである．感想とは，ある事柄に対しての自身の思いであり，主観や感情，好みが前面へ出ることが多い．意見を述べる際に感想との違いに留意すべきである．

　ケアカンファレンスは，支援対象者への具体的支援や支援の方向性を決める機会であり，支援対象者の人生に少なからず影響を与える．とりわけ認知症ケアにおいては，支援対象者である認知症の人の多くが，自身の思いや望んでいることを的確に他者へ表明することがむずかしく，支援者の都合を優先させた支援が展開されやすい．したがって，意見と感想の違いを認識

し，支援者の個人的な思いや主観は極力排し，支援対象者自身の体験している事実や支援者の専門的視点に基づいた話し合いが求められる．

　認知症ケアの実践では，認知症の人の思いや気持ちは，支援者が考える認知症の人の思いとは必ずしも一致しない，という事実に目を向けるべきである．

（3）否定と批判

　自身の意見が上司に否定された，あの人は否定的であるなど，日常的に否定という言葉を耳にする．ときには感情を伴い，心情穏やかでないこともある．広辞苑によると，否定とは「そうでないと打ち消すこと，価値などを認めないこと」であり，相手の意見や意見の価値そのものを認めないことである．したがって，否定的態度や言説から議論を前向きに展開することはむずかしく，建設的な議論を指向するケアカンファレンスにおいては，望ましい態度ではない．

　否定と同じように使われる言葉で，批判というものがある．広辞苑によると，批判とは「批評し判定すること，価値や能力，正当性，妥当性を評価すること」であり，否定とは異なる．つまり，批判的な意見は，相手の意見をよりよいものにするために批評するなど，前向きに議論を展開できるものである．批判する，批判的にみることは決してマイナスではなく，発言者や提案者にとっては有益である場合が多い．

　支援対象者である認知症の人は，自身の思いや気持ちを他者へ的確に表出することがむずかしい場合が多く，認知症の人の思いや気持ちと支援者の思いが必ずしも一致するわけではない．支援者がよかれと思い行っているケアが認知症の人が望んでいるものであるか否か，批判的に思考しながらケアを考えることも大切である．

（4）事実と判断・解釈が加えられた情報を区別する

　認知症ケアの実践では，起きていた事実と支援者が判断したことが混同されていることがある．表3-10を例に考えると，①の「帰宅欲求あり」は②の「17時ごろ，リビングで，自宅へ帰りたいと発言し」たことであり，①の「落ち着かず」は②「リビングから玄関を2往復した」ことである．①は認知症ケアの実践でよく見聞きするが，支援者が判断した後の情報であり，事実により近いのは②である．支援者の判断や解釈が加えられた情報は，起きていた事実ではない．ケアカンファレンスはもちろんのこと，日ごろからチーム内の報告や申し送りで，事実を事実として知らせる，記録することを心がけてほしい．

　また，表3-10の利用者への具体的なケアを検討した場合，①の「帰宅欲求あり，落ち着かず」という情報からは具体的なケアを導くことはできない．②の「17時ごろ，リビングで，自宅へ帰りたいと発言し，リビングから玄関を2往復した」のようにより具体的に起きていた事実がわかることで，自宅へ帰りたい理由をたずねる，17時ごろのリビングの状況を調べるなど，ケアを導くための具体的な行動を起こすことができる．支援者の判断や解釈が加えられ抽象化された情報からは，具体的なケアを導くことができないばかりか，事実とはかけ離れたところで議論が展開される可能性がある．事実と離れた情報に基づいて導かれたケアは，支援対象者のニーズとは一致しない場合が多い．

(5) チームメンバーが理解できる言葉・尺度

　認知症ケアの実践では，支援対象者本人や家族，近隣の人など，支援にかかわる人はケア専門職のみではない．したがって，支援に関する日常的な情報交換やケアカンファレンスでは，参加者全員が理解し，共通認識を得るための配慮が必要になる．

　参加者の共通した理解や認識を促すために，参加者全員が理解できる言葉を使用することが大切である．ケア専門職は，日々の業務のなかで職種ごとまたは職種間に共通した専門用語，事業所内で定めた独自の表現を用いることが多い．しかし，ケアカンファレンスの参加者は，ケアに関する専門的知識や技術をもった人のみではないため，だれもが理解できる平易な言葉を使用することが大切である．専門用語を使用した場合は，用語の意味を説明するなど，それぞれ背景の異なる参加者の理解や認識を促すための配慮が欠かせない．

　また，ケア専門職が平易な言葉を使用することは，ケア専門職に課せられている説明責任を果たすことにもつながる．説明は相手の理解や承認等を得るために行うものであり，だれでも理解できる平易な言葉を用いることが望ましい．

　一方，参加者の共通認識を促すために，数値化できるものは数値化し，単位をつけることも大切である．ケアカンファレンスでは，「以前と比べて，少し体重が減ったようだ」などの発言を耳にすることがある．しかし，「少し」の程度は人によって異なり，共通の理解は得られない．「少し」を計量・数値化し，「2 Kg（2,000 g）体重が減少した」とすることで，参加者の共通理解・認識を促すことができる．さらに，「以前と比べて」はいつとの比較なのかについても具体的に示すべきである．1週間前との比較なのか，6か月前との比較なのかを具体的に示すことで，参加者が比較する際の基準をそろえることができる．

　ケア専門職も含めた支援者が，支援対象者の健康状態等についての共通理解を促す取り組みとして，世界保健機関（WHO）の国際生活機能分類（International Classification of Functioning, Disability and Health：ICF）がある．ICFの目的のひとつとして，「健康状況と健康関連状況とを表現するための共通言語を確立し，障害のある人々を含む，保健医療従事者，研究者，政策立案者，一般市民などのさまざまな利用者間のコミュニケーションを改善すること」[25]と記されている．

　認知症ケアは，多職種によるチームケアが前提である．チームメンバーのすべてが理解できる言葉，尺度などを用いることで，ケアカンファレンスを建設的かつ活発な議論を行う場とすることができる．

(6) 課題を解決する意識をもつ

　認知症ケアの実践は，支援者が，支援対象者である認知症の人の日常生活上の困りごとについて，ケアという手段を用いて解決することを支援している．したがって，課題解決を考えることはケアを考えることであり，支援者の行動を決めることでもある．

　ケアカンファレンスを開催したが，話し合った結果なにも決まらないといった体験をしたことはなかろうか．問題を指摘するだけ，課題を提示することに終始する，○○すべきであると自身の考えを一方的に主張するなど，なにも決まらないどころか議論にすらならないこともあ

る．チーム内でケアカンファレンスの趣旨を理解することはもちろんであるが，認知症ケアの実践において課題を解決するとは，具体的になにを指すのかについての理解も必要である．

(7) 互いの専門性を尊重する

認知症ケアの実践は，医療・保健・福祉の専門職等が1つのチームとして展開する．専門職は支援対象者に対して，それぞれの専門的知識や技術を用いて治療や看護，介護等の支援を行っている．しかし，チーム内，職種ごとに認知症の人の状態や行動・心理症状（BPSD）の理解，必要なケア等について見解の相違が生じることがある．チーム内で見解の相違が生じた場合，専門的視点を一方的に押しつけ合い，感情的対立へ発展することもある．専門的視点の相違による見解の違いは，互いの専門性を尊重し，互いを理解することで克服することができる．

5．効果的なケアカンファレンスの展開

1) 事前準備

(1) 開催の事前告知

ケアカンファレンスの事前準備として，いつ・どこで・だれが主催（招集）し・だれが参加するのかなど，開催の事前告知を行う必要がある．緊急で招集する場合を除き，週単位ないしは月単位で事前に告知することが望ましい．事業所内で週単位や月単位で日時を固定して開催する場合であっても，予定表に記載するなど事前告知することが望ましい．また，在宅介護の場合，担当の介護支援専門員らが事前に関係機関等と開催日を調整しながら，会議開催のお知らせ等を通知している．

(2) 開催目的の明確化

ケアカンファレンスの目的の理解・共有がなければ，メンバーが参加する意味を見いだせない，意見を述べないなど，ケアカンファレンスそのものが停滞する要因となる．

チームリーダーは，メンバーが意見を出し合いながら支援対象者のニーズに基づいてケアを導き実践へ向けたメンバーの役割を決めるなど，ケアカンファレンスの目的を明確化し，メンバーへ発信，共有することが必要なのである．

(3) 議事次第等の資料配布と議事録

ケアカンファレンスでは，メンバー同士が議論する過程で議題や検討事項とは異なる方向へ進展することがある．議題や検討事項が記載された議事次第を用意することで，いま，なについて議論しているのかについて確認することができる．議題や検討事項を目にすることで議論の結果なにを決めるのか，議論の目標や目的を確認でき，建設的な議論が可能となる．議事次第には，少なくとも開催日時，場所，参加者，議事や検討事項（進行順）を記載する．議事次第は事前配布・通知が望ましい．

一方，ケアカンファレンスで決定したこと，決定過程における主な意見等は議事録として記録する必要がある．ケアカンファレンスは議論中心であり，議事録として残さない限り，一過性のもの，参加メンバー以外わからないものとなる．したがって，議事録として記録すること

で，参加していないメンバーが議事録を読み，情報を共有することができる．

　ケアカンファレンスを効果的に展開するためには，議事次第等の作成・配布などの事前準備，および記録の作成・配布などの事後の手続きが大切となる．

（4）検討内容の事前通知と具体化

　ケアカンファレンスの冒頭で議題や検討内容を決める，検討事項に関する資料を配布した場合，議題を決める，資料を読み込むことに相当な時間を費やす．限られた時間を有効に活用し，実りあるケアカンファレンスを実現するためには，検討内容や資料等は事前に通知，配布することが望ましい．ケアカンファレンスに参加するメンバーが検討事項を事前に知ることで，各メンバーが検討に必要な情報を集める，資料を読み疑問点や不足情報を収集するなどの事前準備が可能となり，冒頭から議論することもできる．むだを省き，限られた時間を有効に使う工夫が必要である．

　また，検討内容を事前に通知する場合，内容はより具体的であることが望ましい．たとえば，「A さんについて話し合います」と通知された場合，メンバーは A さんについて話し合うこと以外なにもわからず，具体的な事前準備ができない．さらに，各メンバーが話し合いたい A さんに関する議題が提出され，定められた時間内に終わらず，議論もまとまらない結果を招く．したがって，事前に通知する検討内容は，「A さんの排泄誘導時間の変更（◯時間間隔へ変更する案）」「B さんの摂食嚥下評価について（食形態変更後のモニタリング）」など，内容を具体的に示すことで，各メンバーは検討事項を共有し，ケアカンファレンスに向けた情報収集等の事前準備が可能となる．各メンバーが情報収集等ケアカンファレンス参加に向けた事前準備が整っていることで，むだな説明等を省き，時間内で議論を深めることができる．

　限られた時間で効果的なケアカンファレンスを実現するために，議題の焦点化を図り，議論を深める視点が欠かせない．

2）ケアカンファレンスの役割分担

（1）司会（進行）・書記

　ケアカンファレンスを効率的に運営するためには，少なくとも司会（進行役）と書記は必須である．

　司会（進行役）は，議論の進行状況，検討内容と議論している内容にズレはないか，予定時間をすぎていないか，発言していないメンバーはいないかなど，ケアカンファレンスを取り仕切る役割を担う．司会は，メンバー同士の議論をサポートすることが主であり，自身の意見のみを述べる，自身の意図した結論へ議論を誘導することは差し控えるべきである．議論が停滞する，発言がない場合は，メンバーへ質問するなど議論を促すことも役割のひとつである．

　書記は，議論の内容，結論や結論に至る過程について記録する役割である．内容の正確性はもちろんのこと，わかりやすい表現などに留意する．

（2）スーパーバイザー

　検討内容により参加メンバーのみで解決を図ることに不安があり，助言を得たい場合もある．法人内や事業所内にスーパーバイザーないしは指導役の職員がいれば，ケアカンファレン

スに参加することが望ましい.

　ケアカンファレンスは，参加メンバー同士が議論を重ねながら結論を導く過程であるが，結論や結論を導くまでの過程が必ずしも支援対象者に妥当であるとは限らない. したがって，スーパーバイザーないし指導役の職員が入ることで，第三者がみても妥当である結論を導く可能性を高めることができる.

　スーパーバイザーないしは指導役の職員の役割は，自ら解決を図るのではなく，あくまでも参加メンバーが議論し結論を導くまでの過程を支援することである. メンバーの意見を引き出す，議論の修正，発言しやすい環境を整えるなど，参加メンバーが妥当な結論を導くまでの過程を支える. また，メンバーやチーム全体で不足している視点や知識があれば，補うことも必要である. その場でアドバイスするのか，機会を改めてアドバイスするのかなども含めて，教育的視点をもちながら参加することで，ケアカンファレンスは教育の機会として活用することもできる.

　また，法人内や事業所内にスーパーバイザーや指導役の職員がいない，法人や事業所の枠を超えて実施されるケアカンファレンスの場合，検討内容に応じて必要であれば関係機関の職員の見解を聞く，事前に助言を得ることも有効である.

（3）参加メンバーの立場

　ケアカンファレンスに参加する際は，自身がどの立場で参加するのかについて認識する必要がある. たとえば，事業所内で行われるケアカンファレンスでは1人の介護職員として参加し，自身の責任において発言することになる. しかし，在宅のサービス担当者会議に参加する場合，自身の所属事業所の代表として扱われ，発言等も参加者個人ではなく事業所全体の意見や総意として扱われる. 個人のなにげない発言が，事業所間の連携を阻害する，意図しない誤解を招くこともある. したがって，自身の立場や職責の範囲はもちろんのこと，他の参加メンバーの立場を理解して参加することが大切である.

　また，事業所内で実施するケアカンファレンスでも，支援対象者の支援にかかわる1人の専門職として参加している. 認知症ケアも含めた対人援助サービスは，支援者の個人的感情や想いが入り込みやすい. とりわけ，近年の認知症ケアは小規模単位でのケアの実践が主流であり，支援者の対支援対象者との距離感の喪失，立場の誤解など支援者のスタンスが動揺しやすく，支援者によるいわゆる抱え込み，転移・逆転移が生じやすい環境にある. したがって，日ごろから支援者としての立ち位置を確認し，ケアカンファレンスに参加することが望ましい.

3）効果的な議論を促すためのポイント

（1）対等な関係

　ケアカンファレンスを活発な議論の場とするために，職種や経験の有無，組織内の上下関係を引きずることなく，利用者の前では1人の専門職として対等な立場で議論できる環境をつくることが必要である.

　経験年数や勤続年数の長いメンバー，上司のみが発言し，異なる意見を発言しにくいケアカンファレンスは望ましいとはいえない. ケアカンファレンスは，参加メンバーが互いの意見を

出し合い，議論を重ねて合意を形成する過程でもある．意見を出すこと，出しやすい環境をつくる工夫が必要である．

(2) 発言者の意見に耳を傾ける

メンバーの発言中に他のメンバーが小声で話す，発言中に他のメンバーから発言を遮られたという経験はないであろうか．発言したメンバーは，発言しても聴いていない，聴いてくれない，次回から発言を控えるなど，マイナスの感情を抱く．自身の意見を述べることも大切であるが，他のメンバーの発言を聴くことも大切である．

ケアカンファレンスに限らず，相手の話を聴くことはコミュニケーションの基本である．ケアカンファレンスは，チーム内におけるコミュニケーション手段のひとつであり，メンバー同士の関係性を構築する機会でもある．他のメンバーの発言には真摯に耳を傾け，出された意見は尊重する態度が望まれる．

(3) 互いの優位性を押しつけない

議論するにあたり，自身の専門性の優位を主張する，他の専門職に押しつけることは避けるべきである．また，上司部下の関係，経験年数・勤続年数の長さを背景として意見を押し通すことは不適切である．

ケアカンファレンスは，支援対象者の支援に関係する人が集まり，支援内容や方向性について議論を重ね，合意形成や一定の結論を導く機会であり，専門性の優位を競う，互いの意見の優位性を競う場ではない．他の参加者の発言に真摯に耳を傾け，協調しながら議論を重ねることが基本である．

(4) 憶測や根拠のない推測は避ける

認知症ケアの実践では，根拠のない憶測や推測に依拠したケア，発言等を見聞きする．多くは，メンバーの経験や勘に基づくものであり，専門的知見などだれがみても妥当であると判断する根拠に乏しい．過去の異なる支援対象者に功を奏したケアの方法が，必ずしもすべての支援対象者に有効であるとは限らない．過去の経験を異なる利用者に安易に適用することは危険であり，支援対象者ごとに異なるケアニーズに対応する個別ケアという考え方からすると，適切とはいえない．したがって，支援対象者の個別のケアニーズを把握し，個々のケアニーズに基づくケアを導き実践すべきである．

また，ケアカンファレンスでは，メンバー同士が話し合うなかで「○○のようなことがあったのではないか」「○○のような気がする」など憶測が憶測をよび，いつの間にか根拠のない憶測，推測に基づき具体的な支援内容が決まることがある．認知症ケアの実践では，支援対象者である認知症の人は自らの意思や意見を適切に表明・表出することがむずかしい場合が多く，支援者の根拠のない憶測や推測，思い込みに基づきケアが導かれる危険性が高い．支援対象者の事実，支援対象者の周囲で起きた・起きている事実に基づき，専門的知識を活用し，話し合うなかで具体的な支援方法を導き・実践することが大切である．

(5) 感情・発する言葉をコントロールする

人はだれしも気持ちや感情があり，発する言葉や態度等を通して感情を伝えると同時に，相

手の感情を理解しようとしている．相手から言われたことに対してうれしい，内心穏やかではない，腹立たしく思うなど，感情的に反応することもある．しかし，ケアカンファレンスは，支援対象者へのよりよい支援方法を検討する場であり，感情的な話し合いは好ましくない．したがって，メンバー自身の個人的な思いや感情は大切にしつつ，冷静に支援対象者の事実や他のメンバーの発言を聴き，よりよい支援方法を導き出すことに努めなければならない．感情や発する言葉をコントロールすることは，認知症ケアも含めた対人援助サービスの基本であるため，ケアカンファレンスに限らず，日々の実践レベルから意識的に取り組むことが求められる．

(6) 少数意見も大切にする（常に多数が正しいとは限らない）

一般的に，話し合いを通して物事を決める場合，全員一致することもあれば，意見が分かれることもある．意見が分かれた場合，多数を占める意見を採用する傾向がある．しかし，多数の意見が常に正しいとは限らない．少数の意見のなかに優れた見解，いままで気づかなかった新たな事実や考えが含まれていないかを，検討することが望ましい．少数意見が支援対象者にとってより有益な内容を含むものであれば，再度検討し議論しながら，より適切かつ妥当な支援方法を導き，実践しなければならない．

(7) コスト意識をもつ

会議やケアカンファレンスはケアカンファレンスに参加した人の時間あたりの給与（人件費），電灯や空調などの費用（光熱費），用紙代などの事務費用（事務消耗品費）などの費用が発生している．したがって，ケアカンファレンスや会議は，投じられた費用以上の成果を上げることが基本となる．

したがって，結論の出ないケアカンファレンス，ケアカンファレンスで決めたことが実践されないなど，成果の上がらないケアカンファレンスは，費用と時間のむだと言われても仕方がない．成果の上がるケアカンファレンスは支援対象者にとって有益であり，成果の上がらないケアカンファレンスを続けることは，支援対象者にとって必ずしも有益とはいえないのである．

(8) 実行可能性を確認する

ケアカンファレンスで決めた支援は，支援者が支援対象者に対して具体的に支援を実行することで実現される．したがって，ケアカンファレンスでは，決定した支援方法が現実的に可能であるか，実行可能であるかについて確認しなければならない．実行するためには，少なくとも，いつ，どこで，だれが，なにを行うのかを決めなければならない．ケアカンファレンスでは，決定した支援方法の実現可能性を検討し，机上の空論に終わらないように努めなければならない．

4）演習；模擬体験を通して効果的なケアカンファレンスを学ぶ

この演習では，模擬ケアカンファレンスを行い，体験を通して効果的なケアカンファレンスを実現するために必要な要素について学びを深める．

以下，演習の具体的流れ等を示しながら，演習のポイントを解説する．

(1) 演習の概略

研修参加者個々の担当している，またはかかわりのある認知症の利用者について，認知症の

人の困りごと（支援者に対して望んでいること）や支援者がケアの困難さを感じている行動・心理症状（BPSD），支援者が認知症の人に望んでいることについて，ケアの方法や対応についてグループで検討する．ただし，ケアカンファレンスを効果的に運営するためのポイントを学ぶことが主であり，必ずしも研修参加者の提出課題の解決が目的ではない．

(2) グループを編成する

①1 グループ 5 人程度のグループを編成する．

＊グループは多職種のメンバーで構成することが望ましい．

②テーブルといすを使用し，メンバーがテーブルを囲むように座る．

(3) グループ内で自己紹介を行う（1 分×グループ人数）

①1 人 30 秒程度で自己紹介を行う．

＊氏名，所属はもちろんのこと，もっとも自分を伝えることができるように話題や内容を工夫すること．

(4) グループ内で役割と順番を決める（3 分）

①進行役，書記役，経験 1 年目の職員役（課題提出者），参加者役，スーパーバイザー役を決める．

②グループメンバーはすべての役割を体験するため，初回の進行役を起点に時計回りに役を交替する．

(5) 個人ワーク（1 分）

①ワークシート 1 を使用し，中央部分「①認知症の人自身が困っていること・介護者が困っている認知症の人自身の言動や態度」に各自記入する．

＊議論の主題になるため，認知症の人の言動や態度を具体的かつ端的に記入すること（箇条書きでよい）．

(6) 各役割の説明および留意点

①進行役

ワークシート 1 の②・③の順でケースカンファレンスを進行する．自らの考えに基づいて議論を誘導することは慎み，グループメンバーの議論による解決を図るように促す．

＊意見が出ないときは，発言を促す質問等を行うこと．

②書記役

経験 1 年目の職員役のワークシート 1 に出された意見，明らかになったことなど記載する．

＊記載は要点を箇条書きで記載すること．

＊気になることがあれば質問するなど議論に参加すること．質問の仕方は，参加者役と同じ．

③経験 1 年目の職員役（課題提出者）

他のメンバーから質問されたことに簡潔に答える．不明なことやわからないことは，わからないと答える．

④参加者役

経験 1 年目の職員役（課題提出者）がワークシート 1①に記載した困りごとについて，ワー

<ワークシート 1>

課題提出者：

進行役：
参加者：
記録者：
スーパーバイザー：

年　　月　　日

② 認知症の人自身が困っていると思っている場面．介護者が困っている本人の行動が起きる以前の状態
（本人のようす・言動・行動，身体的要因などと本人の行動が起きたあとにとらえた心身）
介護者の言動・行動などの環境面について話し合う
（認知症の人自身）

（環境）

① 認知症の人自身が困っていること
（介護者が○○してほしい）
介護者が困っている認知症の人自身の言動や態度
（認知症の人自身に○○してほしい）

③ 望まれる介護方法（サービス計画書への反映）
（②をもとに適切な介護方法について検討してください）

（認知症の人自身が望むこと・介助者にしてほしいと思っていること）

（適切なケアの方法やアイディア）

クシート②の設問を念頭におき，気になること，関連すると思われることを簡潔に質問する．

　＊ワークシート1の②の設問から外れる内容であっても，気になる点や必要であると思われることは質問すること．

　⑤スーパーバイザー役

　スーパーバイザーは，グループメンバーが議論を通して解決することを支える役割であるため，議論の推移を見守ることを基本とする．発言が出ない場合は，発言や意見を促す質問等を個人またはグループ全体へ問いかける．議論が本題から外れた場合は，修正するなど介入すること．

(7) 模擬ケアカンファレンス（1回6分×グループ人数）

　①演習の目的の再確認

　模擬カンファレンスでは，グループメンバーがそれぞれの役を演じる．カンファレンスを疑似体験することが主な目的であり，グループメンバーの課題解決を図ることが主な目的ではないことを再度確認すること．

　＊以下②～⑤を役割を交替しながら繰り返す．

　②経験1年目の職員役は，進行役へワークシート1を渡す．進行役は，ワークシート1の①に記載された内容（議題）を読み上げた後，書記役へ渡し，議論を開始する．

　③参加者役や書記役は，ワークシート1の②に関連した質問等を行い，議論する．

　④進行役は3分程度経過した後，ワークシート1の③へ議論を移行させる．ワークシート1の②から認知症の人自身の望んでいることを話し合い，ケアの方法やアイデアについて議論を促す．

　⑤進行役は5分経過した時点で話し合いは打ち切り，議論を振り返り，ケアカンファレンスの成果としてのケアのアイデア（ワークシート1の③）をグループ全体で共有し終了する．

(8) 模擬ケアカンファレンスを通して感じたこと・考えたことをまとめ（10分），発表する（1分×グループ数）

　①進行役と書記役，発表者を決める．

　②ワークシート2を使用し，実際に役割を演じて感じたこと，求められること，反省点も含めて話し合う．

　③ワークシート2で出された意見を発表し，研修受講者全体で共有する．

＜ワークシート 1記入例＞

課題提出者：

進行役：　　　　記録者：
参加者：　　　　スーパーバイザー：

年　月　日

②	①	③
認知症の人自身の状態 （本人のようす：言動・行動・身体的要因などを本人を中心にとらえたあとに） 認知症の人自身が困っている場面、介護者が困っている場面、介護者が困っている本人の行動に認知症が症状が増えたあとに 介護者の言動・行動などの環境面について話し合う	認知症の人自身が困っていること （介護者として、認知症の人自身のQOLを〇〇してほしい） （介護者が困っている、認知症の人自身の言動や態度、認知症の人自身を〇〇してほしい）	望まれる介護方法（サービス計画書への反映） （②をもとに適切な介護方法について検討してください）
【認知症の人自身】 ・おおぜいの輪の中に入るというよりは、一人でいるほうが好き 　（いつも、他人が居ない部屋にいることが多い） ・奇声を発する直前は、徐々に早口になり、最後に奇声を発するというパターン ・上記に合わせ、身体の動き（とくに手）の動きが激しくなり、時間所手で目の前のものを払いのける ・他人のいるホールで起きることが多い ・必ず、ソワソワしたり、キョロキョロするなど落ち着きのないようすが見られる ・食事、他利用者と相席している	職員にいろいろ言われると、ついお奇声を発してしまう （少し落ちついたあと、「ゴメンね」と繰り返すことがある）	【本人が望むこと】 静かな環境で、自分のペースですごしたい
《①が起きる前のようすについて……　数分前、もう少し前……時間をさかのぼり、関係していると思うことや気になることを聞いてみましょう。・分からないこと、認知症の人の言動になると思われることについても聞いてみましょう。　※本人と環境（本人以外のすべて）に分けて整理してみよう。》	《ここでは、認知症の人が困っていること、またはその介護者が困っていることについて、認知症の人の言動など具体的に書いてみましょう。》	・①と②をもとに、認知症の人自身が望んでいること、介護者にしてほしいと思うことについて考えてみよう。 【適切なケアの方法やアイデア】 ・本人が、自ら空間を選択しすごしている現実を受け容れ、所在確認などの見守り介助を行いながら安全を確保する （目の前に情報が多すぎると混乱してしまうため、自らもそれを避けるための空間を選んでいる可能性が高い） ・食事、飲水など職員の目の届く範囲でマンツーマンで食べていただくなど密を確保する ・入浴時、できる限り同じ職員が終了まで関わるようにする ・本人がソワソワした際には、近くに他利用者がいるのかを確認し、利用者同士のトラブルを未然に防ぐ（職員が入る） ・本人が興奮後にコメントと言葉を発した際には、聞き流さず「別に気にしないで……」などの言葉をかけ、あなたの行動を理解していますよ……というサインを伝える
【環境】 ・介護者が、余裕がなく急がせる言葉を発する ・他利用者が居ないホールですごしているとき、ゆっくり話しかけると笑顔でこたえてくれる ・入れ替わり違う職員が関わる場面では、奇声を発する ・入浴後、浴槽に入るまでかなり温度差 （浴槽に入ったあとは穏やかになることが多い） ・他人所に話しかけられると、奇声を上げて他利用者に手を上げてしまうことがある ・不機嫌なときに、食事の席へ誘導するとさらにエスカレートしお膳を返す		・①と②、本人が望んでいることに基づいて、適切なケアの方法やアイデアを話し合いましょう。 ・分からないこと、調べることともケアの一つとして出してみましょう。

＜ワークシート 2＞

年　　月　　日

参加者名：

進行役・書記	書記	課題提出者（経験1年目の職員）	参加者	スーパーバイザー
（役を演じて）感じたこと・考えたこと				
求められること・求めたいこと				

Ⅳ．認知症ケアにおけるチームアプローチの理論と方法

学習の Point

認知症ケアでは，複数の職員によるチームアプローチが基本となる．チームアプローチは，認知症ケアにかかわるすべての職種，職員が対象となる．また，専門的な知識や経験を有するだけではなく，他の専門職との連携や協働のための知識・技術・態度も必要となる．そこで，本章では認知症ケアにおけるチームアプローチの展開方法について理解したうえで，認知症ケアチームにおけるカンファレンス，目標や情報の共有，他職種の役割分担と連携や同職種の役割分担と連携等を学習することによってチームアプローチの実践力を高める．

キーワード：チーム，チームビルディング，チームアプローチ，チームケア，ネットワーク

1．認知症ケアにおけるチームアプローチの意義と必要性

本節では，認知症ケアにおけるチームアプローチの意義や必要性と効果を学ぶ．

1）チームアプローチの理解

チームアプローチの究極のねらいは，「利用者にとって望ましい，利用者の生活を支援し，その生活の質（QOL）を高める方向の中で連携が確保されているか，ということだ」[26]といわれている．また，チームアプローチを効果的に実施するためには，「さまざまな専門職がそれぞれの領域や固定観念を超えて，一緒に学び，一緒に仕事をしながら，高齢者・障害者，家族をも含めたケアの向上を目指し，生活課題を発見し，支援していくことが重要である．チームを構成するメンバーはさまざまな職種や地域住民となるため，そのなかで上下関係が生じてはよいチームアプローチができない」[27]のである．

実践リーダーは，職員が，他の専門職に自分のものの見方や考え方を押しつけることなく，理解させることができるように指導しなければならない．また，いたずらに専門用語を使うのではなく，わかりやすい言葉で納得できる説明ができるように指導することが大切である．

（1）チームとチームリーダー

チームとは，「目標や方針を共有し，同じ方向へ向けて互いの専門性を生かしながら協力し合うグループ」[28]である．したがって，単に人が集まっていても，共通の目標が共有されておらず，互いに協働・協力しない集団は，チームとはいわないのである．

チームには，チームリーダーが必要である．自らの知識や技術を磨きながら専門性を高め，チームを築き，職員が相互に連携・協働できるように，リーダーシップを実践リーダーは発揮しなければならない．チームリーダーは，職員に「報告・連絡・相談」を定着させることで，チームとしての機能が発揮できる．

職場全体もチームであるが，その組織の機能や役割によって細分化されたチームもある．建物内の違うフロアや同じフロアで働く職員もチームといえる．チームの構成員が組織において連携・協働して職務を円滑に遂行するためには，上司・同僚・部下との良好なコミュニケーションを図るための「報告・連絡・相談」が欠かせない．これは，一般的に「ホウ・レン・ソウ」とよばれる．この「ホウ・レン・ソウ」のチェックポイントを表3-11に示す．

表3-11　「ホウ・レン・ソウ」のチェックポイント

報告	「報告」とは，与えられた仕事の結果や経過について述べること
	□指示された事項は必ず報告している
	□スピーディに，タイミングよく報告している
	□報告は正確に，①結論，②経過，③私見，の順で述べている
	□悪いことも必ず報告している
	□時間のかかる仕事などは，中間報告をするようにしている
連絡	「連絡」とは，仕事上の事柄についてその事実や関連する情報を関係者に伝えること
	□関係者にもれなく，迅速に伝えている
	□5W1H に留意し簡潔に連絡している
	□優先順位に留意して連絡している
	□重要事項は文書で連絡している
相談	「相談」とは，ある事柄について判断に迷ったとき，上司や先輩職員にアドバイスしてもらったり，参考意見をもらったりすること
	□疑問点は，上司，先輩職員，関係者に相談している
	□こじれる前に早めに相談している
	□相手の都合を考え適切なタイミングで相談している
	□考えや意見を事前に準備し，順序立てて相談している

山村　睦：福祉職員キャリアパス対応生涯研修課程テキスト中堅職員編．97，全国社会福祉協議会，東京（2013）を一部改変．

(2) チームビルディングとは

　実践リーダーは，そのチームが共通の目標を達成できる集団にしなければならない．そのためには，まず個々の職員がもてる力をフルに発揮できるようなチームを形成する必要がある．一般社団法人日本チームビルディング協会では，「高い組織力とともに人材が成長，組織力を発揮するための手法と取り組み」を，株式会社 HEART QUAK は，「チームメンバーが共通の目的に向かって，1+1 が 2 より大きくなるようなチームワークを発揮している状態にすること」をチームビルディングと定義している．このチームビルディングの取り組みこそ，共通の目標を達成できる集団にする基礎となる．

　実践リーダーは，職場のチームがチームワークのとれた状態にするためにも，①メンバー全員が目指している**共通のゴール**をもっている，②チームの方針・戦略を明確に示す**リーダー**がいる，③メンバーの**強み・弱みを相互理解**している，④強みを伸ばし，弱みを克服するための**アドバイス**が行われている，⑤業務に追われているメンバーを**主体的にサポート**できている，⑥**役割と役割の間を埋める**動きをできるメンバーがいる，⑦事例の**情報共有**が行われている，⑧**雑談ができる関係性**ができている，ことに着目する必要がある．

　また，実践リーダーは，自らが率いるチームのチームワークの強み・弱みを「見える化」するためにも，図3-11 に示すようにこれら 8 つの項目を八角形のマスにして，自らのチームの強み・弱みについて分析し，0〜10 点満点で自己評価してみるとよい．

【演習 1】図 3-11 の八角形のマスに点数を記入して，自らのチームの強み・弱みを分析してみよう．

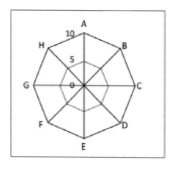

A. メンバー全員が目指している共通のゴールをもっている
B. チームの方針・戦略を明確に示すリーダーがいる
C. メンバーの強み・弱みを相互理解している
D. 強みを伸ばし, 弱みを克服するためのアドバイスが行われている
E. 業務に追われているメンバーを主体的にサポートできている
F. 役割と役割の間を埋める動きをできるメンバーがいる
G. 事例の情報共有が行われている
H. 雑談できる関係性ができている

	強み	弱み
A		
B		
C		
D		
E		
F		
G		
H		

図 3-11　チームワークの強み・弱みを「見える化」するための図

　実践リーダーは, 職場でのチームワークがとれているかどうか, ①共通の目標意識をもっており, 全体としての一体感がある, ②コミュニケーションがよく, 葛藤が起きても感情的対立まで至らない, ③全員が目標を認識して, 責任をもって仕事をしている, ④職場内で決められたことを守り, 決定にも参画できる, ⑤お互いに助け合う相互援助の気風がある, などを確認し, 弱いところを補強するよう実践していただきたい.

(3) ゲームを用いたチームビルディング

　チームビルディングに効果的な手段として,「ゲーム」を用いることが多い. ゲームには「勝ち負け」があり, ゲームに勝つという共通の目的があるため, メンバー同士が「協力」しなければならず, チームワークにおいて重要な要素となっている「協力すること」の大切さを学ぶことができる. つまり, チームビルディングゲームを行うことによって, 仲間意識, コミュニケーション, リーダーシップスキルを促進することができるのである.

　ゲームを通して楽しいことをみなで行うことで, コミュニケーションの取りやすい関係性を築くことの重要性に気づかせることができる. とくに, **仕事でのチームワークを意識した研修**であれば, ビジネスゲームは「楽しさ」だけでなく「学び」の要素が加えられているため, ゲーム後の振り返りによって仕事で使える学びが得られやすい. もっとも有名なビジネスゲームとして, **マネジメントゲーム**（Management Game）がある.

　実践リーダーは, 職場の研修やトレーニングを通して, チームビルディングを行うようにすることが大切である. なお, チームビルディングに用いるゲームやアクティビティは, 日本チームビルディング協会のホームページ等を参照するとよい.

【演習 2】「2 つの真実と 1 つの嘘（Two Truths and a Lie）」ゲーム
チームの規模：3 人以上

所要時間：1人あたり2～3分
準備：A4サイズの白紙の用紙
ゲームの方法：
1. グループ全員に白紙の用紙1枚を配布し，自分自身について「2つの真実と1つの嘘」を即興で考えてもらう.
　　たとえば，①「グレートバリアリーフでダイビングをした」，②「子どもが2人いる」，③「猫を3匹飼っている」などの3つのなかに2つの真実と1つの嘘を書く. できるだけ，信じがたい話が真実であったり，逆にありそうな話が嘘であったりするほど，このゲームは楽しくなる.
2. まず，1人の書いた3つの話を各チームメンバーに読んでもらい，どの話が嘘だと思うかメンバー個々に推測してもらう.
3. 全員が推測したら，どの発言があなたの嘘だったのかを明らかにする.
4. 正しく推測した人を選んで，次に進みゲームを続ける.

エクササイズの効果としては，知り合ってから間もないグループに最適なゲームで，共有し合う内容を後で会話の材料とすればチーム仲間と理解を深め合える.

（4）チームアプローチとは

改めてチームアプローチの定義をみると，「認知症ケアにおけるチームアプローチとは，多職種，多資源が協働して，認知症の人の自分らしい生活を継続させていくこと」[29]や，「チームアプローチとは，チーム援助を行うことをいい，多職種がそれぞれ専門の視点で情報収集やアセスメントを行い，目標や方針を共有し，それぞれが自分の専門性を発揮させて総合的な援助を行う」[28]こと，「一人ひとりの力量をあげることが重要であるのはいうまでもないが，それのみでは到達することができないプラスアルファのパフォーマンスを行えるようになるのがチームの強みである」[30]など，チームの強みを意識し，これを意図的に活用して，利用者を支援する手法がチームアプローチなのである. チームアプローチの効果を表3-12に示す.

チームアプローチにより，1人ひとりがその専門性を発揮し，相互に連携・協働・協力することにより相乗効果（シナジー）が生まれるのである.

2）チームアプローチとチームケア

認知症の人は，同じ内容で，同じ水準のケアの提供によって安心することができる. 職員によるばらつきのあるケアの提供は，認知症の人に不安と混乱を与える. しかも，生活の支援において認知症の人の自己決定や残存機能の活用，生活の継続性も確保されなければ，自尊心は傷つけられ，穏やかで尊厳のある暮らしなど期待できない.

実践リーダーは，「ある高齢者が重大な課題を抱えている場合には，チームのメンバーが集まってチーム会議を開くことになるが，会議を開くかどうかということではなく，日々のケアのなかで立場の違うものが集まってケアの方針を決めて実践すること，それがチームケアである」[31]ということを理解し，チームケアの要素である，統一性，普遍性，補完性，柔軟性，相互育成性の5つを習慣にしていただきたい. 理由としては，コミュニケーションとコンセンサスによって，目標や方法を統一することが不可欠であり，共通した客観的なプランによって，お互いの持ち味を発揮することで，普遍性と補完性が生まれるからである.

【演習3】コンセンサス・ゲームの「宇宙からの脱出」を調べて，みんなでやってみよう.

表3-12　チームアプローチの効果

・同一内容，水準のサービスを可能とする
・継続的なサービス，ケアを可能とする
・多職種間で幅広い知識，技術，経験の共有ができる
・総合的な視点からのアセスメント，目標設定，優先順位の決定，介入，評価ができる
・チームで努力することによりケアの質の向上を図ることができる
・カンファレンスなどを通じた，学習の機会の創出とメンバーの技術の向上につながる
・記録の一体化などによる，事務作業等の効率化を図ることができる

出典）山村　睦：福祉職員キャリアパス対応生涯研修課程テキスト初任者編．75，全国社会福祉
　　　協議会，東京（2013）．

3）チームケアの意義

　チームケアは自然発生的に形成されるものではない．実践リーダーは，チームケアには意義があることをチームメンバーに理解させることである．

　認知症の人が日常生活を継続していくためには，介護・医療・ソーシャルワーカー，さらには地域住民などとの連携・協力が欠かせない．連携・協働のために求められる能力とは，発想力，自己理解と他者理解力，コミュニケーション力である．発想力は，だれが担うとよりよい結果が生まれるかが理解でき，職員のスタンドプレーや抱え込みを防げる．また，自己理解と他者理解力によって，専門職がたとえ個々に質の高いケアを提供したとしても，そのケアがバラバラな支援では，認知症の人にはマイナス評価になるということが理解できるようになる．そして，専門職間でのコミュニケーション不足は，ケアの内容の重複や過不足が生じることにつながり，認知症の人の意向に沿わないケアとなる可能性がある．コミュニケーションの基礎となる伝える力と聞く力のポイントを表3-13に示す．

4）認知症ケアにおけるチームケア

　実践リーダーは，「提供されるサービスは，利用者に不要な混乱や戸惑いを与えないためにも，途切れることなく，一貫した方針で提供されていく必要がある」[32]からこそ，チームケアの重要性を意識しなければならない．なぜなら，「チームケアは，利用者中心のサービスを提供するためのものである．自分の意思がはっきりと伝わりにくい認知症高齢者の立場に立ってものごとを考え，その代弁者として機能するようにならなくては，チームが存在する意味はない．チーム員の意見がくい違ったときでも，認知症高齢者にとって何が必要なのかと考えていくことが大事で，そのようにすればチーム員の意見は一つにまとまっていく」[33]からである．

　実践リーダーは，チームケアを行うことによる利用者（家族）と職員にとっての職種間の連携・協働の利点を熟知しておかなければならない．その利点を表3-14に示す．

2．認知症ケアにおけるチームの種類と特徴

　認知症の人の生活支援は，組織内の複数の同一職種間のチームや，他の専門職だけではなく，他機関・組織の専門職とチームを組んで業務を進めていくことになる．そこで本節では，認知症ケアにおける多職種チームと同職種チーム等の特徴や役割分担の方法，長所と短所，認知症

表3-13　コミュニケーションの基礎となる伝え方と聞き方のポイント

伝え方のポイント
・目的を明確に，内容を吟味して話す
・結論を先に，次にその理由等を順序立てて話す
・事実とそれ以外のものを区別する
・発音とスピードに注意し，センテンスを短くする
・曖昧な言葉づかいや主語の省略は避ける
・専門用語を駆使せず，相手の理解度に合わせて話す
・確認しながら話す
・重要なポイントは，繰り返すなど強調する
聞き方のポイント
・話を聞きながらうなずく，あいづちを打つ
・枝葉末節にとらわれず話の全体を理解する
・途中で口を挟まず最後まで聞く
・復唱したり，確認したりしながら聞く
・メモを取る
・質問は最後にまとめてする

出典）山村　睦：福祉職員キャリアパス対応生涯研修課程テキスト初任者編. 78,
全国社会福祉協議会，東京（2013）.

表3-14　利用者（家族）と職員にとっての職種間の連携・協働の利点

利用者（家族）に対して
・多様な視点，知識，情報をもとにした，より適切なケアプランを作成できる
・問題，ニーズの包括的な分析により，より創造的な解決，充足方法を検討できる
・広範囲のサービス，資源の活用が可能となり，選択肢の幅が広がる
・特定の組織からのみサービスを受けるという事態（囲い込み）を回避できる
・職員間での責任感の共有によりケアプランが迅速に実施できる
・各職員の問題，ニーズ理解やサービス利用案，ケアプランが相対化され，1人の職員による理解，計画案に基づく専門職のパターナリズムが規制されやすい
職員に対して
・細かな情報の共有や多様な意味の共通理解，事実認識のずれや誤解の調整ができる
・異なる理解を相互に知ることで，利用者（家族）に対する理解が深まり，共感も強化できる
・多様な資源による問題，ニーズの理解によって，1人のときよりも客観性が増す
・対応がむずかしい問題，ニーズを理解してもらい，援助を受けることでバーンアウトを避けることができる
・多組織の機能，サービス，方針，専門性，その職員の価値観，気心を知ることで，連絡や話し合いがやりやすくなる
・問題解決，ニーズ充足支援を「共に行う」という目標と感覚を共有できる
・多様な職種の視点，役割等を学べる
・他者の目や評価を意識することにより，自身の専門性向上の動機づけを高められる

山村　睦：福祉職員キャリアパス対応生涯研修課程テキスト中堅職員編. 87, 全国社会福祉協議会，東京（2013）を一部改変.

ケアへの有効性などを理解する.

1）チームアプローチの形態

(1) チームメンバーのバリエーション

　認知症の人の生活支援には，多様なチームが必要になる.「チームアプローチの形態として

は，同業種チームと異業種チームの2種類考えられる」[34]が，同業種チームとは，1人の認知症の人を複数の同業種が交代で担当する場合である．たとえば，認知症の人に対して1人だけでかかわることは，肉体的・精神的な負担が重くのしかかる．また，休みや交代が必要になった場合に，普段からその認知症の人の情報が共有されていないと，違う人がケアを提供するときにケアの内容に統一性が欠け，認知症の人の不安や混乱を引き起こすことが少なくない．

　もう一方の異業種チームは，介護保険制度におけるサービス担当者会議などのように，他職種・多職種がそれぞれの専門性を生かしながら連携して認知症の人にかかわるチームアプローチの形態である．

（2）多専門職チームのバリエーション

　多専門職チームのバリエーションは，「課題の分担の仕方によって，チームをマルチディシプリナリー・チーム（Multi-disciplinary team）とインターディシプリナリー・チーム（Inter-disciplinary team）という2つの形態から考えることができる．マルチディシプリナリー・チームの場合，あらかじめメンバー間で役割分担や担当すべき課題が了解されており，具体的なメンバーの行為において他のメンバーとの重複は少ない．したがって，その都度カンファレンスで相互の確認を取る必要は低い．一方，インターディシプリナリー・チームの場合は，同一の課題に各メンバーが異なったスキルでアプローチするため，具体的な場面でのメンバー間に行為の重複が多く，カンファレンス等を通して役割分担などの調整が必要となる」[30]．福祉・介護の現場は，インターディシプリナリー・チームといえる．マルチディシプリナリー・チームとインターディシプリナリー・チームのイメージを図3-12に示す．

（3）チーム内の役割解放；トランスディシプリナリー・チーム

　「認知症の利用者にとって，新たな環境に慣れることや，新たな関係を形成することは負担が大きいことが理由である．このような場合，多専門職チームにおけるメンバーがその役割を代替・交代することが必要となる．このようなチームメンバー間の役割の代替・交代するチームをトランスディシプリナリー・チーム（Trans-disciplinary team）[30]という．

　実践リーダーは，サービス担当者会議などにおける専門分野を超えて横断的に共有した役割解放の場面においても，認知症ケアの専門職集団のリーダーとしての力を発揮してほしい．トランスディシプリナリー・チームのイメージを図3-13に示す．

2）多職種によるチームアプローチの役割と連携

　チームアプローチによる連携と包括支援において，「単独のリハビリテーションと介護だけでは十分ではなく，それは一つの枝葉であり，連携することこそ幹であるというチームアプローチが欠かせない」[35]と住居は述べている．認知症の人の生活支援を行うためには，保健，医療，福祉などさまざまな領域の専門職に連携・協働が不可欠である．

　また，「介護の実践における多職種連携（チームアプローチ）の意義は，異なる専門性を持つ多職種がチームになって利用者を支え合うことによって，互いの専門職能力を活用して効果的なサービスを提供できる点にある」[28]ため，チームアプローチにより，それぞれの専門職のもつ専門知識や技術，経験の包括化を図ることで，一貫性と連続性を保つことが可能となるのである．

マルチディシプリナリー

階層的意思決定

インターディシプリナリー

合議

出典）木村典子，竹内真太，中村泰久，ほか：在宅生活の要介護心疾患高齢
　　　者への支援でケアマネージャーが着目している多職種連携．愛知学泉
　　　大学・短期大学紀要，48：2（2013）.

**図 3-12　マルチディシプリナリー・チームとインターディシプリ
ナリー・チームのイメージ図**

トランスディシプリナリー

合議　役割解放

出典）木村典子，竹内真太，中村泰久，ほか：在宅生活の要介護心
　　　疾患高齢者への支援でケアマネージャーが着目している多職
　　　種連携．愛知学泉大学・短期大学紀要，48：2（2013）.

図 3-13　トランスディシプリナリー・チームのイメージ図

3）チームアプローチにおける管理

　さて、「チームアプローチは，長所ばかりではなく，短所もあることを理解すべきであり，その短所をチームメンバーがよく理解したうえで，チームを形成し，短所をできるだけ最小限にとどめるように努力することが求められる」[36)]ため，チームアプローチの長所と短所を表 3-15 のように示した．

　実践リーダーは，このチームアプローチの長所と短所を職員に十分理解させたうえで，適切なチームアプローチの機能を発揮できるよう管理することが求められる．チームアプローチを促進する要因と阻害する要因について表 3-16 に示す．

4）認知症ケアへの有効性と留意点

　チームアプローチは，目標を達成するために，個人や集団に影響を及ぼす過程といえる．

表 3-15　チームアプローチの長所と短所

長所
・チームメンバーで共有できる情報があり，状況把握を容易にすることができる
・チームメンバーが一致して対応できる一体感をもつことができる
・チームメンバーの視点を生かしたアセスメントが可能となり，多角的な情報を集めることができる
・チームメンバーの率直な意見交換で，ケアプラン作成における援助目標をさまざまな角度で検討できる
・ケアプランに対する工夫やケアに対する配慮を，それぞれの専門分野から検討できる

短所
・チームで話すことのできないメンバーがいると，意見のかたよりが生じ，多角的な情報収集ができない
・会議を適切に行わなければ，ケアの責任の所在が不明瞭となる
・チームメンバーがそれぞれの専門性を主張しすぎると，意見が対立し，チームアプローチがむずかしくなる
・チームメンバーのなかで経験が浅い専門職がいる場合，その専門職は意見が言えず，適切な意見をもっていても，その意見が反映されない場合がある
・むずかしい課題や微妙な問題に直面し対応する場合には，専門職間の対等性が失われやすく，チームアプローチがむずかしくなる

岡田進一：介護関係者のためのチームアプローチ．103-104，ワールドプランニング，東京（2008）をもとに作成．

表 3-16　チームアプローチを促進する要因と阻害する要因

レベル	促進する要因	阻害する要因
専門職	十分なコミュニケーション能力	コミュニケーション能力の欠如
	十分な知識・技術	不十分な知識・技術
	豊富な経験・実績	経験・実績の不足
	積極的な意識と態度，事前の十分な準備	消極的な意識と態度，事前準備の不足
チーム	目的・目標が共有化されている	目的・目標が共有化されていない
	援助方針・計画が合意され，共有化されている	援助方針・計画が不一致，あるいは共有化されていない
	役割・責任の明確な分担	役割・責任のあいまいさと不明確な分担
	日常の情報の共有	日常の情報の欠如
	互いの専門性への理解と尊重	互いの専門性への無理解と軽視
	対等な力関係	不均衡な力関係
	カンファレンスなどの情報交換・共有・討議の場の存在	カンファレンスなどの情報交換・共有・討議の場の不存在
組織	協働を促す職場の理念・方針	協働を促す職場の理念・方針の欠如
	協働に係る業務の明確化と組織的分担	協働に係る業務の不明確さと個人的請け負い
	管理者の協働に対する理解・支援	管理者の協働に対する無理解・障害
	変化を許容する柔軟な組織・管理体制	変化を拒む組織・管理体制
	協働作業に対する時間・費用・労力の拠出	協働作業に対する時間・費用・労力の拠出拒否
制度	介護報酬上の評価	介護報酬以外での対応

山村　睦：福祉職員キャリアパス対応生涯研修課程テキスト実践リーダー編．87，全国社会福祉協議会，東京（2013）．

（1）チームワークのとれた職場にするには

　職場のチームワークは，上・下・横の３方向への働きかけが必要になる．上への働きかけは上司を補佐すること，横への働きかけはチームワークに貢献すること，下への働きかけは情報を流したり，指導・育成したりすることを指す．チームワークのとれた職場にするためには，

個人やチーム間の葛藤が起きても感情的対立まで発展しないように配慮しなければならない．また，チームメンバー全員が目標を認識して，責任をもって仕事をしていること，職場内で決められたことを守り，決定にも参画できる体制を整えるなど，互いに助け合う相互援助の気風・風土をつくる努力が必要である．

　しかし，組織的に仕事をしようとすると，個人やチーム間で意見の相違や対立，葛藤が起こることが少なくない．認知症ケアはチームアプローチが不可欠になるが，チームメンバー間の対立や葛藤は，特定の個人が逸脱した行動をとったり，協力せずに自分の関心事を優先させたりする場合に生じる．実践リーダーは，いままでの慣行や慣例に制約されることなく，リーダーの力量を高めながらも，独断性が強くなることや，メンバーの意見を聞かないということのないように気をつけなければならない．個人間・チーム間の対立や葛藤の原因と解決のための話し合いの留意点を表3-17に示す．

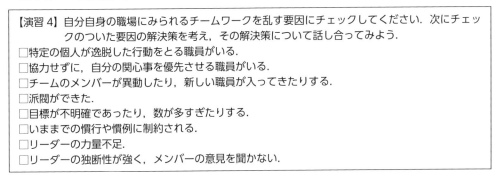

【演習4】自分自身の職場にみられるチームワークを乱す要因にチェックしてください．次にチェックのついた要因の解決策を考え，その解決策について話し合ってみよう．
□特定の個人が逸脱した行動をとる職員がいる．
□協力せずに，自分の関心事を優先させる職員がいる．
□チームのメンバーが異動したり，新しい職員が入ってきたりする．
□派閥ができた．
□目標が不明確であったり，数が多すぎたりする．
□いままでの慣行や慣例に制約される．
□リーダーの力量不足．
□リーダーの独断性が強く，メンバーの意見を聞かない．

(2) 人間関係を築くための基本的態度

　異なった性格の人や年齢・価値観の違う人といっしょに仕事をするには，それぞれの立場を理解した心構えや態度で接することが大切になる．

　さらに，職場での人間関係をよりよくするためには，基本的な態度や視点が頭で理解できていても意味がない．積極的に相手に働きかけて，初めて人間関係の促進が図れる．人間関係をよくしていくには，①相手を信頼する，②積極的に協力する，③感情的にならない，④仕事を押しつけない，⑤感謝の気持ちを忘れない，などの配慮が必要になる．

(3) 職場の人間関係を円滑に保つ

　組織の一員になった以上，上・下・横の人間関係を築くための基本的態度と技術を身につけ，積極的に組織メンバーへ働きかけるとともに，活力ある組織づくりにも貢献していかなければならない．職場では，人と人との関係をよりよくし，組織運営に協力していかなければならない．それを人間関係という．いくら知識や技術が優れていたとしても，この人間関係がうまくできないとチームワークを乱すことになる．その結果，チームの成果も低下するのである．

5）チームアプローチとネットワーク

　チームワークとネットワークについて，「ネットワークも機関や専門職が相互につながりをもって支援にあたるところは，チームアプローチと同じである．しかし，ネットワークとは，

表3-17　個人間・チーム間の対立や葛藤の原因と解決のための話し合いの留意点

個人間・チーム間の対立や葛藤の原因
・情報把握方法の違いによる情報の違い
・情報共有あるいは伝達ミスによる情報の不足
・情報の歪みや不足による事実の取り違え
・相手に対する期待のずれ
・専門職（チーム）間の縄張り争い
・専門職種（チーム）間の価値観の違い
・専門性の違いによる目標設定や方針の違い
・部署あるいは職種の利益（負担）にかかわる対立
・チームの階層性にかかわる葛藤

個人間・チーム間の対立や葛藤解決のための話し合いの留意点
・共通目標をお互いに意識し合いながら話し合う
・問題の本質を議論するように心がけ，ささいなことにこだわらない
・相手の言い分を真剣に傾聴する
・論点を絞って1つひとつ議論する
・自分から譲る気持ちで話し合う
・過激な競争意識をもたないで話し合う
・相手の言葉を敵意と受け取らない
・感情的にならず事実に基づいて話す
・対立し，その場で解決できなかったときは，時間を空けて再度話し合う

「福祉職員生涯研修」推進委員会編：福祉職員研修テキスト基礎編．85．全国社会福祉協議会，東京（2002）を一部改変．

違った組織や機関がそれぞれ自律的に独自の動きを取りながら相互につながるもので，課題や対象によってその都度，必要な機関や専門職に依頼してネットワークを組む．一方，チームアプローチはメンバー構成がある程度固定的で，共通の目標を持ち，方針（戦略）も共有している」[34]と押川は述べている．実践リーダーは，各組織における目標の達成や課題の解決に即している機能を生かすことが大切である．

　とくに，異質な人間の集まるチームでは，「合意形成に時間を要するが，多面的な角度から課題が検討でき，創造的なアイデアが出やすい．つまり，全く新しい概念を生み出したり，不確実な状況で戦略的な答えを見つけ出す力を発揮する」[37]と考えられている．

3．施設，在宅での認知症ケアにおけるチームアプローチの方法

　本節では，施設入居と在宅の認知症の人へのチームケア事例を通して，チームケアを効果的に実践するために必要な指導力を高めることを目標としている．

1）施設サービスにおけるチームアプローチ

　ケアプランの実施に際して，多職種での連携・協働によるチームアプローチの形成を心がける必要がある．施設の介護業務は，介護職員による3交代制あるいは変則2交代制の勤務で行われている．それぞれの時間帯で提供されたケア内容の情報共有が不可欠になる．認知症ケアを適切に提供するためには，介護職員だけの観点ではなく，他専門職の専門的な意見が反映したうえで，ケアプランが計画されなければならない．

(1) 施設におけるチームアプローチの事例

> **【事例】食事が食べられない78歳の女性の例**
>
> 　Aさんは5年前に認知症の症状が出始め，最近では意欲と筋力の低下が顕著にあり，食事量が減っている．そこで，担当主任より提案があり，食事への意欲を増加や，必要な栄養量の確保のための支援について，カンファレンスを実施した．意欲低下は，加齢もあるが，本人の好む味つけや献立を確認するため，生活相談員が家族に確認し，情報を得た．その結果，豆腐と卵料理が好きで，濃い目の味つけを好むことがわかり，栄養士に情報提供を行い，実際の献立に反映することにした．また，薬の影響や副作用も考えられるため，看護師が副作用の確認や服薬量について医師と相談することにした．そして，食事の際の姿勢や食器（茶碗，はし）等が，Aさんの状況に合っているか，理学療法士のアドバイスを受けた．介護職員は，朝食時に認知力低下の可能性も考え，十分に覚醒している起床後1時間経過してから食事を提供することにして，全介護職員がゆっくり大きな声で「ごはんですよ」「味噌汁ですよ」と声かけを工夫し，本人の返事が返ってきてから食器をAさんに渡して，Aさん自身に持ってもらうようにした．

　この事例では，食事を食べられないという状況を，専門職がその専門性を生かし，異なる視点からアプローチを考え，また確実にケアが実行されるための方策まで考えられている．

2）在宅サービスにおけるチームアプローチ

　要介護認定を受けた認知症の人が介護保険制度のサービスを活用するためには，一般的には居宅介護支援事業所などの介護支援専門員がかかわる場合が多い．認知症の人が自宅で安心・安全に生活するための各種サービスの組み合わせが検討される．とくに，その人の意向・好み，好き・嫌い，できること・できないことなどの情報を共有することで，提供されるサービスごとの対応について，それぞれのサービス提供機関の専門職との連携・協働した検討が可能となる．

(1) 在宅におけるチームアプローチの事例

> **【事例】独居で薬の飲み忘れがある82歳の女性の例**
>
> 　ひとり暮らしのBさんは，デイサービスやホームヘルプサービスを利用しながら在宅生活を続けてきたが，最近，薬の飲み忘れがあり，血圧が安定しない状態が続いている．そこで適正な血圧の維持に必要な服薬支援をチームで考えるため，ホームヘルプ事業所の呼びかけにより，担当ケアマネジャーがカンファレンスを開催した．カンファレンスでは，「朝，血圧の薬の飲み忘れがない．またはあっても後から薬を飲むことができる」ことを共通の目標とし，必要な役割分担について検討した．その結果，適正な服薬の確認のために薬剤師が週1回訪問し，飲み忘れの服薬状況の確認を行い，ケアマネジャーへ毎回報告し，医師にも報告を行うことにした．また，毎朝飲む薬を，飲み忘れていないか，昼食をつくりに行くホームヘルパーが確認し，飲み忘れがあった場合は，昼食のときに飲んでもらうこととした．ホームヘルパーが自宅へ訪問しない日は，近所に住む長女と次女が分担してBさん宅へ確認しに行くことにした．そして，デイサービスを利用する日は，朝の送迎時に担当職員が薬の飲み忘れを確認し，飲み忘れがあった場合はデイサービスに到着してから飲んでもらうことにした．それぞれ飲み忘れを確認した場合は，自宅のチェック表に記入し，継続して服薬状況を全員で把握できるような仕組みを整えた．ホームヘルプサービスとデイサービスでは，薬の飲み忘れがあった場合は，その前後の状況や精神状態などについて，お互いに報告し合い，どういうときに飲み忘れが起きるか，その傾向も共有できるようにした．

　この事例は，多少の失敗があっても必要な支援をできるよう，関係者が見極めを行い，さまざまな支援が入ることにより，負担の少ない，実現可能なチームケアを提供した例といえる．

3）関係機関へのチームアプローチ

　認知症の人が安心・安全に住み慣れた地域で生活を続けるためには，1つの領域の専門職が支援するのではなく，介護・医療・福祉・地域などの関係機関との連携が不可欠である．そのためには，関係機関へのチームアプローチが必要になる．とくに，「チーム医療における連携では，『医療安全』『医療的処置とケアにおける職種間のスキルミックスに対する合意』『地域包括ケア』の3つの視点の共有が重要」[38)]となる．また，「医療職と介護職の双方向のコミュニケーションがあることが，認知症ケアでは特に重要であり，さらに福祉，地域の諸機関との連携が求められる」[39)]のである．

　介護職が医療機関から得たい情報は，①認知症の原因と治療方針，②服用している薬の相互作用や副作用などを含む薬に関する情報，③合併症の治療状況，④認知症が比較的軽ければ病気についての説明がどのように本人や家族に伝えられているか，などである．逆に，主治医が介護職から得たい情報は，家庭での様子やサービスを提供している事業所での様子などである．

4）ケアプランとチームアプローチ

　白澤は，「ケアマネジメントの課程ではチームアプローチを必要とする」[40)]と述べている．ケアマネジメントにおけるチームアプローチは，ケアプランという約束事によって異なる機関に所属する，異なる専門性をもった専門職（ときには非専門職も含まれる）が，利用者のよりよい生活を実現するために協力し合うものである．利用者のニーズを充足するためには，さまざまな職種が協力し合うことでチーム力は高まる．そのためには，「それぞれの専門職に割り当てられた役割を，他の専門職と協働・連携しながら果たしていく少人数の集団」[41)]が必要である．

　また，「所属や専門がバラバラな援助者が，一人の利用者のために便宜上，一つのチームとしての関係性を結ぶこと」[42)]がチームアプローチなのである．

　このようなチームアプローチが機能するツールとしてケアプランがあり，その計画が専門職間で十分に理解され，遂行されるようにするために，サービス担当者会議があるのである．そのため，実践リーダーには，ケアプランを十分に理解し，自分のチームに与えられた役割をしっかりと担うための調整が求められるといえる．

5）実践リーダーによるチームによる問題解決の流れ

　実践リーダーは，チームリーダーとして，チームアプローチを実践し，目標を職員と共に達成し続ける役割と責任を背負っている．職場での問題解決には，「ひとつの流れがあり，問題解決の流れを意識して行動することで，問題を自分の判断で解決できるようになる」[43)]．その流れとは，①現状の認識と分析，②問題の発見と確認，③原因の追究と確認，④改善の提言，⑤対策の立案と実施である．

　マネジメントの手法のひとつに，「PDCA」サイクルがある．PDCAとは，Plan（計画を立てる），Do（実行する），Check（実行した結果を評価する），Action（うまくいっていないところを改善する）のサイクルを回していくことで，これまで以上の成果を出すことができるという考え方である．「このPDCAは改善で終わりではなく，そのサイクルを回し続けることこそが重要だ」[44)]といわれている．それぞれのステップにおいて，そのサイクルを回し続けることを阻

害するような障害を克服する必要があり，継続的に改善し続ける動きを「当たり前」のことと
して続けることこそが，実践リーダーによる PDCA といえる．

6）指導能力を高める2つのスキル

　この人についていきたい，この人のようになりたいと思ってもらえるようなリーダーになる
ためには，知識や技術だけでなく，「コミュニケーション力」と「ファシリテーション力」が必
要になる．そのためには，日ごろから職員が「なるほど」と感動するような知識や技術，経験
が必要になる．また，リーダーが常にレベルアップしようとするための姿勢が不可欠になる．

　実践リーダーは，日ごろからその意識をもち，職員を指導する際には，むりやり職員に仕事
をやらせるのではなく，職員といっしょに成長することを意識し，客観的に物事を考えられる
能力が求められる．

【文　献】

1) 新村　出編：広辞苑．第7版，岩波書店，東京（2018）．
2) Rousseau V, Aubè C, Savoie A：Teamwork Behaviors；A Review and an Integration of Frameworks. *Small Group Research*, **37**（5）：540-570（2006）.
3) Tuckman BW：Development sequence in small groups. *Psychological Bulletin*, **63**（6）：384-399（1965）.
4) Tuckman BW, Jensen MAC：Stages of Small-Group Development Revisited. *Group & Organization Studies*, **2**（4）：419-427（1977）.
5) 古川久敬：チーム・マネジメント．日本経済新聞社，東京（2004）．
6) Salas E, Dickinson TL, Converse SA, et al.：Toward an understanding of team performance and training. In Teams；Their training and performance, ed. by Swezey RW, Salas E, 3-29, Ablex Publishing, Norwood（1992）.
7) Edmondson AC：Teaming；How Organizations Learn Innovate, and Compete in Knowledge Economy. John Wiley & Sons, Inc.（2012）.（エイミー・C・エドモンドソン（野津智子訳）：チームが機能するとはどういうことか；「学習力」と「実践力」で高める実践アプローチ，英治出版，東京，2014）.
8) ピーター・M・センゲ（小田理一郎，枝廣淳子，中小路佳代子訳）：学習する組織；システム思考で未来を創造する．英治出版，東京（2011）．
9) 山口裕幸：チームにおけるリーダーシップ．（山口裕幸編）コンピテンシーとチーム；マネジメントの心理学，朝倉書店，東京（2009）．
10) 三隅二不二：新しいリーダーシップ；集団指導の行動科学．ダイアモンド社，東京（1966）．
11) Deci EL, Ryan RM：Intrinsic motivation and self-determination in human behavior. Springer, New York（1985）.
12) 認知症介護研究・研修仙台センター：認知症介護実践研修，指導者養成研修のあり方およびその育成に関する調査研究事業報告書．認知症介護研究・研修仙台センター，仙台（2015）．
13) ハンス・セリエ（杉靖三郎，多田井吉之介，藤井尚治，ほか訳）：現代社会とストレス原書改訂版．法政大学出版局，東京（1988）．
14) 戸田雅裕：生物学的ストレスの指標と測定．（丸山総一郎編）ストレス学ハンドブック，57-65，創元社，大阪（2015）．
15) RS ラザルス，S フォルクマン（本明　寛，春木　豊，織田正美監訳）：ストレスの心理学；認知的評価と対処の研究．25-51，実務教育出版，東京（1991）．
16) RS ラザルス（林峻一郎編・訳）：ストレスとコーピング；ラザルス理論への招待．星和書店，東京（1990）．
17) 丸山総一郎：ストレスの概念と研究の歴史．（丸山総一郎編）ストレス学ハンドブック，5-14，創元社，大阪（2015）．

18) 大塚泰正：心理学的ストレスの理論モデルと測定．（丸山総一郎編）ストレス学ハンドブック，66-75，創元社，大阪（2015）．

19) 永田頌史：ストレスの診断と治療．（丸山総一郎編）ストレス学ハンドブック，97-116，創元社，大阪（2015）．

20) 東口和代，森河裕子，三浦克之，ほか：本版 MBI（Maslach Burnout Inventory）の作成と因子構造の検討．日本公衆衛生雑誌，**53**：447-455（1998）．

21) 松井美帆：痴呆性高齢者グループホームの職員におけるストレス．日本痴呆ケア学会誌，**3**(1)：21-29（2004）．

22) 認知症介護研究・研修仙台センター：介護現場のためのストレスマネジメント支援テキスト；高齢者虐待・不適切ケアの防止に向けて．31-47，認知症介護研究・研修仙台センター，宮城（2009）．

23) 独立行政法人労働者健康福祉機構 産業保健・賃金援護部 産業保健課（2013）「Relax 職場における心の健康づくり；労働者の心の健康増進のための指針」（http://kokoro.mhlw.go.jp/brochure/worker/，2015.11.1）．

24) 公益財団法人介護労働安定センター（2015）「介護労働実態調査」（http://www.kaigo-center.or.jp/，2015.11.1）．

25) 障害福祉研究会編：ICF 国際生活機能分類；国際生活機能分類改訂版．初版，5，中央法規出版，東京（2003）．

26) 村川浩一：高齢者痴呆介護実践講座Ⅱ．（高齢者痴呆介護研究・研修センターテキスト編集委員会編）298-299，第一法規出版，東京（2001）．

27) 遠藤慶子：新・介護福祉士養成講座6；生活支援技術Ⅰ．（介護福祉士養成講座編集委員会編）23-25，中央法規出版，東京（2009）．

28) 渡辺裕美：新・介護福祉士養成講座4；介護の基本Ⅱ．（介護福祉士養成講座編集委員会編）中央法規出版，東京（2009）．

29) 沖田裕子：新・介護福祉士養成講座12；認知症の理解．（介護福祉士養成講座編集委員会編）205，中央法規出版，東京（2009）．

30) 高山恵理子：チームアプローチの目的と意義．（岡田進一編）介護関係者のためのチームアプローチ，ワールドプランニング，東京（2008）．

31) 高山　淳：新・介護福祉士養成講座11；発達と老化の理解．（介護福祉士養成講座編集委員会編）221，中央法規出版，東京（2009）．

32) 森　繁樹：新・介護福祉士養成講座3；介護の基本Ⅰ．（介護福祉士養成講座編集委員会編）107-108，中央法規出版，東京（2009）．

33) 五島シズ：第2版新しい認知症介護；実践リーダー編．（認知症介護研究・研修センター監修）251，中央法規出版，東京（2006）．

34) 押川真喜子：介護福祉士養成実務者研修テキスト介護の基本Ⅰ・Ⅱ．（介護職員関係養成研修テキスト作成委員会編）長寿社会開発センター，東京（2014）．

35) 住居広士：新・介護福祉士養成講座3；介護の基本Ⅰ．（介護福祉士養成講座編集委員会編）169-170，中央法規出版，東京（2009）．

36) 岡田進一：チームの展開と発展．（岡田進一編）介護関係者のためのチームアプローチ，103，ワールドプランニング，東京（2008）．

37) 堀　公俊：ファシリテーション入門．77-79，日本経済新聞出版社，東京（2007）．

38) 中島紀恵子：新版認知症の人々の看護（中島紀恵子編）．165-172，医歯薬出版，東京（2013）．

39) 本間　昭，六角僚子：やさしくわかる認知症ケア．174-175，ナツメ社，東京（2014）．

40) 白澤政和：新版社会福祉士養成講座②；老人福祉論（第5版）（福祉士養成講座編集委員会編）．259，中央法規出版，東京（2007）．

41) 菊地和則：多職種チームの3つのモデル．社会福祉学，**39**（2）：279（1999）．

42) 福富昌城：五訂介護支援専門員実務研修テキスト（介護支援専門員実務研修テキスト作成委員会編）．478-480，一般社団法人長寿社会開発センター，東京（2012）．

43) 山形琢也：気がきく人　気がきかない人．119-120，三笠書房，東京（2001）．

44) 川原慎也：これだけ！ PDCA．202，すばる舎リンケージ，東京（2012）．

第4章

認知症ケアの指導方法

Ⅰ．職場内教育の基本視点

学習の Point

認知症ケアを指導する立場として介護職員の理解に必要な視点を学び，指導目標や指導上の留意点を理解したうえで，指導者としての態度や知識，技術を修得し，認知症ケアの理念を踏まえた指導に必要な視点を理解する．またチームマネジメントにおける人材育成の意義と方法を理解し，OJTを含めた教育方法，技術，さらに介護職員の評価方法を理解する．

キーワード：職員理解，指導目標，指導理念，OJT，職員評価

1．人材育成における介護職員のとらえ方

1）人材育成における介護職員のとらえ方

　介護職員の研修では，さまざまな人たちに一律の教育を行ってもうまくいかないことがある．

　たとえば，最初から高度な知識や技術を伝えようとしても教育的効果は期待できず，介護職員はなにがわからないのかもわからないという状態になるであろう．また，学ぼうとする意欲がない人に対しての教育はむずかしく，その場合はまず学ぶ意欲を喚起させることから始めなければならない．

　介護に当たる職員の知識や介護技術のレベルはさまざまである．たとえば，介護福祉士養成校や大学などで介護を学び，資格を得た人であれば，ある一定レベルの知識や技術を持ち合わせていることが期待できる．しかし，実際には，福祉や介護の教育を受けずに仕事に就く人や，他業種から転職してくる人などもおり，このような状況での教育はむずかしい．そのため，個々の職員の知識のレベルや，技術のレベルを正しく見極めていく必要がある．そのうえで，個人個人に合った教育をしていかなければならない．一方，その人の不足している部分だけを補う教育では，断片的な指導にかたよってしまうこともあり，認知症介護に対する基本的な考え方や理念などは，一貫した教育が必要となる．

　知識の教育に関しては，現行の研修体系に沿った教育を活用することが1つの方法である．介護や福祉に関する資格をもたない人たちに対しては，認知症介護基礎研修の受講が有効であり，また，資格をもっていて一定の経験のある人に対しては，認知症介護実践者研修を活用できる．そのほかにも，自治体や職能団体などが行うそれぞれのレベルに合わせた研修を活用する方法もあるであろう．

　一方，現場での教育の場合，施設内研修だけではなく，後述する実践を通して行うOJT（On-the job training；職場内研修）が効果的である．OJT教育では，介護職員それぞれの知識や能力に応じた教育を行うことができるが，指導が断片的になりやすいため，系統立てた教育と併用していくことが望まれる．

2）介護職員等への指導の目標と留意点

　介護職員は，研修を受けることによってすぐに知識や技術が身につくわけではなく，研修の成果は自施設や自事業所において実践的に身につけていくものである．認知症ケアはチームに

よって行われていくものであり，チーム全体のケアの質が向上しなければ，認知症の人と介護家族の生活の質（Quality of Life；QOL）の向上は図れない．したがって，介護職員等への指導の目標は，質の高いケアを提供できる介護職員を育て，チーム全体のケアの質を高めていくことと考えなければならない．しかし，施設・事業所における介護職員は，認知症介護基礎研修や認知症介護実践者研修を修了している人だけとは限らず，知識や技術のレベルの差もあるであろう．そのため，一律の指導方法で行っても，すべての人に効果があるとは限らない．また，介護職員が有する知識や技術をはるかに上回る教育を行っても，その効果は期待できない．指導に当たる人は，職員の知識や技術のレベルを正しく把握し，その人に合った指導計画をつくっていく必要がある．また，OJT で技術指導を行うことも多いが，基本的な考え方や具体的な技術を単に教えるだけではなく，自分で考えて行動できる習慣を身につけるような指導が重要となる．

3）介護職員等に求められる態度・知識・技術の指導

（1）介護職員に求められる態度

　介護職員に求められる態度については，職員自身が不適切な態度を正すだけではなく，新人を含めたチーム全員が認知症の人に対する適切な態度を身につける必要がある．

　指導すべき不適切なケアの態度としては，上から見下ろす，後ろから話しかける，遠くから大声で名前をよぶ，無視する，本人の前で平気で他のスタッフと関係のない話をする，無言でケアする，子ども扱いする，無理強いや強制するなどが挙げられ，認知症の人に限らず高齢者とコミュニケーションを図っていくうえで気をつけなければならない点が数多くある．

　また，不適切な言葉遣いとしては，早口で話す，長い情報を一度に伝える，本人がわからないことを質問する，流行の言葉や高齢者にとってなじみのない言葉を使うなど，さまざまなものがある．これらの不適切な言葉遣いは，介護者本位の立場から発せられるものであり，その人を中心としたケアの理念に反するものと理解しなければならない．これらについては，認知症介護基礎研修で学ぶ点であるが，介護職員として最低限身につけなければならない態度である．当然，介護職員としては不適切な態度を正し，利用者本位の適切な態度でケアに臨むことが大切であるが，それらを自分自身が守るだけではなく，チーム全体としてそれを実行していくことが大切である．さらに，介護職員としては，認知症の人の尊厳を尊重し，その権利を介護職の立場で擁護できる態度を身につけなければならない．

（2）介護職員に求められる知識

　現在，わが国の認知症ケアは認知症施策推進大綱を中心に展開されている．施設や事業所等における認知症ケアは，認知症施策推進大綱の5つの柱の3つ目である「医療・ケア・介護サービス・介護者への支援」のなかの「介護サービス基盤整備・介護人材確保・介護従事者の認知症対応力向上の促進」に位置づけられている．介護職員は，現在行っているケアが施策のどの部分に位置づけられているのかを理解しなければならない．また，認知症の人の生活を支える介護を提供していくためには，認知症の人を取り巻くさまざまな知識を有する必要がある．具体的には，認知症の原因疾患を理解すること，認知症の人の中核症状と行動・心理症状（Behavioral and Psychological Symptoms of Dementia；BPSD）を理解すること，認知症の人を取り巻く社会資源を理解すること，認知症に関する薬物療法や非薬物的介入の理解，認知症の予防の知識，制度の理解，サービスの動向などの最新知識を理解すること，さらに認知症の人のみならず，認知症の人の家族の現状や介護上の課題への理解などであり，これらの知識を有することが必要となる．

（3）介護職員に求められる技術

認知症ケアに当たる介護職員に求められる技術としては，認知症の原因疾患を理解したうえで最善の介護方法を選択し実践することができること，認知症の人の中核症状を理解したうえで症状の軽減を図るケアを提供できること，行動・心理症状（BPSD）を理解したうえで症状の軽減を図るケアを提供できることなどがある．また，認知症の人を取り巻く環境整備ができること，認知症人の能力を生かしたケアの実践を行うことができることなど，いくつかの技術を修得する必要がある．また，認知症の人を取り巻く最新知識を理解し，それを実践につなげていくための技術の修得も求められている．さらに，認知症の人を介護する家族に対しては，家族の抱える課題を理解し，家族を支援したり，家族に対する介護技術の指導ができる能力を身につけたりすることなどが求められている．

2．指導者のあり方

1）実践リーダーに求められる基本的態度の理解

認知症介護実践リーダー研修の目的は，「事業所全体で認知症についての理解のもと，本人主体の介護を行い，できる限り認知症の進行を遅らせ，行動・心理症状（BPSD）を予防できるケアチームを構築するための知識・技術を修得すること及び地域の認知症施策の中で様々な役割を担うことができるようになることをねらいとする」とされている．これまでの目的が「ケアチームにおける指導的立場としてチーム員の知識・技術・態度を指導する能力およびチームリーダーとしてのチームマネジメント能力を修得させることをねらいとする」というものと比べると，チームの育成を担う人の養成が認知症施策のなかで重要な役割となっていることが明記されている．

このように，認知症介護実践リーダーとしてチームのケアの質向上を図っていくことが大きな役割であるが，望ましいリーダーとなるためには，以下に示す到達目標がある．

- （1）認知症の病態，メカニズム，発生機序，脳内作用等，認知症に関する専門的な知識を有し，認知症に関する最新の知見を把握している．
- （2）国の認知症施策と施策の地域における展開例を理解し，認知症支援施策に関する今後の方向性を考えることができる．
- （3）チームづくりや運営におけるリーダーの役割や使命を理解し，リーダーの責務を踏まえたチームマネジメントの方法を理解している．
- （4）チームにおける認知症介護理念の有用性を踏まえ，チームによる理念構築を牽引し，チームの方向性を明確にして共有化する方法を理解している．

(5) スタッフのストレス把握やマネジメントができる．

(6) チーム内の情報共有やスタッフ間コミュニケーションの促進のために認知症ケアにおけるカンファレンスやミーティング，事例検討の効果的な方法を理解している．

(7) チームマネジメントに関する考え方や方法論を活用し，認知症者へのチームケアを効果的に実践する方法を理解している．

(8) OJT に関する考え方や計画立案，運用から評価方法を理解し，活用できる．

(9) 介護スタッフへのアドバイスや指導方法に関する基本技術を理解し活用できる．

(10) 認知症ケアの指導に関する基本的な考え方や，指導者としての基本的な態度，指導理念を理解している．

(11) 認知症ケアにおける倫理の考え方を理解し，介護場面での倫理的判断基準，倫理に基づいた介護等に関する指導方法を理解し，基本技法を実践できる．

(12) 認知症の人の行動・心理症状（BPSD）別のアセスメントやケア方法の指導方法を理解し，基本技法を実践できる．

(13) 認知症の人の食事・入浴・排泄への介護に関するアセスメント方法や介護方法の指導内容，指導観点を理解し，基本技法を実践することができる．

(14) 認知症の人への権利擁護の方法に関する指導や助言，教育方法を理解し，基本技法を実践することができる．

(15) 認知症の人の介護家族を中心とする家族への支援方法に関する指導方法を理解し，基本技法を実践することができる．

(16) 行動・心理症状（BPSD）の緩和のみならず，認知症の人の生活の質が向上するための生活支援に関するアセスメントやケアプラン作成の指導方法を理解し，実践できる．

　以上に示したリーダーとしての役割に必要な知識と技術に関する到達目標を理解したうえで，介護職員指導の理念を構築していくことが望まれる．

2）介護職員等の指導における理念の理解（図 4-1）

　施設・事業所などにおいては，それぞれの運営理念があると思うが，それとは別に認知症ケアの理念が大切であり，その理念は認知症の人や介護家族の QOL の向上を目指したものでなくてはならない．認知症介護実践リーダーとしては，認知症介護の理念を実現するための介護職員を教育する指導の理念が必要となってくる．指導の理念とは，質の高いケアを実践するためにスタッフをどのように指導していくかという向かうべき方向性のことであり，その指導理念に沿って指導が行われていく必要がある．そのためには，スタッフがどう育ってほしいのかという実践者像を想定することが必要になる．しかし，施設・事業所等では，新人スタッフからある程度経験を積んだスタッフまでさまざまな人がいるなかで，それぞれの段階に合った指導が必要であり，それぞれの人物像を想定した指導理念を構築することが必要となる．

　新人職員や，ある程度経験を積んだスタッフの目指すべき人物像を考えるとき，認知症介護基礎研修および認知症介護実践者研修の目的を参考に考えることが有効である．新人向けの認知症介護基礎研修の目的は，「認知症介護に携わる者が，認知症の人や家族の視点を重視しなが

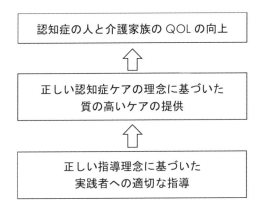

図 4-1　実践者指導の理念の重要性

ら，本人主体の介護を遂行する上で基礎的な知識・技術とそれを実践する際の考え方を身につけ，チームアプローチに参画する一員として基礎的なサービス提供を行うことができるようにすることをねらいとする」とされている．また，認知症介護実践者研修の目的は，「認知症についての理解のもと，本人主体の介護を行い，生活の質の向上を図るとともに，行動・心理症状（BPSD）を予防できるよう認知症介護の理念，知識・技術を修得するとともに，地域の認知症ケアの質向上に関与することができるようになることをねらいとする」とされている．この 2 つの研修の目的を理解したうえで，初任者の介護職員や，ある程度経験を積んだ介護職員を介護現場でどのように指導していくかを考えていかなければならない．指導の理念を構築する方法はいくつかあると思われるが，認知症介護実践リーダー研修では，グループで理念を構築していくことが効果的である．この場合，認知症の人と介護家族の QOL の向上に関するケアの理念を前提にして，それを実現するためにはどのような実践が重要なのか，それを実現する介護職員とはどのような人物なのかを順番に挙げてみるとよい．それをもとに，認知症介護実践リーダーとしてどのような方向性で指導していくかを考えていくことが基本である．次に，自施設・事業所等で実践に当たっているスタッフを念頭におき，具体的にどのように指導していくのかを実際に考えてみることが重要であろう．さらに，1 人のスタッフを指導するだけではなく，チームを育てるという意識をもって実践的な指導に当たることが望まれる．

3．人材育成の意義と方法
1）人材育成の意義と目的
　どのような組織であっても，仕事の成果は，それを構成している個人の力によって支えられており，個人個人の力量を向上させ，それを業務の質や量の向上につなげていくことがその組織の発展に欠かせない．とくに，人が人に対して支援を行うことが業であるケア分野においては，それを担う職員 1 人ひとりの力量が，組織が提供するケアの質に非常に大きな影響を及ぼす．そのため，組織的な人材育成への取り組みはいっそう欠かせない．
　しかし，人材育成はもともとむずかしいものである．ケア分野のみならず，どのような分野

においても「人を育てる」ことへの課題を抱えていることが多く，100％の効果をもつ正当な教育方法はいまだない．しかし，人材を育てることなしには，組織的な仕事に取り組み，質を向上していくことはむずかしい．一方で，教科書に基づき理想的な人材育成方法を導入しようとしても，すべての組織において同様に成功するとは限らない．それぞれの組織とメンバーの特徴に応じて，業務の課題とともに人材育成の課題を把握し，それを現実的に解決する手法として職場内教育の方法を企画し，運用していくことが必要である．

　高齢者ケアの領域では，入職時の介護に関する知識や技術の個人差が大きい，離職者が多く継続的な教育がむずかしい，職員間で仕事への考え方の差があるといったことが，職場内教育をよりむずかしくしている．とくに，認知症ケアにおいては，認知症の原因疾病や進行の段階に応じた症状の特徴などに関する客観的な理解に加え，認知症の人の主体性を重視し，認知症の人の心理的理解に基づく支援を継続していくことが求められる．そのため，職場内教育においても，認知症や認知症ケアに関する知識や技術に加えて，認知症ケアの基本的理念を理解し，理念を反映したケアを経験するなかで，認知症の人の理解とコミュニケーションに基づく個別的なケアの力を高めていくような実践的な教育方法が求められる．

●学習の準備……人材育成の課題を把握する
　人材育成について考える前に，みなさんの組織（法人，事業所，施設等）における人材育成の課題について考えてみよう．第1に，人材育成の対象となっている新人・初任職員の課題（こんな人，こんな行動，こんな態度など）をいくつか挙げてみよう．第2に，人材育成を担っている中堅やリーダー層の職員の課題（こんな人，こんな行動，こんな態度，こんな教育方法など）をいくつか挙げてみよう．まずは，問題・課題を発見することが，解決法を考えるための第1歩である．
・研修や組織内でグループ討議ができる場合には，それぞれから意見を出し合い，その意見を整理して，まとめてみると共通の課題を発見することにつながる．
・中堅やリーダー層の職員の課題は，新人・初任職員の課題にどのような影響があるだろうか．とくに，中堅やリーダー層職員の人材育成担当者としての役割を考えるとどのような影響を与えているだろうか．考えてみよう．

（1）人材育成の方向性と基本的知識

①職場の課題解決としての位置づけ

　みなさんの組織内における人材育成の課題はどのようなものであったろうか．新人・初任職員について，全般的に知識が不足している，認知症を理解していない，基本的な職務態度・言葉遣い等ができていない，やる気がない，リーダーの言うことを聞かないなどの課題がよく導出されがちである．では，中堅やリーダー層の職員についてはどうであろう．職場での人材育成の課題を整理すると，中堅やリーダー層職員についても，さまざまな知識が不足している，認知症ケアを理解していない，基本的な態度・言葉遣い等がよくない，向上心・やる気がない，会議等で決まったことに従わないなどの新人・初任職員と同様の課題を抱えている組織も多い．また，中堅やリーダー層職員に人材育成力がない，組織的な人材育成の取り組みに欠けているといった人材育成そのものの課題が導出される場合が多いのも現状である．新人・初任職員の問題は，中堅・リーダー層職員が抱えている問題を反映していると考えるべきであり，新人・初任職員への育成とともに，中堅・リーダー層職員を含めた職場全体の仕事の質の向上や

人材育成の仕組みをつくることが多くの組織における課題である．とくに，中堅・リーダー層職員には，新人・初任職員に「教える」という意味を自覚できるように人材育成への考え方や教える方法を習得できるようにすることが必要である．

　人を育てることはむずかしい課題であり，教育を行っても効果が上がらないときがある．しかし，職員ができないこと，理解できていないことは，放置していても解決しない．それぞれの組織の課題を明らかにして，人材育成の工夫で解決する取り組みをしていくことが必要である．ケアの質を上げるために，職員のやる気を高め，仕事や学習への取り組みを促進していくための人材育成法を工夫し，企画・実行していくことが，人材育成を担う実践リーダーの重要な役割である．

　②組織としての成長の方針

　職場（法人，施設，事業所等）で人材育成を行い，仕事の質の向上を求めるためには，その職場自体が組織的に常に質の向上を図っていくという姿勢を明確にすることが大前提となる．ひととおりの日常における援助ができていれば，その状態を継続していけば十分という「現状維持」の考え方が蔓延してしまうことは，組織にとっても，個人にとっても向上心を失わせ，結果的に仕事の質の低下を招く原因となってしまう．

　わかりやすく模式的に考えてみよう．1年を単位にして，今年度（1年目）の状態を100点とすると，現状維持というのは来年度（2年目）も100点を目標にするということである．その結果として，2年目が90点であったとしよう．100点満点で90点をとっても十分に満足感を感じられることが多い（テストで90点をとったときの気持ちを考えてみよう）．そこで，その翌年度（3年目）においても現状維持を目標にしようということになる．しかし，それは2年目の成績（実際は90点）を知らぬ間に「100点」にすり替えて，3年目も「100点」を目指しているということである．そして，3年目も90点をとれば，再び十分に現状維持ができたという満足感が得られる．しかし，実際には点数の置き換えが生じており，1年目を100点とすると，3年目の得点はすでに81点になっている．それを数年繰り返していると，現状維持できているという感覚があり，また達成への満足感が維持されているにもかかわらず，仕事の質は大きく低下してしまう．現状維持を目標とすると，現状維持をすることはむずかしく，多くの場合には仕事の質の低下が進行していく可能性が高い．

　仕事の質の向上を図るには（現状維持をすることでさえも），現状よりも向上する目標を立てることが必要であり（例のように点数でいうならば120点や130点の目標を立てる），組織の姿勢として質の向上を目指すことが求められる．そのためには，まず組織として仕事の質を上げることで成長していくという姿勢や方針を，経営者や上級管理職が明確にすることが必要である．その姿勢や方針を具現化する1つの方法として，組織的に人材育成に取り組むことを位置づける必要がある．

2）人材育成の方法の種類と特徴

(1) 職場での人材育成の種類（表4-1）

　職場における人材育成の方法は，業務のなかで教育・指導を行うOJT(On the Job Training)，

表 4-1　職場での人材育成の種類

＜方法の分類＞	＜内容の分類＞
・OJT（On the Job Training）	・知識
日常の仕事の中で実践力を高める	知っているべきこと
・Off-JT（Off the Job Training）	・技術（技能）
仕事を離れた研修で知識や技能等を高める	できるようになること
・SDS（Self Development System）	・態度（見方・考え方）
自発的な学びを支援する	仕事への取り組む姿勢など

業務外に受講する外部研修や勉強会などとして実施される Off-JT（Off the Job Training），自己啓発（自己学習）を促進する SDS（Self Development System）の 3 つに分類される．また，職場での人材育成の内容は，業務遂行に必要とされる知識，技術（技能），態度の 3 つの要素に分解される．それぞれの内容に応じて，人材育成方法の利点を生かして，組み合わせながら職場での人材育成を構成していく必要がある．しかし，ケア領域の職場での人材育成は，実際に「良質のケアができる」ことが目標であり，知識にかたよらず，良質のケアを実践できる技術の習得（できること）を目指すとともに，その背後にあるケア理念を理解し具現化する態度・考え方の養成が求められている．

　このような位置づけから，ケアの質の向上を目指した人材育成は OJT を中心とすることが必要になる．そして，良質のケアを行うための背景として，あらかじめ知識・技術・態度を広く必要とする場合には，Off-JT や SDS を活用し，Off-JT や SDS に習得された知識・技術・態度は，実際の仕事のなかで活用しながら OJT を行うことで実際的なケアの力を育成していくことになる．

(2) OJT（On the Job Training）とは

　OJT は，実際に仕事をしながら，その内容についての練習を行い，「できるようになる」ことを繰り返しながら，仕事の質を上げていく教育方法である．職場における人材育成では，習得したことを仕事において活用し，仕事の質の向上につながることが求められるため，職場での人材育成は OJT が中心的な位置づけとなる．ただし，OJT によって学習できる内容は，そのときに経験している仕事の範囲に限られ，その範囲を超えた一般的な知識や技術は OJT では習得しにくいことが欠点である．

　また，認知症ケアの OJT については，ケアをしながら指導することはむずかしいことも多く，事後指導が実施されることも多い．そのため，面談によって個別に指導を行うコーチングやスーパービジョンが必要となることも多い．また，チームでカンファレンスを行うことも OJT の 1 つの方法となる．OJT の指導者は，中堅以上の熟練した職員が担当することも多いが，新人・初任の職員にとっては，経験や年齢の違いが大きすぎると率直な質問がむずかしくなってしまうことも多い．そのため，比較的近い年代の人を OJT の担当者とすることで，技術面だけでなく，心理面や生活面についても相談に乗ることができる仕組みを設けることもある（チューターやプリセプター制度等）．

(3) Off-JT（Off the Job Training）とは

　Off-JT は，業務を離れた教育機会であり，研修等が該当する．受講者の知識や技術を広く向上させるために有効な方法である．外部で開催される研修への参加だけでなく，職場内で開催する勉強会や事例検討会も有力な Off-JT である．Off-JT は，現在携わっている業務の内容にかかわらず，知識・技術を高めるのに貢献する教育方法である．しかし，Off-JT の成果が，必ずしも仕事の質の向上に結びつくとは限らず，Off-JT で習得した知識や技術を仕事に生かすためには工夫が必要である．定期的な Off-JT を行うだけでは，実際に仕事の質を上げることを目標とした教育としては不十分である．

　ただし，Off-JT は資格取得のための学習支援，職務とは直接結びつかなくても，一般的なスキルの向上等によって個人個人の職員が自らに感じる価値を高めるために活用でき，仕事や学習への動機づけを高める方策として用いることもできる．

(4) SDS（Self Development System）とは

　SDS は，自己学習を職場で支援するしくみのことであり，自己学習を行うために必要な教材を用意したり，学習する機会や費用を支援したりするなどの環境整備が該当する．自ら動機づけをもって学習を行うことは重要であるが，始めるにも継続するにもやる気が必要であり，挫折しやすい．そのため，確実に自己学習を仕事に生かすためには，成果の確認や達成への評価などの支援が必要となる．たとえば資格取得に関する自己学習の支援として，職場における勉強会などの Off-JT による支援などを行うこともできる．

3）課題に応じた人材育成の方法と効果

(1) 認知症ケアにおいて職場内教育（OJT）が重要な理由

　ケアの領域は人が人に対して，専門的な支援を行うことを業としており，ケアの担い手である職員がその支援にかかわる知識・技能・態度を習得することが不可欠である．とくに，現代的な認知症ケアにおいては，認知症の原因疾病や進行の段階に応じた症状の特徴などに関する客観的な知識に基づく理解に加え，認知症の人の主体性を重視し，認知症の人の生活史や心理的状態の理解を図る努力を継続していくことで，本人主体の生活像を支援することが求められている．

　認知症ケアの職場内教育においては，まず認知症に関する知識と，それに基づいたアセスメントや基本的ケア技術の習得が必要とされる．職員の知識や技術の程度に応じて，Off-JT やSDS を中心として，基本的な知識やケアの技術を一定のレベルまで引き上げることが必要である．

　一方で，現在の介護保険制度では「尊厳の保持」を理念としており，報告書「2015 年の高齢者介護」においては，尊厳の保持とは「高齢者がたとえ介護を必要とする状態になっても，その人らしい生活を自分の意思で送ることを可能とすること」としている[1]．認知症の人に対しても，この理念に基づく「その人らしい」生活像を目指して支援を行うことが求められている．しかし，認知症の人を外からみたときに，「その人らしさ」が失われて，病気によって動かされているかのようにとらえられることも多い．そのような一般的なみえ方を払拭して，尊厳の保

持という理念を共有して,「その人らしさ」を重視したケアを行えるようにすることが,認知症ケアの職場内教育において非常に重要なことである.そのために,認知症ケアの基本的理念を尊重した実際のケアのなかで,認知症ケアに必要とされる思考や行動,コミュニケーション等を習得できることが認知症ケアにおける OJT の課題となる.

　認知症ケアにおける職場内教育に限らず,専門性の高い領域での職場内教育は,職場全体としての学びを共有しながら,個別に学習の達成目標を立てて,その達成方法を明確にするための学習計画を立案することが必要になる.学習・教育の方法も OJT を中核にしながらも,Off-JT,SDS を効果的に活用しながら,組織的に進めていくことが基本である.個人個人の達成状況を把握して,動機づけを高める働きかけをしながら継続的に実施していくことが求められる.

(2) 認知症ケアに関する職場内教育 (OJT) の特性

　OJT を取り入れている産業領域のなかには,育成の対象者全員に共通する専門的作業を対象として OJT が行われていることも多い.この場合には,習得すべき目標や内容は共通化され,そのうえで個別に習得状況を評価しながら,OJT が実施されていくことになる.しかし,認知症ケアの領域では,利用者・入居者によって必要とされるケアの内容や方法は異なっており,多様で個別性の高いケア場面での OJT が必要となる.全員に共通化されている作業 (最低限必要とされるケア手法,必要な物品等の準備,観察や記録・報告の方法など,あるいは職場全体で目標達成に関すること) について OJT を行うのはもちろんであるが,利用者・入居者ごとの個別性の高いケアについても,ケアの質を上げていくことを目標として OJT を実施していく必要がある.利用者・入居者によって,その人のもっている背景,状態像,ケアの課題等の個別性が高いことに留意しながら,個人個人の利用者を深く知り,ケアを進めていくことが欠かせないため,多くの利用者に対するケアをまとめて指導することはむずかしい.職員ごとに職場内教育の対象となる利用者・入居者を決めて,その人へのケアを題材に学習・教育を深めることも 1 つの有効な方策である.

　そこで,新人・初任職員の OJT としては,まず第 1 に広く多くの仕事を経験するなかで,全員に共通的なケアの基本的方法や必要な業務内容の全般的な習得を目指す.このような基本的,共通的な内容については,あらかじめ必要な作業をリストアップし,内容を整理しておく必要がある.その職場内教育は,事前に Off-JT や SDS によって習得を促す工夫をするとともに,実際の仕事のなかで対象者全員に共通的な OJT を実施していくことが必要である.そのうえで,個人個人の進度や習得状況に応じた個別的指導を行うことになる.それとともに,第 2 に個々の利用者・入居者を深く理解して,適切なケアを行うことを目標に,個々の利用者・入居者へのケアについて指導を行うことで,その人への理解を深めながらケアを行う経験を積み重ねる職場内教育の計画が必要である.

4．職場内教育の意義

1）職場内教育（OJT）の有効性

（1）OJT の効果と課題

　OJT は実際の仕事をしながら教育を行う手法であり，①具体的・実際的訓練ができること，②継続的・反復的な実施ができること，③経費が少なくてすむこと，④教育を受けながら日常業務が継続できること，⑤上司や先輩が指導者であることで職場での協調や信頼関係が促進されること，⑥一般化されないその職場に特有な環境や手法などについて習得することができること，などが長所として挙げられている[2]．とくに，新人や初任者は，実際に仕事を経験しながらやり方を覚えていくことが必要であり，OJT は重要な役割をもっている．しかし，業務のなかで上司や先輩が OJT を担うということは，教える側である上司・先輩の考え方や教育方法に大きく影響されるということでもある．

（2）OJT の基本的方法

　OJT の手法としては，いくつかの技法や手順が開発されており，第 2 次世界大戦後にいくつかのルートでわが国に導入されてきた．ここでは，旧労働省によって輸入・普及が図られた TWI（Training Within Industry for Supervisors）に沿って，考え方，手法等について述べる[2,3]．

　TWI では，業務の監督者向けに，JI（Job Instruction；仕事の教え方），JM（Job Methods；業務改善の方法），JR（Job Relations；人との関係），JS（Job Safety；仕事上の安全）の 4 つの課程による研修によって，OJT の方法を習得するようになっている．そのうち，JI が OJT の方法そのものの研修であるが，教育方法だけでなく，その背景となる業務改善や職員との関係を含んでいる[4]．

　JI では，4 段階の教育方法をとる．①課題の提示等の「習う準備をさせる」段階，②作業ステップの提示や演示を行う「作業を説明する」段階，③学習者の誤りを直しながら正しい仕事ができるまでやらせる過程である「やらせてみる」段階，④1 人で通常の仕事をやらせながら指導する「教えた後をみる」段階となっており，業務のなかで教えて，実際にやらせてみて指導するという段階的な教育方法を踏むことが提唱されている．

　実際に教え始める前の準備として，作業の分解とそれに基づく作業訓練表を作成することになっている．仕事を習得する段階にある新人・初任職員に対する OJT では，この準備における計画が重要であり，計画的実施が欠かせない[3]．とくに，その対応等のコツや急所を明確にしておくことが重要であり，①成否（うまくできるために必ず必要なこと），②安全（利用者・入居者等と職員の両方の安全），③やりやすさ（うまくできるためのコツ等）などについて，「どのようにしたらうまくいくか」をつかめるように指導する．このような課題と方法の分解をしておき，急所を明確にしておくと，教える対象者のレベルに応じて，学んでもらう内容を明確にできる．

（3）OJT の実施上の課題

　現在行われている OJT による人材育成は，短期間に効率的に一定以上の技術をもった人材を育成するための手法として米国で開発された方法を第 2 次世界大戦後に輸入し，さまざまな産

業領域に導入され，発展してきたものである．一方で，わが国では伝統的に技術を必要とする分野（芸能，武道，工芸など）においては，「徒弟制」による技術の継承が行われてきた．徒弟制とは，高度な技術をもつ師匠に弟子入りして，生活を共にしながら，長い時間をかけて師匠の模倣をすることで必要な技術や知識を修得するとともに，仕事に対する態度や日常生活のあり方等も自然に学び，一人前に（かつ次の師匠に）育っていくという方法である．この人材育成方法は，論理的・言語的に教授するよりも，実技を模倣していくことが中心であり，積極的な教育的方法をとらない場合も多い．また，単元や学習の段階が不明確な非段階的な学習であること，技の修得に対する評価が具体的でなく根拠が明確に示されない等の評価が不透明であることを特徴としているといわれている[5]．また，この手法は，多くの人が脱落することを前提として，長期にわたって学びを継続できた少数の人を優れた技術者等にするために有効であり，指導者には少数の優れた人しかなることができない．また，養成できる人数は限られており，育成に時間がかかることが難点である（それが長所でもある）．

　OJTは，上級の知識・技術保有者である上司や先輩が直接指導を行うという点では，徒弟制に類似しているようにみえる．しかし，OJTは多人数の就労者を比較的短時間で一人前の技術者に育てることを目標にしたものであり，そもそも徒弟制とは異なる発想による人材育成法である．しかし，現実には伝統的な師弟制の特徴である「模倣中心」「教育的方法をとらない」「評価が不明確」といった特徴がOJTのなかでみられることが指摘されている．たとえば，仕事の指示を与えるだけで放置する（模倣の要求），すぐにできなければ急かしたり叱責したりする（教育的方法をとらない，評価の不明確さ），理由やコツを示さずとにかくやらせてみる（模倣中心であり，技術の理由や背景にある理由やコツは自然に修得されるという仮定）などである．OJTにおいて，脱落をなるべく避け，短期間に一定レベルに達するよう人材育成するためには，学習者本位の効果的な教育手法を用いる必要がある．

2）Off-JT，自己啓発（SDS）の効果と課題

（1）Off-JTの効果と課題

　Off-JTは，現在携わっている業務の内容にかかわらず，知識・技術を高めるのに貢献する教育方法である．個別の知識や技能を高めるためには，研修への派遣も有効であるが，職場での仕事の質の向上に役立てるのであれば，全員あるいは多くの人が参加可能な勉強会等として企画・開催するほうが有効である．とくに，職場での課題の解決のためにOff-JTを活用するためには，その状況に応じた研修を企画することが必要である．

　しかし，Off-JTで習得した知識や技術は，仕事で実際に生かす働きかけをしなければ，仕事の質の向上に必ずしも結びつかない．Off-JTで習得した知識や技術は使わないものと封印することも可能であり，知っていても実際やってみると応用できないことも多い．そのため，Off-JTの成果を仕事の質の向上に積極的に結びつけるために，職場での工夫が必要である．

　第1に，Off-JTの目的を事前に明確化することである．「研修に派遣しても仕事に変化がない」「内部で勉強会を実施しても参加者が少ない」などの声を耳にすることがあるが，これは，Off-JTの位置づけや活用方法があいまいなままであることが大きな要因であることも多い．

Off-JT の成果を仕事に生かすには，参加する研修・勉強会への派遣目的と，現在取り組んでいる仕事上の課題との関係を明確にすることが必要である．第 2 に，Off-JT の成果を実際の仕事のなかでの行動に反映させるには，Off-JT で得られた知識や技術を実際に仕事のなかで取り入れ（場合によっては業務改善を行い），一定期間後にその実施状況について評価するというプロセスが必要である．とくに，新人・初任職員であれば，OJT との連携を明確にして，研修内容を仕事上の教育に反映するような機会を設けることが必須である．第 3 に，仕事上必要な内容に関する研修に少人数または 1 人だけが参加した場合は，終了後に報告会や研修受講者を講師とした内部研修会等を行うことによって，その成果を必要な人が共有することが必要である．一部の人しか知らない知識や技術は，全体としての仕事の質の向上に生かされにくい．

　しかし，Off-JT には，直接的に仕事に直結する知識・技術の習得だけが期待されるのではない．その時点では直接仕事に結びつかない場合でも，仕事の背景にあるより広範囲な知識・技術あるいは態度（考え方）について，各自のキャリア段階に応じて修得することを狙いとすることも可能である．

（2）SDS の効果と課題

　SDS は個人的な学習活動を重視し，それを支援する仕組みである．職場における人材育成の目標像が「自分で判断できる専門的な職能をもった人物」であるならば，学習の機会も受身の姿勢のものばかりでは，知識・技術の習得や質の高い仕事をしようという自立性も生まれにくいであろう．職場での人材育成は，いいかえれば「学習支援」にほかならない．自ら学習しようというやる気（動機づけ）を高めることを組織的に支援する姿勢こそが，OJT や Off-JT を生かす原動力となり，SDS は欠かせないのである．

　SDS には，文献や教材を用いて自ら学習したり，他の事業所・施設等の見学をしたりすることが該当する．しかし，自己学習を始めるにはきっかけが必要なことも多く，学習を始めたとしても，継続するには動機づけを維持することが必要である．SDS の開始や継続の支援は，学習へのやる気（動機づけ）を引き上げ，維持するための環境整備が重要である．たとえば，知識や技術を効果的に学べるような視聴覚教材（ビデオ，DVD 等）や書籍・雑誌等を準備し，必要に応じてみられるような状態にしておくことが 1 つの方法である．さらに，知識や技術を系統的に効果的に学ぶために，通信教育や E-Learning（インターネット等を活用し教材を用いた学習法）の活用も有効である．

3）指導に必要な職場内教育（OJT）の技術

（1）「動機づけ」に配慮した人材育成

　仕事の質を高めていくには，やる気を高めることが必要である．やる気がなければ，いくら人材育成してもその効果が現れず，仕事の質も向上しない．では，やる気とはどのようなものなのであろうか．なにかを行動する原動力となる心理的要因を「動機づけ」という．仕事の質の向上を図り，効果的な人材育成を行ううえで，職員の仕事と学びへの動機づけの維持や向上が不可欠であり，人材育成の担当者は内発的動機づけや達成動機に関する理解が必須である（第 4 章-Ⅱ参照）．

　仕事や人材育成への動機づけを高めるためには，（a）仕事や学習の目標を明確にすること，（b）目標の価値を組織的に高めるために方針を明確にして職員間で共有すること，（c）目標の達成の期待を高めるために達成の方法を明確にすること，具体的には業務改善の工程表や人材育成のコース，方法等を明示すること，（d）目標や方法の決定への参加によって全体の方針や個々の目標や学習内容等について自己決定する過程を設けること，（e）目標や方法については，組織全体や個人個人にとって動機づけを維持できるように，適度なレベル設定をすること，（f）目標設定は遠大なものとせず段階的に設定し，目標達成を経験しながらステップアップしていくようにすること（スモールステップ），（g）教育担当者が個々の職員に働きかけていく際にはコーチング手法等の学習者のペースを尊重した方法を用いること，などの教育手法の工夫が考えられる．

（2）コーチングを活用した指導方法

　前述の TWI に基づく OJT の方法は，職場で共通した仕事の「技能」の習得を主とする教育方法である．しかし，認知症ケアの職場内教育では，ケアの背後にある認知症の人への態度や認知症ケアの理念の理解と 1 人ひとりの利用者へのケアに実際にそれが反映されることが重要である．徒弟制度では，技法の習得とともに長い時間をかけて（師匠と多くの時間を共にしながら）理念や態度を養成することで，一人前の技術者となるとともに，次世代に技術とともに態度や理念を伝える指導者を養成してきた．このような徒弟制で行われていた態度・理念等の教育過程を抽出して，コーチングを取り入れた現代的な教育手法が提案されている（認知的徒弟制）[6]．

　たとえば，認知症ケアにおけるコミュニケーションについての認知的徒弟制を導入した職場内教育を考えてみよう．認知症の人とのコミュニケーション方法は，表面的な技法を習得することで一定の成果を上げることも可能である．しかし，コミュニケーションについては，いつも同じ手法でうまくいくわけではなく，同じ人でも状況に応じて，あるいは異なる人にはまったく違う方法でアプローチしていくことが必要であり，うまくいかない場合には修正する柔軟性が必要となる．そこで，コミュニケーションの質の向上についての職場内教育の目標としては，認知症ケアの理念を反映して，その人の状態，生活歴，特性等を十分に知り，その時々の心理的状況をよく観察しながら，自らの振る舞い（行動，表情，声のかけ方など）の影響を考慮に入れて，工夫をしていくことが求められる．認知症ケアの多くは，一般的な知識や技術を基本にしながらも，相手や状況に応じて変化させていくための内省（自分がおかれている現状を自己観察して，振り返ること）と試行（内省の成果を生かして新しい方法にチャレンジしてみること），および評価（試行した結果について評価すること）の過程を循環させていく「省察的態度」を含む経験学習を必要としており，OJT においてもこのような働きかけが必要である（事例について表 4-2 参照）．

（3）グループワークやカンファレンスの活用

　ケアの指導については，その場での指導だけでなく，事後的な指導が必要になることが多いのが特徴であり，その充実を図る必要がある．OJT 担当者は，ケアの場面においてポイントを

表 4-2 認知的徒弟制の例（入居者 A さんとのコミュニケーション）

①モデリング（手本と観察）
　指導者が実際にどのような課題解決をしているか観察させるが，その際に背後にある考え方，知識等がわかるように示し，学習者が考える基盤を提供する．
・A さんとのコミュニケーションの様子をまずみせ，理由やコツを示す．
②コーチング
　学習者に実際に課題解決に取り組ませ，対話をしながら，自分の行動の意味や課題について気づきを促しながら，習得を図る．
・学習者が実際に A さんとのコミュニケーションを行い，その様子を観察した指導者と学習者が対話する．学習者のコミュニケーション行動の背景にある考えや理由（あるいは根拠なく行っていること）について振り返りを促し，自分への行動の課題や背景におくべき考え方に気づくようにコーチングを行う．
③スキャフォルディング（足場づくり）
　学習者が自分で考えて行動できるように支援する．学習者ができていないところに気づくようにして，学習の完成を目指す．自らの行動を内省したり，それを生かしたりしてうまくできる方法を自分で考えていく．
・学習者が A さんとのコミュニケーションに取り組み，その成果についてコーチングを継続する．学習者が自分で考え，内省してどのように取り組むのか考えることを促すことを中心とする．新しい試みが必要であれば，示唆することも有効である．
④フェイディング
　学習者が自分でできるようになるにつれて，指導者は手を引いていく．
・A さんとのコミュニケーションについて，対話を継続するが自分で工夫して成果を上げている目標が達成されれば，指導的にするのではなく，その取り組みを評価・肯定し，継続を励ます．この課題については，目標達成と判断すれば，学習過程は完了し，次の課題に進む．

つかんで観察しておき，後で学習者である職員と共に場面を振り返りながら，誤りを指摘したり，本人にどうしたらよいのか考えさせたりする働きかけが指導上重要な位置づけとなる．その際に，ケアのなかで必要なポイントやコツを教えることも必要であるが，自分で考えさせ，どうしたらよいのか案を考えさせるようなコーチングによる指導が効果的である．また，個別指導だけでなく，カンファレンス等の場を活用して，ケアの経験を振り返ることも有効な教育的手法である．

　職場内で基本理念にかなった行動やビジョンの達成のための行動の共有を行うには，チームでの討議が欠かせない．そのために，テーマに沿ったグループワークを行うことや，個別の利用者・入居者の課題やケア方法を検討するカンファレンスが，業務の遂行だけでなく，職場内教育上も大切な機会である．

　グループワークでは，ビジョンに沿ったケアの課題の発見，理念に違反した行動への対応などをテーマとして実施する．グループでの討議では，全員が参加して意見を述べ，合意を形成するための進行に工夫が必要である．

　カンファレンスでは，事業所・施設の職員全員が参加して行う大規模なものだけでなく，関係する数人でのミニカンファレンスを頻繁に行うことも有効である．相互の情報を共有し，ケアの方法を討議することで利用者・入居者への理解が深まり，教育的効果も生まれる．

(4) 中堅職員への職場内教育（OJT）

　新人・初任の職員は，先輩である中堅職員の行動をよくみており，そこから自らの仕事への取り組み姿勢や仕事のために学習を行う必要性について，見通している．新人・初任職員への

OJT 等を担当する過程で，中堅職員の職務への基本的態度は大きく影響を及ぼす．新人・初任職員に効果的に職場内教育をしていくためには，中堅以上の職員が自らもケアの質を向上させていき，そのために知識や技術を学んでいく姿をみせることが必要である．中堅職員に対しては，新人・初任職員のようなていねいに段階を踏んで行う OJT は，内容的にも動機づけの観点からも適しているとはいいがたい．また，自主的に仕事の質の向上につながる行動をしていくことが望まれるキャリア段階でもある．そこで，中堅職員への職場内教育は，より職員主体のものととらえ，自主的な「学習」を支援する観点が重要である．もちろん，管理・運営的な業務については，「上司が教える」という方法も 1 つであるが，それだけでなく，職場全体でさまざまな自主的に学び合う場をつくることを支援することが重要である．たとえば，業務改善の委員会活動を行っている事業所や施設は多いが，委員会活動の場を業務の質の向上の取り組みとだけ位置づけるのではなく，相互学習の場として位置づけることも職場内教育の方法として有効である．こうした仕事の質の向上と学習の両面を目指した活動は，ワークプレイスラーニング（Work Place Learning；WPL）とよばれ，「個人や組織のパフォーマンスを改善する目的で実施される学習その他の介入の統合的な方法」とされている[7]．このような活動を通じて，ビジョンに沿ったケアの質の向上について，中堅以上の職員の自主的な学習を促進していくことが必要である[8]．

5．職場内教育（OJT）の実践方法
1）職場内教育（OJT）のための介護職員の評価方法
（1）評価の方法

　学習の評価には 2 つの側面がある．1 つは，学習者が用意された学習過程を経て，どの程度必要な事柄を習得したかということをテストするという「学習者の評価」という側面である．もう 1 つは，その学習の過程が学習者をどの程度伸ばすことができたのかという「指導方法の評価」という側面である．職場内教育では，人材の能力を向上させ，仕事の質を上げるという現実的な目標達成のために行っており，評価は後者の「指導方法の評価」という側面を意識しなければならない．

　また，学習目標の評価は，学習者の学習成果によって評価をすることが必要である．職場内教育における学習の成果とは，「仕事の質の向上」であり，「認知症ケアの質の向上」である．そのためには，学習者の仕事ぶりをよく観察し，そして学習者本人にも話を聞き，理解の度合いや考え方を聴くことが必要となる．

　認知症ケアの質の向上については，アセスメント，コミュニケーション，ケア，行動・心理症状（BPSD）への対応……など，行為を分解して評価するだけでなく，ケアの対象となった認知症の人がよい感情を保ち，自立的に生活を送っているのかという総合評価が重要である．総合評価の基準は，学習計画の背景にあるビジョンや理念に基づく達成度によって評価することになる．そのため，各学習段階や内容ごとの学習の記録と評価を合わせて，総合的に達成度の評価を行い，よかった点，課題となる点を明らかにする手法も用いることが有用であろう．

このような長期的な行動の成果や評価を集めて，総合的に評価する手法をポートフォリオ評価という．

(2) 評価を設計するうえでの留意点

どのような評価をするかという情報が学習者の間に広まってくると，その評価に応じた学習への態度に変化していくという影響がある．したがって，理念やビジョンを重視するのであれば，その基準に沿った評価をする必要がある．また，自己評価と他者評価は食い違うことも多い．他者評価はOJT担当者が行うことも多いが，他の先輩や上司からの第三者評価とその人との面談の機会を入れたほうが，公平性が高まり，改善点を指摘された学習者本人も納得しやすい面がある．

前述のように，学習者の評価は学習過程の適切さの評価でもある．OJT担当者の指導方法や学習者評価への評価や職員向けの職場内教育に対するアンケート調査など，職場内学習の過程に関する質の向上策を講じておくことも重要である．

2）人材育成の課題設定

(1) 理念を反映したビジョンによる職場内教育（OJT）の課題設定

理念を組織内で共有することは必須であるが，理念自体は抽象的であるという特徴がある．「利用者の生活の質を高める」「利用者本位」「尊厳の保持」「パーソン・センタード・ケア」といった理念は大変重要なものであり，その言葉自体を共有することも必要である．しかし，具体的には，それらがどのような状態なのかを定義しにくく，職場でその理念が達成されているかどうかの評価を行いにくい．達成の評価がむずかしい目標や考え方は，具体的な達成評価を伴う目標とはなりにくい．そこで，理念の共有を図るために，ケアの質の向上という方針を組織的に共有するためには，その原動力となる具体的目標を明確にすることが必要となる．理念を具体化し，具体的かつ達成の評価が可能な目標を「ビジョン（vision）」という．ケアのビジョンは，ケアの方法のあり方ではなく，ケアの結果である「利用者の生活像」を目標とするものである．

理念を具体化した目標であるビジョンを作成・共有することによって，それを達成するための業務改善の計画のなかで人材育成が位置づけられ，ビジョンの達成に応じた職場内教育（OJT）の評価が可能になる（表4-3）．

(2) キャリアパスに基づく職場内教育（OJT）の課題設定

長期的なキャリアの見通しであるキャリアパスに基づく，キャリア階層別の職場内教育も職場内教育を計画し，その成果を評価するにあたって重要な位置づけになっている．介護職員のキャリアパスの作成が勧められているのは，介護職員の職業人としてのキャリアの見通しを明確にし，自らの価値を向上させるための学習目標を明確にして，学習意欲を高め，仕事への動機づけを維持・向上していくことが大きなねらいである．キャリアパスには，キャリア段階別の業務達成目標や標準的学習内容（そのキャリア段階で学習すべき内容等）が必要とされており，それに沿った職場内教育も進めていく必要がある．とくに，入職後〜3年目ぐらいの新人・初任職員においては，ケアについての仕事の質を高めることが目標になっていることが多いは

表4-3　ビジョンから職場内教育への流れ

・理念の共有
　　パーソン・センタード・ケア，尊厳の保持など
　　　　　↓
・ビジョンの共有（半年・1年程度の短期目標）
　　認知症の人の具体的な生活像の目標
　　　　　↓
・ビジョンに基づくケア方法（改善）の方針・取り組み
　　事業所・施設全体としてのケアの質を高める取り組み
　　1人ひとりの利用者・入居者へのケアの質を高める取り組み
　　　　　↓
・人材育成の企画・実施
　　ケアの質を高めるために必要な知識，技術，態度の育成計画
　　　　　　　　　↓
　　　　　　　ビジョンの達成評価
　　　　　　　　　↓
　個々の職員への職場内教育の達成評価→全体的な職場内教育の評価

ずである．

　キャリアパスに基づく学習は，階層別の標準的学習目標や学習計画に沿って，各職員は階層に応じた学習に取り組み，それを職場内教育で支援することによって，個人ごとに成果を評価する必要がある．

(3) 認知症ケアの理念に基づく職場内教育（OJT）の課題設定

　ビジョンに沿って組織的に具体的なケアの質の向上に取り組むだけでなく，日々のケアのなかでパーソン・センタード・ケア等の理念に沿った行動をとることを共有していくことが，認知症ケアの質の向上のための職場内教育として重要である．とくに，認知症の人と相対したときに，認知症の人の尊厳を傷つけて，ケアを困難にするような行動をしないことが認知症ケアの職場内教育の基本としてまず必要である．ケアの質を維持する意味でも，ケアの倫理を浸透させる意味でも，虐待的な行動を発生させないためにも，どの職場でも職場内教育の課題として取り組むべきである．

　たとえば，パーソン・センタード・ケアの提唱者トム・キットウッドは，認知症の人のその人らしさを阻害する介護者の対応として，17種類の「悪性の社会心理」をもたらす対応を挙げている[9]（表4-4）．たとえば，認知症の人が失敗したときに大きな声を出して制するような対応は，「おびやかす」に該当し，認知症の人を萎縮させて自発的な行動を失わせてしまう危険性がある．また，認知症の人がやろうとしていることを先回りして手伝ってしまう（急かす），説明しなかったり同意をとらなかったりして介護者の都合でケアを進めてしまう（できることをさせない）といったことにはなかなか気づきにくい．認知症ケアの理念に沿ったケアを目指していくためには，こうした日々の対応の質を上げていくことが重要であり，職場教育の大きなテーマとすべき事項である．このような対応がみられる場合には，個人に指導を行うとともに，チーム全体の問題として共有することも大切である．

表4-4　キッドウッドによる悪性の社会心理をもたらす対応

　1．だます
　　その人の関心をそらしたり，その人に何かさせたり，言うことを聞かせるために，だましたりごまかしたりすること．
　2．できることをさせない
　　本人がもっている能力を使わせないこと，本人がやりはじめた行為を最後までやり遂げる助けをしないこと．
　3．子供扱い
　　無神経な両親が幼児を扱うように，保護者的態度で接すること．
　4．おびやかす
　　おどしたり，力ずくで，その人に恐怖心を抱かせること．
　5．レッテルを貼る
　　本人と関わるときや，本人の行動を説明するとき，認知症といった診断区分をおもな分類として使うこと．
　6．汚名を着せる
　　本人をあたかも病気の対象，部外者，落伍者のように扱うこと．
　7．急がせる
　　本人がとても理解できないほど速く情報を提供したり，選択肢を提供すること．本人ができる以上の速さでものごとをさせようと圧力をかけること．
　8．主観的現実を認めない
　　本人が経験している主観的現実，とくに本人の気持ちを理解しないこと．
　9．仲間はずれ
　　物理的に，あるいは心理的に本人を追いやり，排除すること．
　10．もの扱い
　　生命のない塊のように本人を扱うこと．その人に感覚があるとは考えず，押したり，持ち上げたり，食べ物で口を一杯にしたり，食べ物を口に流し込んだり，排泄させること．
　11．無視する
　　その人がその場にいないかのように，本人の前で（会話や行為を）続けること．
　12．無理強い
　　本人に何かを強いること，要求をくつがえしたり，本人の選択の機会を否定すること．
　13．放っておく
　　願いを聞こうとしない，明らかなニーズを満たそうとしないこと．
　14．非難する
　　本人の行動や能力不足から起こる行動の失敗を非難することや，本人が状況を誤解したことを非難すること．
　15．中断する
　　本人の行為や考えを突然妨げたり，妨げて不安にさせること．露骨に本人なりの行為や考えを止めさせること．
　16．からかう
　　本人の「おかしな」行動や言葉をあざけること．恥をかかせる，本人をだしにして冗談を言うこと．
　17．軽蔑する
　　能力がない，役立たず，価値がないなどと本人に言うこと．その人の自尊心を傷つける発言などをすること．

出典）トムキッドウッド著，高橋誠一訳：認知症のパーソンセンタードケア：新しいケアの文化へ，筒井書房，東京（2005）．

3）受講者による学習目標の設定

　学習は自主的に行われることが望ましく，押しつけと感じさせてしまうと内発的動機づけが低下してしまう．また，学習の目標も受講者自身が自己決定できることが達成動機の向上の観点からも望ましい．そのため，1年程度の短期的な学習の目標を職員が自ら策定し，上司やOJT指導者と面談することで学習の目標とする取り組みも行われている．

　職員が個人の目標を立てる場合には，キャリアパスに設定された能力や行動を参照しながら

表 4-5　職場内教育の計画の構造

第1段階　共通的・標準的計画（1年単位） ビジョンに基づく業務改善を支援する職場内教育計画 キャリアパスに基づく層別標準学習計画 ↓ 第2段階　職員別の学習計画（3か月単位） 担当する利用者・入居者，職員ごとの学習課題に応じた計画 ↓ 第3段階　育成担当者による指導計画（1か月・1週間単位） 職員ごとの学習状況に応じて，学習すべきことを短期的に働きかけるための教育計画（育成記録において計画する）

注：期間は例示であり，課題に応じて設定することになる

行われる．通常，キャリアパスは経験年数については数年の幅をもち，そのなかで達成すべき能力や行動あるいは資格等が記載されていることが多い．したがって，そのなかからどのような順で修得を進めていくのか，自己決定によって目標設定できるとよい．目標設定は「・・・ができる」ということを明確に示すことによって，本人も評価者も達成の理解が共有できるように設定することが望ましい．

4）人材育成の課題に応じた指導計画

（1）職場内教育（OJT）における学習計画の立案

職場内教育における学習計画（職場内教育を計画する側の立場から「育成計画」ということも多いが，ここでは職員の自主的学習を促進するという立場から「学習計画」という）を立案する過程としては，3つの段階が想定される（表4-5）．第1に，職場全体の職場内教育に関する目標や計画の設定が必要である．第2に，職場全体の目標や計画に対する職員1人ひとりの取り組みに関する学習計画を立案することになる．第3に，職員1人ひとりの取り組みに対するOJT担当の職員により，目標に対する達成評価と見通しをつけることによって，当面行うべき課題や指導方針等を明らかにした短期学習計画が作成される（一般的には教育担当者が記録する育成記録と一体的になっている）．

（2）ビジョンに基づく職場内教育（OJT）に関する学習計画

職場全体の職場内教育の目標や計画については，作成したビジョンの達成のために取り組む業務改善をサポートするために職場内教育を位置づけ，職場全体としての職場内教育への取り組みを計画することが必要である（表4-6）．職場内教育は，業務改善が円滑に進むようにサポートする役割であり，業務改善の計画スケジュール方法に応じて時期や内容を位置づけることになる．この場合の職場内教育の役割は，ビジョンの達成のために業務改善をサポートすることにあり，ケアの質の向上に結びつきやすいといえる．たとえば，新しいケアへの取り組みに対する新しい知識・技術・態度の習得を支援することで，業務改善を実施するために必要となる知識や技術だけでなく，取り組みへの動機づけを高める効果も期待できる．また，ケアの質の向上を含んだ業務改善では，組織全体のケアの方法や環境整備について見直しを行い，最終的には個々の利用者・入居者に対するケアプランを見直し，個々の利用者・入居者に新しいケア

表4-6　ビジョンに基づく業務改善と職場内教育の取り組みの例

理念：認知症の人が，主体的な生活を送ることができる
①短期ビジョンの策定（職員が課題を出し合い決定）
楽しく，自律的に食事ができる（達成時期：1年） 　↓
②環境やケアの方針
食事の場を楽しい場にする
本人の自発性を重視した食事ケアを行う 　↓
③ケアの方法
食事の場としての環境を整える（委員会を構成し，検討して提案する）　　　3か月
支援が必要な人へのケアについて見直す
「機能の再アセスメント」→ケアプランの見直し（カンファレンス）　　　3か月
利用者主体のケア方法への改善：「説明・話す」，「少し待つ」，「よく観察する」　6か月 　↓
④職場内教育の計画と実施（業務改善のスケジュールに応じて配置する）
（1）パーソン・センタード・ケアの理念の再確認（それに基づく食事の場やケアの再検討）
（2）嚥下・口腔機能に関する学習会（歯科医師等を招いて指導を受ける）
（3）利用者主体のケア方法に関する検討会（基本的な方法を確認する）
（4）個々の利用者に対するケア場面でのOJT・コーチング

の方法を導入していく必要がある．そのため，職場内教育の方法も Off-JT だけでなく，ケアの実施場面における OJT や個々の利用者の課題を検討するカンファレンスが欠かせず，個々の職員のケア場面を想定した OJT による学習計画を策定することが必要になる．

（3）キャリアパスに基づく職場内教育（OJT）の学習計画

　キャリアパスに沿った職場内教育においても，目標は単に知識・技術・態度が身についたことだけが評価対象ではなく，1人ひとりの利用者・入居者へのケアの質が実際に向上することにある．そのため，学習過程には利用者に対するケア場面における OJT の導入が必要であり，OJT の実施においては，対象となる利用者・入居者のケアの課題と，職員1人ひとりのケアの課題の両面に配慮した個別の学習計画の作成が必須である．学習課題によっては，利用者・入居者全体へのケアを対象として OJT を行うことも想定されるが，認知症ケアにおいては1人ひとりの利用者・入居者の理解を深めケアを行っていくことが重要である．1回の育成の期間においては，1人の人へのケアを深めるほうが，パーソン・センタード・ケアの理念にも合致すると同時に，指導を受ける側も行う側も，学習において課題が明確になりケアの質に関する学習を進めやすい．

（4）ケアの質を高めるための学習計画作成の過程

①目標設定

　学習に取り組む職員（学習者とよぶ）が担当する利用者・入居者のケアにおいて，ビジョンの達成やキャリアパスでの課題設定に沿って，学習して習得すべき目標について，明らかにする必要がある．また，育成期間をあらかじめ決めておく必要がある．

②計画の作成・実施・段階別評価

　目標に沿って，それぞれの目標を目指して学習する段階を設定し，その期間を設定する．学習者は，その期間の利用者・入居者へのケアについては，もちろん学習計画に設定したこと以外のことも行う必要があるが，学習者にとっては学習計画の内容が仕事上の重点課題という位置づけになる．

- ・重点的にそれぞれの目標や学習に取り組む期間：期間は，実際には学習の達成状況によって変化しうるが，目安として定めておく必要がある．
- ・その段階の到達目標：学習目標に対応した段階的な目標設定や学習課題を位置づけ，その段階で取り組むべき目標を明確にする．
- ・学習方法：ケアの実践的な学習はOJTを中心とするが，予定されていた職場内研修などのOff-JTを計画に組み込み，その研修の位置づけを明確にすることも計画の役割である．また，ビジョンの達成をもとにした学習計画では，個人的な取り組みだけではなく，チームによる検討についても学習機会と位置づけることができる．しかし，最終的には「自分でできる」ということが，自立的に仕事をするうえでの重要な目標であり，個人的な取り組みとOJTを学習計画に位置づけておく必要がある．
- ・学習内容：到達目標に含まれるケアの方法や内容やコツなどについて，学習すべき内容として明らかにしておく．
- ・評価：それぞれの段階について，自己評価と教育担当者の評価（他者評価）を行い，対話することで評価の内容について共有していくことが必要である．学習目標の達成状況を評価するとともに，課題として残された点を明らかにしておくことも重要である．
- ・OJTの実施にあたっては，先述のOJTの標準的技法だけでなく，認知的徒弟制のようなコーチングを中心として省察的思考を促す指導が有効であると考えられる．教育担当者は，育成記録を作成して，OJTの指導と学習の進行状況を記録するとともに教育的手法の工夫について短期的に計画して，働きかけを行っていく必要がある（育成記録／図4-2）．

(5) 学習計画の事例

図4-3〜4-4に2つの計画事例を示した．

①ビジョン達成のための学習計画の例（図4-3）

　表4-6のビジョンの達成のための職場内教育について，個々の利用者に対するケア場面でのOJT・コーチングを含む個人の学習計画として立案した．

　食事の介助に関するEさんへのケアプランの変更とケアの質の向上について，カンファレンスを行うチームに参加するところから学習計画としている（WPLに該当する）．しかし，チームに参加するだけでは，本人のケアの質は必ずしも向上しないため，そこで取り決めた方法に沿ってケアができるかどうか，チームの先輩メンバーをOJT担当者として，実際のケア場面におけるOJTを学習計画に組み入れた．利用者のペースに沿った基本的ケアの質の向上と自立促進のための取り組みにチャレンジしておくことを目標としている．

学習者氏名：			教育コース名：		
日付	担当	学習内容	指導のポイント	課題・次回指導に向けて	

図 4-2　育成記録の様式の一例

x殿　　2年目・ビジョン	学	◎ビジョンに基づく食事ケアの改善(チーム学習)
	習	対象：Eさん(食事：一部介助)
育成予定期間(6か月)	目	・自立を支援する
平成28年10月1日	標	・利用者のペースに合わせたケアを行う
～平成29年3月31日		・楽しく食欲がわく食事場面とする

期間	到達目標	学習方法	学習内容	自己評価	他者評価
10／1 ～10／31	Eさんの行動を再アセスメントして自立の目標を設定する	チーム学習	食の自立に関するアセスメント・カンファレンス		
11／1 ～12／31	Eさんのペースに応じた食事介助を実施する・楽しい食事の場作り	OJT(個人)	利用者のペースを優先するケア方法，楽しい食事の場づくり		
1／1 ～2／28	可能な限りできることを支援する(アセスメント結果に応じた具体的目標)	OJT(個人)	自分で食事を進めることの支援		
3／1 ～3／31	総合的に実施する，取り組みの評価を行い改善する	チーム学習	これまでの成果を評価して改善する		
評価	目標の達成度(総合) 次の課題・・・				

図 4-3　ビジョンに基づく学習計画の例

②キャリアパスに基づく学習計画の例；特定課題に基づくもの（図 4-4）

別途に定められたキャリアパスに基づき，入職半年後の職員に認知症の人の行動・心理症状（BPSD）に対する対応力の向上を目標にした学習計画である．この課題について，1人の利用者（Aさん）を選定し，アセスメントから行動・心理症状（BPSD）の生じる原因や状況について自ら考えて対応策を OJT 担当者と考えるところから始め，途中にもともと開催予定であった職場内研修である「行動・心理症状（BPSD）への対応」で理解を深める構成になっている．ケア場面における OJT としては，普段のコミュニケーションで関係を形成することを先行させ，そのあとに行動・心理症状（BPSD）が生じたときに対応することを指導の対象とする計画となっている．1年目の職員であるため，OJT の方法は OJT 担当者がコミュニケーションや行動・心理症状（BPSD）への対応について，やってみせ，それを参考にケアに取り組み，事後に OJT 担当者からの指導を受ける通常型の OJT が可能であるが，単に技術や動作が形骸化

Y殿　1年目③・行動・心理状(BPSD)　育成予定期間(3か月)　平成28年10月1日　～平成28年12月31日		学習目標	◎行動・心理症状(BPSD)への適切な対応ができる(対象：Aさん)・認知症ケアの理念と方法を理解する・アセスメントから行動・心理症状(BPSD)への理解を深める・普段のコミュニケーションができるようになる・行動・心理症状(BPSD)時に理解に基づく対応ができる.		
期間	到達目標	学習方法	学習内容	自己評価	他者評価
10／1〜10／15	Aさんのアセスメント結果から行動・心理症状(BPSD)への理解を深める	OJT	行動・心理症状(BPSD)への理解と対応方法への考え方		
10／5	行動・心理症状(BPSD)の理解と対応	Off-JT	行動・心理症状(BPSD)に対する基本的理解と対応方法を学ぶ		
10／16〜12／31	Aさんと普段の時間にコミュニケーションを深める	OJT	認知症の人との話しのコツ,傾聴の姿勢		
11／1〜12／31	Aさんの行動・心理症状(BPSD)に対して,理解に基づく対応ができる	OJT	行動・心理症状(BPSD)への理解と対応の実践		
評価	目標の達成度(総合)　次の課題・・・				

図4-4　キャリアパスに基づく学習計画の例（特定の学習目標）

しないように，最初に自らどのように対応するか考える段階を設けている．

　1人の人とのコミュニケーションや対応をOJTの対象にしているが，もちろん他の利用者へのケアも仕事として並行して行っているのはいうまでもない．学習とその指導の対象としては，1人の利用者に絞ったほうが深いかかわり合いを経験できる．また，利用者1人でこの学習課題について終了するのではなく，次には別の利用者（行動・心理症状（BPSD）への対応がむずかしい人）へのケアを題材に同様の計画を立案して，学習を進めていくことも可能である．

【演習1】
　新人職員に対する1年間の認知症ケアの職場内教育について，それぞれのサービスの種類に即した総合的な育成計画を立案してみましょう．
　・学習目標と評価基準（1年後にできること）
　※1年間を3月ごとの4つの学習期間に分割して育成計画を作成してみましょう．
　・知識に関するOff-JTの計画
　・ケアの実行に関するOJTの計画
　　OJTの中心的なテーマ（学習目標）
　　　（例：認知症の人とのコミュニケーション）
　　指導方法のアイデア・工夫

【演習2】
　OJTを担当する中堅職員に求められる①学習目標（できるようになってほしいこと），②OJTに求められる基本的態度，③必要となる知識・技術について整理してみましょう．
　※できればグループワークによって，意見を出し合いながらまとめていきましょう．

Ⅱ．職場内教育（OJT）の方法の理解

学習の Point

認知症ケア実践者の技術向上は，ケア実践時のスーパービジョンや個別指導等の職場内の指導による教育が有効であり，実践リーダーには職場内教育を実践し，チームケアの質の向上を達成する役割が期待されている．本科目は，人材育成技法における職場内教育（OJT）の技法の意義や方法と有効性を理解し，認知症ケアの指導技術の習得を目的としている．

職場内での人材育成を効果的に行うためには，それに適した方法を習得して活用することが有効である．本章では，全体を統合する視点としてのスーパービジョンについて概観した後に，面接技法，ティーチング，コーチングの各技法について解説する．これらの技法は，相手や状況に応じて，意図的に活用できるように繰り返し訓練して習得することが望まれる．

キーワード：スーパービジョン，面接技法，ティーチング，コーチング，OJT

1．職場内教育（OJT）の指導技法

1）スーパービジョンの理論と技法の理解

（1）スーパービジョンの定義と特徴

①スーパービジョンの定義

一般にスーパービジョンとは，「**スーパーバイザーが，スーパーバイジーに対し，専門的な知識・技術・態度の変化・成長を意図して直接的に行う働きかけの過程**」であり，名詞系として「スーパービジョン」，動詞形として「スーパーバイズ」という言葉が用いられる．スーパービジョンの形態のひとつとして個別スーパービジョンがあるが，個別スーパービジョンはスーパーバイズを行うスーパーバイザーと，スーパーバイズを受けるスーパーバイジーとの2者関係で成り立つ．多くの場合，スーパーバイザーとスーパーバイジーはともに同一分野の専門職であり，原則としてスーパーバイザーがスーパーバイジーよりもその分野についてより高度な知識・技術・経験を有している場合が多い．たとえば，ユニットリーダーがそのユニットの介護スタッフに対して介護の指導を行う場合などが想定できる．なお，このような同一の専門性をもったスーパーバイズ関係によるスーパービジョンを「同質性スーパービジョン」といい，スーパーバイザーとスーパーバイジーの専門性が異なるスーパーバイズ関係によるスーパービジョンを「異質性スーパービジョン」という．なお，実践リーダー研修修了者に期待される主な役割は，職場内の実践者研修修了者やその他のスタッフに対する職場内スーパービジョンである．

②スーパービジョンはプロセスである

前述のスーパービジョンの定義におけるポイントのひとつは，スーパービジョンが「働きかけの過程」であるという点である．これには2つの観点が包含されている．すなわち，(a)スーパービジョン特有の方法があるわけではない（スーパービジョンは方法ではなくプロセスである），(b)スーパービジョンはスーパーバイザーの一方的な働きかけのみで成立するものではない（スーパービジョンはバイザーとバイジーの相互作用を前提とする）という2点である．

　（a）については，定義にあるとおり，スーパービジョンは「働きかけの過程」であり，特有
の方法をもっていない．スーパービジョンとの関係では後述の「面接技法」「ティーチング」
「コーチング」等の方法があり，それらを活用して働きかける過程をスーパービジョンという．
　③状況に応じて方法を選択することが必要
　スーパービジョンを展開するにあたっては，特定の方法に固執する必要はない．自分と相手，
そして状況（時間や場所，その他の要因）に合わせて，スーパービジョンにおいて採用する方
法を選択することもスーパーバイザーに求められる力量のひとつである．なお，いずれの方法
を選択しても，スーパービジョンのプロセス自体は進むかもしれない．しかし，「効果的な」
スーパービジョンをしようとしたときには，スーパーバイザーには，スーパービジョンのため
の方法（モデル）を身につけることが期待される．実践リーダー研修修了者には，スーパービ
ジョンを広くとらえ，まずは積極的に展開してほしい．そして，研修での成果を実践の場で展
開・応用することを繰り返すなかで，少しずつでも「効果的な」スーパービジョンができるよ
うになることを期待したい．
　④相互作用の重要性
　さて，スーパービジョンが「働きかけの過程」であるという定義には，②にあるとおり，
「スーパービジョンはスーパーバイザーからの一方的な働きかけだけでは成立しない」という意
味が含まれている．スーパービジョンでは，スーパーバイザーとスーパーバイジーによるさま
ざまなやり取りの結果，スーパーバイジーに意識変容が起こり，それが行動変容となって現場
で結実することを目指すのである．現場でのスーパーバイジーの行動変容が起こってこそ意味
があり，より本質的にはスーパーバイジーが支援する対象者（たとえば認知症の人）にとって
有益な効果が得られるということが最終ゴールとなる．スーパーバイザーが単にスーパーバイ
ジーに伝えたいことだけを一方的に伝えても，多くの場合そのスーパービジョンの過程はスー
パーバイザーの自己満足で終わるであろう．同様に，スーパーバイザーがスーパーバイジーと
相互作用せず，スーパーバイジーに無理に行動変容を強要すると「短期的には効果があるがす
ぐに元に戻る」ということにもなりかねない．さらに，「スーパーバイジーの行動は変わったけ
れども，スーパーバイザーが望む行動をするようになっただけで，スーパーバイジーが支援す
る対象者にはまったく変化がない（あるいは極端な例ではかえって状態が悪化する）」というこ
とすら起こりうる．スーパーバイズの過程でスーパーバイジーの気持ちや考え，疑問を引き出
し，それに対するティーチングやコーチングを行うからこそ，現場で有益な行動変容が起こる．
そういった意味で，スーパーバイザーはスーパーバイジーと相互作用するということをスタン
スとして身につけていくことが望まれる．
　⑤ターゲットの二重性
　スーパービジョンの成果が現場の利用者に届くためには，スーパーバイザーは目の前にいる
スーパーバイジーだけではなく，そのさきにいる対象者を見据えてスーパーバイズを行う必要
がある．このように，スーパーバイズにおいて一次的なターゲット（対象者）はスーパーバイ
ジーであるが，スーパーバイズを通して二次的に対象者を支えるという側面があり，このこと

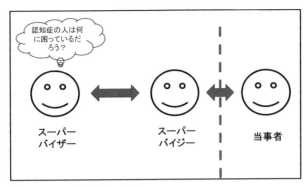

図 4-5　ターゲットの二重性

は,「ターゲットの二重性」[10]といわれる（図 4-5）.

　スーパービジョンではターゲットの二重性により,「スーパーバイザーが, スーパーバイジーの意識や行動の変化にのみ着目してしまい, スーパーバイジーがかかわる認知症の人によい効果があるかどうかの視点が抜ける」「スーパーバイザーが, スーパーバイジーから得られた情報が必ずしも事実でなく, 一面的な情報であることに気づかない」といった問題が生じがちである. スーパーバイザーは, 目の前にいるスーパーバイジーの指導に注力するあまり, そのさきにいる対象者を忘れた指導にならないよう常に意識しなければならない. スーパーバイジーがとらえている対象者像を想像しながら, 実際の対象者をイメージし, それを比較することによって指導ポイントを明確化する必要も出てくる. そういった観点からも, スーパービジョンにおいて, スーパーバイザーが常にターゲットの二重性を意識することは非常に重要となる.

　⑥本論の関心の範囲

　スーパービジョンについては, スーパーバイジーに対する直接的な働きかけだけでなく環境（ケアの体制等）を整えるような働きかけを含む考え方がある. しかし, 実践リーダー研修では, OJT においてスーパーバイジーに直接的に働きかけるための知識と技術を習得することを主たる目的としている. そのため, 本論では職場の組織に対する働きかけ等の環境調整は, 中心的な関心事とはしない. なお, これはスーパービジョンにおける環境調整の重要性を否定するものではない. 実践リーダー研修の受講者には, これからリーダーになる予定の人から, 熟練のリーダーあるいは管理者クラスの専門職が含まれる.「初任のリーダーであっても, 自らの職務の権限の範囲で実践リーダー研修で学習した内容を活用できる」ことを考え, OJT に重点をおいて解説している.

　⑦スーパービジョンと契約

　スーパービジョンについては, ほとんどの論者が, スーパーバイザーとスーパーバイジーが「契約」を行い「スーパーバイズ関係」を結ぶことを前提としている. 関係性を明確にし, 目的を共有したうえでスーパービジョンを行うことにより, スーパービジョンが有効に機能しやすい. スーパーバイジーからの相談は, ともすると職務の範囲を超えた内容になる場合もある.

そのようなときに，職務の範囲を超えてスーパーバイザーがスーパーバイジーの問題を抱え込まないようにするためにも，スーパーバイザーが職務の範囲を超えてスーパーバイジーの問題に踏み込まないためにも契約は重要になる．また，スーパーバイジーに対してどのような方法でスーパービジョンを行うかについて説明し，同意を得ることによって，スーパービジョンに関してスーパーバイジーが主体的に関与することが可能となる．合わせて，そのような具体的な説明と同意を得てからかかわるプロセス自体から，対人関係の基本姿勢としての説明と同意の重要性についての学びを得ることもできるであろう．さらに，一般的に契約の過程には，どのような方法でスーパービジョンを行うのかという方法論についての約束も含まれる．そういった過程を踏むことは，スーパーバイジーが教育技法に関しての知識を得ていく機会にもなり，なにを教えられたのか，学習をどのように生かすのかということを考えるうえでも重要である．

　一方で，現場でリーダーからチームのメンバーに対しての指導はあらゆる場面で行われている．植田[10]は，「当事者に質の高い援助を提供するために，すべての対人援助職場で人材育成や人材活用を目的とした取り組みが行われているはずです．それはすべてスーパービジョンなのです」と述べ，契約に基づくスーパービジョン関係を理想としながらも，現場で行われる教育的なかかわりを広くスーパービジョンととらえている．このように，リーダーが職務上の役割として部下であるスタッフの人材育成を担っているケースも多いであろう．本章においても，そのような実態に則してスーパービジョンが行われることも想定して解説したい．

（2）スーパービジョンによる人材育成の意義
①そのとき，その場でスタッフに合わせて指導できる

このようなスーパービジョンは，職場内研修の有効性でも述べたとおり，職務を離れて実施されるOff-JTと異なり，現場において人材育成が行われるがゆえの効果が期待できる．

【事例1】
　特別養護老人ホームに住むアルツハイマー型認知症のNさんは，近時記憶障害があり，3分前のことも忘れてしまう．ある日，介護職員のKさんは，食事介助を終え，Nさんが薬を飲んだ後に歯磨きを介助し，食事のすんでいない利用者の近くに座ってもらった．するとNさんはKさんに「薬をちょうだい」と話しかけてきた．

【事例1】を読むと，介護職員のKさんは，Nさんに近時記憶障害があるにもかかわらず，Nさんが「自分は薬を飲んでいないのではないか」という誤認を誘発するような環境に誘導している．このことから，介護職員のKさんは「近時記憶障害」について知らない可能性があることが類推できる．そして，その類推をもとに，その場で短期記憶障害を知っているかを確認し，もし知識がなければ，「認知症の人は近時記憶障害があり，少し前の出来事を忘れることがある」ということを教えることができる．このように，現場でのスーパービジョンでは，実践のなかでスタッフに足りない知識や技術を類推・確認し，その場で教えることができるのである．スタッフも，自分が現在直面している問題の解決のため，学習する意欲も必然的に高まる

であろう．スタッフに合わせて，その場で指導できるというのは大きなメリットといえる．

②知識をいつ，どのように使えばよいかわかる

Off-JTでの学習はあくまでも現場から離れた一般論であり，実践にあたっては応用が必要な場合が多い．たとえば，「アルツハイマー型認知症」や「近時記憶障害」について学習したことがあるスタッフであっても，上記の【事例1】のように，Nさんが「自分は薬を飲んでいないのではないか」と誤認を誘発するような環境に誘導してしまう場合もある．すなわち，「近時記憶障害」は知っていても，「近時記憶障害がある場合，薬を飲んだ後に食事を食べている人の前に座ってもらうと，『薬を飲まなきゃ』という気持ちにさせてしまうかもしれない」ということに思い至らないのである．そのようなときに，「近時記憶障害」と「薬を飲んだ後に座ってもらう場所」の関係を個別にスーパーバイズすれば，「近時記憶障害」の影響をどのようなときに考慮すればよいかわかるであろう．スーパービジョンを受けることによって，既存の知識を「いつ」「どのように」個別の問題に当てはめればよいかがわかるのである．

③問題の整理がしやすい

さらに，認知症介護においては，スーパーバイジー自身が自分の直面している問題がどのような問題か整理がつかない場合がある．たとえば，認知症の人が「帰りたい」と繰り返し訴えることに対し，あるスタッフは「どのように声かけすると納得してもらえるのか」と考え，声かけの仕方をさまざま工夫するかもしれない．しかし，そもそも声かけが問題ではなく，口内炎の痛みで気分がそわそわしていることが大きく影響しているとしたら，いくら声かけを工夫しても徒労に終わるであろう．そのように，なにが問題かわからない状態から，自分の力だけで問題を解決できるレベルまで成長するためには，学習とそれに基づいた実践を繰り返すことが必要となる．なにが問題かわからないときに，同じような問題に直面した経験をもつスーパーバイザーがいっしょに問題解決を考えてくれたら，短時間で有効な学習ができるケースが増えるであろう．

2）スーパービジョンの機能

スーパービジョンの機能についてはさまざまな分類の仕方が提案されているが，どの文献・研究においてもほぼ「教育的機能」「管理的機能」「支持的機能」については共通に指摘されている．機能とは「あるものが本来備えている働き」である．すなわち，スーパービジョンには「教育」「管理」「支持」するという働きがあるということである．スーパービジョンにおいては，「認知症の人の生活の質の維持向上のために」「スーパーバイジーの変化・成長を意図して」行う過程のなかで，このような機能が発揮されるということである．ここからは，これらの機能について概観する．

（1）教育機能

教育機能とは，スーパービジョンの過程のなかで知識・技術を提供したり，実践の振り返りを促したりすることにより，スーパーバイジーの専門的成長を促進する働きを指す．植田は，援助者を育てる視点として，スーパービジョンにおける教育機能を「学習の動機づけを高める」「知識・技術・価値を伝える」「理論と実践をつなぐ」という3つの視点で整理している[10]（図

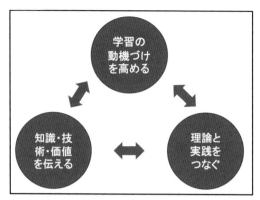

植田寿之：日常場面で実践する対人援助スーパービジョン.
158，創元社，大阪（2015）を一部改編.

図4-6　援助者を育てる3つの視点

4-6）．ここでは，植田の考え方をもとに教育機能について概観する[10].

①知識・技術・価値を伝える

「知識・技術・価値を伝える」は，学習者の側から考えれば新しい知識・技術を学ぶことである．たとえば，【事例1】において，近時記憶障害について説明をしたケースなどが当てはまる．スーパービジョンの面接場面でも，あるいはリアルタイムの実践の一場面でも，このような知識・情報を提供することによりスーパーバイジーの成長を促すことができる．ここでいう知識・技術は主に一般論であり，応用しやすく汎用性の高いものである．標準的に最低限これをしておくとよいというケア方法を教示することなどが当てはまるであろう．

②理論と実践をつなぐ

「知識・技術・価値を伝える」で確認したとおり，多くの場合は知識として伝えられるのは系統立てて分析し，標準化された一般論である．標準があるということは標準から逸脱する出来事が生じる．このとき「研究や一般論は役に立たない」と実践者が判断すると，日々進化しているさまざまな専門的知見が有効に機能しないままに援助が展開されることになる．知識が有効に使われず忘れられるだけではなく，研究と実践が結びつきにくくなり，業界全体の停滞につながるかもしれない．一般論としての知識があっても，実践のなかで応用することがむずかしい場合が多々ある．たとえば，「認知症の中核症状として近時記憶障害があり，少し前のことを忘れて繰り返し同じ訴えをすることがあり，近時記憶を補助するような環境づくりが必要である」「認知症の人は，これまで長年社会人として生活してきた大人であるため，自尊心に配慮した対応が必要である」ことを学んだ直後に，「認知症の人が昼食の後に食事を食べたことを忘れて『ごはんはまだなの？』と話しかけてきた場面で，『さっきたくさん食べたでしょう．しっかりしてね』などといった対応がされる」というケースのように，研修で学んだことが実践に結びつかないというケースは無数にある．そのような事態が起こったときに，「研修で話したことを聞いていなかったの？」と援助者を責めるのではなく，Off-JTの場で学習したことと現場

での実践を結びつけるべく手助けするということが，専門職の成長においては重要である．

a）知識・技術・経験の応用を促す

　【事例2】は，【事例1】の後のKさんとスーパーバイザーとのやり取りである．介護職員のKさんは，認知症のNさんが「自分は薬を飲んでいないのではないか」と誤認を誘発するような環境に誘導していたという気づきを，別の記憶障害がある人（Sさん）のケースにも当てはめて，「同じようなことが起こるかもしれない」と類推している．スーパーバイザーはこのように理論と実践をつなぐ活動を促進する．スーパーバイジーがもっている知識と経験を他の事例に応用する経験を繰り返すことによって，専門的な成長が促される．

【事例2】

スーパーバイザー（以下，SV）：Kさん，さきほどのNさんの薬のやり取りについて，Nさんが薬を飲んでいないと誤解してしまった理由は何だと思いますか？

Kさん：Nさんは認知症なので近時記憶障害で少し前のことを忘れたのだと思います．

SV：確かにそうですね．私もそう思います．さらに加えるならば，Nさんは，口腔ケアの後，まだ食事を食べているBさんの前に誘導され，Bさんが食事をする様子を見ていました．それをきっかけとして，「自分は薬を飲んだだろうか」という気持ちになったということがあるかもしれません．

Kさん：なるほど．確かにそうですね．近時記憶障害で忘れるだけで，それは仕方がないと思っていましたが，環境が影響を与えている部分もあるのですね．

SV：そうです．中核症状は，その種類を知っているだけではだめで，中核症状の影響で誤解が生まれやすい物理的な環境になっていないか，支援のなかで意識できるといいのです．このような考え方が応用できそうな場面はないですか？

Kさん：そうですね．たとえば，Sさんは，カラオケのレクリエーションが終わるとすぐに「では帰ろうかな」と，帰る時間であるという誤解が生まれています．いま考えると，これは，展望記憶が保持できていないため，次になにをすればよいかがわからないことによって生じているのではないでしょうか．そうだとすると，目につきやすいところにスケジュールを掲示したり，カラオケ等のアクティビティが終わった後には，すぐに次のスケジュールを伝えるようにしたりしてみるとSさんが誤解せずにすむかもしれません．

SV：なるほど．それは確かにそうかもしれません．チームでそのことを共有できるようにしましょう．

---

b）振り返りを促す

　スーパービジョンにおいては，理論と実践をつなぐ際には，振り返りによって気づきを促すということも行われる．上記【事例2】は，スーパーバイザーが自ら「食事を食べているBさんの前に誘導され，Bさんが食事をする様子をみていました．それをきっかけとして，『自分は薬を飲んだだろうか』という気持ちになったのではないか」という仮説を教示している．このような働きかけは，十分な知識や経験のないスタッフに対しては有効であると考えられる．しかし，すべての出来事についてスーパーバイザーが教えることはできず，いつまでも教え続けられない．知識をもとに考える力を高めていくためには，スーパーバイザーが問いを発して振り返りを促すことで，学習を促進する場合がある．たとえば，以下の事例は，前述の事例について，太字で仮説の教示を控えて，振り返りを促す形で応答を変えている．これによって，Kさんが自分で考える機会が得られる．スーパーバイザーが振り返りを促し，自分で考える機会を設けていくことによって，自ら気づき，考える力を高めることができる．

【事例3】

スーパーバイザー（以下，SV）：Kさん，さきほどのNさんのお薬のやり取りについて，Nさんが薬を飲んでいないと誤解してしまった理由は何だと思いますか？

Kさん：Nさんは認知症なので近時記憶障害で少し前のことを忘れたのだと思います．

SV：確かにそうですね．私もそう思います．**でも，近時記憶障害があるほかの人が全員薬をください というわけではないですよね．どうして，Nさんは「薬をください」という行動をされたのでしょう？**

Kさん：ほかの人よりもお薬のことが気になったのかもしれません．Kさんは，心疾患の既往歴があるので，ほかの人よりも血圧がコントロールできているか，薬はちゃんと飲めているかなどといった，自分の体調を心配する気持ちが強いのかもしれません．

SV：なるほど，確かにそうかもしれませんね．Nさんの気持ちが影響している側面はありそうです．本人がどう感じているかということをまず考えるという態度もすばらしいですね．ほかにはどうでしょうか？　ほかになにか原因はあるでしょうか？

Kさん：そうですね……むずかしいです．

SV：そうですか．私がさらに加えるならば，Nさんは，口腔ケアの後，まだ食事を食べているBさんの前に誘導され，Bさんが食事をする様子をみていました．それをきっかけとして，「自分は薬を飲んだだろうか」という気持ちになったということがあるかもしれません．

Kさん：なるほど．確かにそうですね．近時記憶障害で忘れるだけで，それは仕方ないと思っていましたが，そういった環境が影響を与えている部分もあるのですね．

SV：私がみたのはさきほどの一場面でしたので，必ずしもそうかどうかはわかりませんが，今後注意して観察してみてはどうかと思います．さて，Nさんは体調を心配する気持ちがあるのではないかと大事な気づきができました．また，誤解が生まれやすい物理的な環境に意識を向けるということも大事ですが，これらは今後をどうするとケアに生かせるでしょうか？

Kさん：血圧は大丈夫とか，顔色がよいとかそういう健康面でのポジティブな情報があれば，意識的にNさんに伝えてみてもよいかもしれないと思いました．また，本人が思い違いしないよう誘導の場所やタイミングを工夫してみたいと思います．

SV：なるほど．ではそうしてみましょう．いい気づきだと思いますので，もしNさんにとっていいケアになりそうであれば，チームで共有しましょうね．

---

③学習の動機づけを高める

　「学習の動機づけを高める」というのは，援助者の「学習したい」という気持ちを高めることを指す．

　人は学ぶときに多くの場合，なぜこれを学ぶ必要があるかを知りたいと考える．よく「学校で学んだことが実生活の何の役に立つのか」という趣旨の意見を耳にするが，これは学ぶ理由を知りたいという動機から発生する意見である．このように，学習する理由を説明することが，学習の動機づけを高めることにつながることが経験的にも理解できるであろう．ただし，学習をすることは，自分が知らないことを知ることでもある．自分が知らないという前提のなかで，ある知識を得ることの意義・意味を理解するということは困難である．教育を受ける前は，スーパーバイザーから指導される内容の意味や重要性がまったく理解できなかったが，一連の教育を受けた後にようやく，スーパーバイザーがなにを言いたかったのかがわかるということも多々ある．そういった意味では，スーパーバイザーがなぜ学習するのか，学習する理由を説明する代わりに，そのような「これから教わる知識の重要性を理解することのむずかしさ」を説明することも求められるであろう．すなわち，「知識・技術を習得してみて初めてその重要性

がわかる場合も多々ありますよ．まずはやってみましょう」と説明する場面も出てくる．

　なお，学習者の動機づけを高めるという観点では，「内発的動機づけを目指す」視点が重要である．p.131 を参考に，学習者の動機づけをアセスメントするよう留意したい．

　④教育機能の範囲

　教育機能について，認知症介護の場面を例に解説してきた．認知症介護に直接関係する技術は，テクニカルスキルといわれる．また，知識をもとに，複雑な状況を認知・分析したうえで問題を発見，解決していく技術は，コンセプチュアルスキルといわれる．認知症介護において，教育（あるいは学習を支援）する範囲は，認知症ケアの場面におけるテクニカルスキルだけとは限らない．認知症ケアはチームアプローチであり，1 人でできるものではない．だとすると，有効な認知症ケアを提供しようと考えたときに，必然的にチームのなかでどのようにコミュニケーションをとるかといった対人関係能力なども重要になる．対人関係能力は「ヒューマンスキル」ともいわれるが，教育機能の発揮される範囲はテクニカルスキルだけに限らず，それ以外のコンセプチュアルスキル，ヒューマンスキルの部分も対象となる．

　⑤3 つの視点は循環している

　スーパービジョンの教育機能について，植田[10]の考え方をベースに「学習の動機づけを高める」「知識・技術・価値を伝える」「理論と実践をつなぐ」について説明したが，植田が図示（図4-6）しているように，これらの 3 つの視点は関連して循環あるいは相互作用している．すなわち，知識を伝えるからその知識をもとにして実践につなげようという努力が生まれる．そうすると，さらなる知識を得たいという動機づけが高まる．それによって実践が有効に機能するようになったときに，その価値をスーパーバイザーが伝えることによって，さらに学習の動機づけが高まる．結果として，スーパーバイジーの知的好奇心が刺激され，学習すること自体が動機づけになり，さらに学習が進むといったように学習する機会を得られ，学習成果を実践に生かす際にサポートが得られ，それがよいケアをしたい・もっと学びたいといった動機づけを高めるように機能する好循環ができれば，学習しながら実践するということを組織の文化として根づかせることもできるであろう．

（2）管理機能（調整機能）

　管理機能とは，スーパービジョンにおいてスーパーバイジーの業務を管理する働きのことを指す．人材育成においては，ある意味では失敗を成長の機会に活用し，次の有効な実践を引き出すことが行われるが，対人援助は 1 つの失敗が相手の命をおびやかしたり，あるいは長く信頼関係を損なって効果的な援助を行うことを妨げたりする場合もある．そういった観点からは，スーパーバイジーの業務のあり方とともに労働環境（業務分担や人間関係，業務時間等）を把握し，適切に業務が進むよう管理あるいは調整するような働きかけが重要になる．スーパービジョンの過程で業務の遂行状況を把握し，適切な環境で働けるよう指示する機能が管理機能ということができるであろう．なお，これは単に利用者に不適切なケアをしないという観点だけではなく，動機づけを高めるという側面もある．たとえば，本を買うための金銭的負担が学習の足かせになっているとすれば，そのような経済的側面の負担を軽減することによって

学習の意欲がわくかもしれない．あるいは，仕事と家庭の両立に負担を感じているスタッフで
あれば，職場内研修を確実に就業時間内に実施できるように条件を整えることによって，学習
に結びつく可能性がある．なお，スーパーバイジー個人への直接的働きかけ以外に，組織に働
きかけて労働環境を整えていくような活動について，スーパービジョンの管理的機能として位
置づけるか，それとも，スーパービジョンをきっかけに発生した管理・調整業務ととらえるの
かは，論者によってさまざまである．管理機能の側面の強い活動として，具体的にはスーパー
バイジーの職務や責任の範囲を明示したり，計画どおりに取り組みが進んでいるかをヒアリン
グし指示をしたり，休みがとれていない人に対し，休みをとるように促したりといった活動な
どが想定できる．以上から，管理機能の発揮については，多くの場合，スーパーバイズ関係を
職場内の上司・部下の関係や人材育成制度におけるチューター制度，プリセプター制度など，
スーパーバイザーがスーパーバイジーと同一の組織（法人・施設・事業所等）に属し，職場内
での職務上の上下関係を前提として考えてよいであろう．なお，管理的なスーパービジョンと
いうと，後輩や部下を指示して押さえつけるという極端にネガティブな印象をもたれる場合が
あるが，これは大きな誤解である．スーパーバイジーのことを支持しつつ，管理的なスーパー
ビジョンを行うことは十分できる．

(3) 支持機能

　支持機能とは，スーパービジョンの業務に関する情緒的なサポートを行う働きのことをい
う．認知症ケアは，支援する本人は当然のこと，その家族や共に働くスタッフ，上司等さまざ
まな関係性のなかで行われる．人と人との関係性を前提とした実践であり，自分の考えだけで
物事が運ぶとは限らない．それらの関係者と連携・協働するための対人関係能力は，だれでも
簡単に身につけられるものではなく，適切な対人関係を構築するための専門的な知識・技術
と，それを活用した経験が必要になる．知識・技術・経験のないスタッフはストレスを感じや
すく，「燃えつき」といわれる状態に陥る場合もある．スーパービジョンは，スタッフを支持し
そのような事態に陥ることを予防する働きももっている．ただし，スーパービジョンはあくま
でも職務に関する指導・助言その他の支援を指すということに留意が必要である．支持機能が
行きすぎると，スーパーバイザーがスーパーバイジーの職務以外の悩みを抱え込んでしまう場
合もある．スーパービジョンでは，カウンセリングとは異なり，対象者の生活の範囲まで踏み
込んで情緒的なサポートと改善を促すことは想定していない．そのようなカウンセリングとの
区別を，意識しながら進める必要がある．

　支持的機能においては，問題が発生する前のスーパーバイザーのかかわりも重要である．ス
タッフは自分に関心をもってもらえるだけで安心できる場合がある．業務に関連することは当
然であるが，場合によってはそれ以外の出来事などについても声をかけて関心を示していくこ
とは有効であろう．また，職位が高くなり経験が豊富になると，どうしてもスタッフのできな
いところや欠点が目につきがちである．少ない人材を有効に機能させるには，リーダーが自分
の見方・考え方の根拠に意識的になるとともに，そのスタッフの特徴を理解し，能力を引き出
して有効に実践できるように導く視点が求められる．リーダーとしての自分自身が完璧な人間

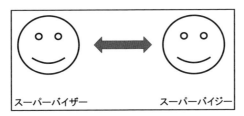

図 4-7　個別スーパービジョン

ではなく，これまでさまざまな人に育てられてきており，いまも発展途上であるのと同じように，スタッフも完璧ではなく，常に発展途上である．自分自身やスタッフが不完全であることは当たり前であり，不完全さにいかに対応するかを考えるとともに，できているところをいかに活用するかを考えたほうが建設的であり，チームが効果的に機能しやすい．スーパービジョンには，そのようなスタンスでスタッフを支持する働きがある．

3）スーパービジョンの形態

　スーパービジョンにはいくつかの形態があり，形態に応じてメリット・デメリットがある．効果的に組み合わせるためには，一般論としての長所・短所を理解したうえで，活用することが求められる．ここではそのようなスーパービジョンの形態について確認する．

（1）個別スーパービジョン

　個別スーパービジョンは，スーパーバイザーとスーパーバイジーが1対1で行うスーパービジョンを指す（図4-7）．スーパービジョンの形態としてもっとも一般的にイメージできるかもしれない．個別スーパービジョンは，スーパーバイジーに合わせてきめこまやかに，また経時的にスーパービジョンを行うことできるという長所がある．一方，個別のかかわりになるため職場全体で個別スーパービジョンを行うためには，他の方法よりもより多くの時間的なコストを必要とする．加えて，他の関係者の意見をリアルタイムに活用することはむずかしい．また，プライバシーの確保された空間で行えるということは，密室でのスーパービジョンになるというメリットとリスクも指摘されている．

（2）グループスーパービジョン

　グループスーパービジョンは，スーパーバイザーと複数のスーパーバイジーで行われるスーパービジョンを指す（図4-8）．実際の現場では，職場内での事例検討会，勉強会，研修会等として開催されるケースが該当するであろう．職場内のグループスーパービジョンの場合には，実際に援助に当たっているチームでスーパービジョンを受けることにより，組織の理念を深く理解する場になったり，ある認知症の人に関して共通の理解・認識を得る機会になったりという，チームアプローチの促進の側面が期待できる．また，同時にスーパービジョンができるため，結果的に個別スーパービジョンよりも短時間のスーパービジョンが可能となる場合が多い．また，スーパービジョンに参加する人数が多いということは，ある問題・課題について，人数分だけ多様な見方，考え方をできるということでもある．個別スーパービジョンで行き詰まっているケースで，グループスーパービジョンを行うことによって，多面的な見方を促進す

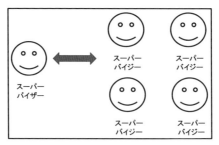

図4-8　グループスーパービジョン

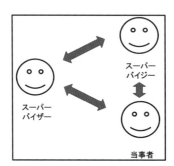

図4-9　ライブスーパービジョン

ることも可能である．さらに，個別スーパービジョンにおけるスーパーバイザーからのスーパービジョンに納得いかなかった場合でも，他のスーパーバイジーの経験談や見方・とらえ方を合わせて聞くことによって，納得できる場合もある．一方で，秘密保持の観点でリスクがあるほか，スーパーバイジー同士の良好な信頼関係がなければ，率直なやり取りがむずかしく，表面的なスーパービジョンになってしまう可能性もある．

(3) ライブスーパービジョン

　ライブスーパービジョンとは，認知症ケアでいえば認知症の人とかかわっているその場で行うスーパービジョンをいう（図4-9）．その場といっても，当然，認知症の人が置き去りにならないように，かかわっている最中にスーパービジョンが行われることは基本的に避けられるべきである．具体的には，スーパーバイジーに対して実際に認知症の人にかかわっている場面をみせ，その後にその場面について解説をする形式をとることが多いであろう．ただし，スーパーバイジーが認知症の人をケアしている場面を共有し，適切なタイミングでかかわったり，あるいはスーパーバイジーに言葉を投げかけたりする方法で援助のヒントを与えるという場合もある．

　また，「熟練者の技を盗む」「背中をみて育つ」ということは，モチベーションの高い実践者であれば日々意識していることであろうが，そのような学ぶ姿勢そのものを起動するきっかけになるのが，ライブスーパービジョンであろう．ライブスーパービジョンにおいては，スーパーバイザーには自分自身の実践をできる限り適切に言語化するという活動が求められる．そ

こで，スーパーバイザーのかかわりにはどのような意味があるのか，先輩のかかわりの意図を読み解こうとする姿勢が醸成される場合もある．また，ライブスーパービジョンは，スーパーバイザーのケア能力が試されている場面でもある．自分自身の実践についてどのように説明するかという吟味のなかから，スーパーバイザー自身が学ぶことも多々あるであろう．

(4) ピアスーパービジョン

ピアスーパービジョンとは，ピア（仲間）で行うスーパービジョンのことを指す．具体的には，職場の同僚同士での相互のスーパービジョンや，スーパーバイザー自身が法人を超えてお互いの力量を高め合うために相互に行うスーパービジョン等がある．実践研修の場では，職場研修の企画などにおいて受講者同士がお互いの計画を開示し合い，お互いにコメントをし合うということもあるが，これも一種のピアスーパービジョンと位置づけることができる．

ピアスーパービジョンは，立場の類似している人同士のスーパービジョンであるため，取り組みの不安や喜びなど情緒的な側面について，スーパービジョンに当たる人同士で共有しやすいという特徴がある．そのため，スーパーバイジー役の参加者は，比較的容易に自己開示をして自分の悩みを打ち明けることができる場合が多い．このことは，参加者全員がスーパーバイザーであり，スーパーバイジーであり，アドバイスしていた人が次の場面ではアドバイスを受ける立場になるという平等性がもたらすものである．必ずしも，職位や経験が上の熟練者がスーパーバイズしなくても，他者が同じ状況を違う視点でとらえることによって相手の視野を広げ，それが教育的な効果をもたらすということは多い．また，日々施設・事業所で，認知症介護を繰り返しているスタッフは，他の仲間がどのように感じ，考えながら業務に当たっているか共有する場がない場合がある．他の法人のスタッフであればなおさらであるが，地域で同様の立場の人が集まって行うスーパービジョンの場において，「同じ悩みを抱えているのは自分だけではない」ことに気づくことで，仕事のとらえ方が少し変わり，認知症ケアに向き合う姿勢を変えるという効果もある．また，ピアスーパービジョンを実施することによって，日ごろのスーパーバイズ関係の振り返りを行う効果も期待できる．すなわち，スーパーバイザーの立場を経験することによって，スーパーバイジーとしての自分自身のあり方などを振り返って見直す機会にもなりうる．

そういった意味ではピアスーパービジョンは有効な方法であるが，場を設定しにくかったり，お互いが遠慮し合う構造が出来上がってしまったりすると，効果的なスーパービジョンになりにくい場合もある．ファシリテーター役などをおいて，双方のコミュニケーションが円滑になるような工夫を行うとよい．

(5) セルフスーパービジョン

セルフスーパービジョンとは，自分で行うスーパービジョンを指す．自分自身で自分にスーパーバイズすることができるのかという疑問もあるかもしれないが，たとえばプロセスレコードなど，一定のフォーマットにのっとり，自分自身の実践を文字にしてみると，そこから気づくこと，考えること，振り返ることができることが多々ある．ほかの人の援助を必要としないという意味では時間をつくって実践しやすいが，自ら意欲的に取り組むということは，それな

りの自己管理能力も要する．また，どうしても自分1人の見方・考え方から脱却しにくいということは否めない．スーパービジョンの前段階として，自分で自分を振り返ってみるというような活用の仕方も考えられる．

4）コンサルテーションとの違い

　スーパービジョンに類似した教育的な活動のひとつに，コンサルテーションがある．コンサルテーションとは，業務を遂行する際における，ある特定の領域の専門家からの助言や技術指導等，教育的な活動のことをいう．認知症介護においては，たとえば，認知症の人の歯科医療に関する豊富な経験をもった歯科医師等から，認知症高齢者に対する口腔ケアを行う際のポイントについてアドバイスや指導を受けることや，認知症の人の受ける医療の選択について，倫理コンサルタントのサポートによって意思決定を援助する場合などが当てはまる．コンサルテーションにおいて，専門職を支援するものをコンサルタントといい，支援を受けるものをコンサルティという．

　コンサルテーションは，自由意思に基づく任意の契約関係のなかで行われ[11]，多職種でのチームアプローチとは異なり，対象者を支えるチームの一員としての責任を有しない．つまり，コンサルタントはチームのメンバー外の人として招かれた，有期限のアドバイザーという性格をもっており，直接的な支援や管理的な介入は行わない．そのため，多くの場合，自分が提供した知識・技術には責任をもつが，提供した知識・技術を用いてどのように援助を行うかは，コンサルテーションを受けた人やチームあるいは組織の判断にゆだねられる．また，コンサルタントが提供する専門的な知識は，認知症の人の支援全体ではなく，一部分にかかわることである．

2．面接技法の理解

1）面接技法を学習する意味

　スーパービジョンは一方的なプロセスではなく，双方向のやり取りである．スーパービジョンにおいては，いきなりティーチング・コーチングに入るのではなく，まずスーパーバイジーの話をしっかり聞き，「スーパーバイザーが聴いてくれた」という感じを与えることが求められる．これによって，スーパーバイジーのスーパービジョンに臨む意欲を高めることがまず求められる．また，スーパービジョンが効果的に進むためには，スーパービジョンにおいて支持的機能が発揮され，スーパーバイジーが安心感をもち，面接に臨むことが非常に重要である．本項では，そのための面接技法の基本について概観する．さまざまな面接技法を理解して活用を進めていくことによって，自分はいまどのような方法でコミュニケーションをとっているのかを意識することができ，自分のコミュニケーションを振り返り，意図的にコミュニケーションを進めやすくなる．マイクロカウンセリングを体系化したアレン・E・アイビィは，「意図性こそが効果的な面接を行う際の中心的なゴール」[12]と述べ，意図的に面接を行うことの重要性を指摘している．面接には1つひとつの技法に優劣があるわけではない．リーダーは何らかの教育的・心理的な関心をもってコミュニケーションするが，このときに自分が用いた技法が，関心

に対して有効に働かなかった場合には，他の技法を活用することが求められる．認知症の人と同じように，リーダーがコミュニケーションをとる部下は多種多様である．1つの方法を杓子定規に当てはめても，リーダーの関心に沿った教育効果は生まれにくいであろう．そういった観点からは，相手に響く聞き方を模索するという姿勢が求められているのである．

2）面接技法の種類と方法

（1）準言語・非言語メッセージを意図的に活用する

　面接においては，コミュニケーションにおけるノンバーバルの要素が重要である．準言語メッセージとは話す速さや声の大きさ，抑揚等の話し方のことを指し，非言語メッセージとは表情や視線，しぐさ，姿勢などを指す．人は言語メッセージと非言語メッセージが相反する情報を発信しているときには，非言語メッセージを優先して受け取る傾向が強い．このことからも，コミュニケーションにおいては，まず話す内容よりも話す自分の身体に目を向けることが重要であることがわかる．話し相手は，そのような準言語・非言語から話す相手の興味・関心を意識的にも無意識にも読み取り，相手の関心に沿って自らの話を展開していく．面接における自分の準言語・非言語メッセージを意図的に活用することによって，面接の展開をコントロールすることができる．換言すると，面接において自分自身の発している準言語・非言語メッセージに意識的になれなければ，まちがった情報が相手に伝わり，自分でも気づかないうちに自分が話を意図しない方向に誘導してしまう可能性がある．そのような可能性に意識的になり，自分自身の興味・関心の傾向を知ることは重要である．また，合わせて「相手がなにについて語ることができるとこの面接が有効に機能するか」という視点をもって，技法を駆使することが求められるのである．なお，これは一朝一夕に身につくものではなく，知識を得ながら現場で反復するという手続きを繰り返しながら習得することが必要な技術である．

　①視線と座り方

　視線については，もっとも単純には話を聴こうとする相手に視線を合わせると聴こうとしていることが伝わり，視線を外すことによって興味・関心が低下したというメッセージが伝わる．ただし，凝視すると威圧感を与えて相手が話しづらくなる場合もある．複数の人と「視線を逸らさずに話し続ける」「視線をまったく合わせず話し続ける」「自分のもっとも楽な方法で視線を合わせる」などの方法でコミュニケーションをとり，自分と相手の話しやすさやコミュニケーションの際の感じなどについて意見交換すると，自分と相手の視線の感じ方の違いについてのヒントになるであろう．自分の楽な方法での視線の合わせ方を知り，意識しておくことによって意図的な動作につなげることもできる．

　面接において目線を意図的に使うためには，座り方も重要になる．具体的には対面法，90度法，180度法などがある（図4-10）．対面法は，面接をする両者が文字どおり対面で座る方法である．この座り方は，正対して座るため無意識に視線を外すということがむずかしい．相手の表情もはっきりとみえて，緊張感を感じる場合が多い．一方で，面と向き合ったほうが自分の率直な気持ちが伝わる感じがするという意見もある．90度法では，お互いが直角に座って面接を行う．このことによって視線は合わせやすく，自分にとって自然な姿勢である正面を向くと

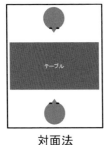
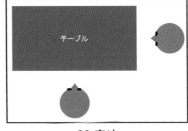
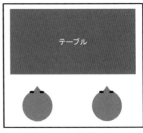

対面法　　　　　**90度法**　　　　　**180度法**

図4-10　視線と座り方

いう動作をすることが視線を外すことにつながり，違和感なく視線を合わせたり，外したりという動作が行いやすくなる．面接では多くの場合この座り方が活用される．180度法は，互いに同じ方向を向いて会話をする方法である．視線を合わせることはむずかしく，親密な相手と話をする際などによくある座り方である．緊張しない相手とリラックスした会話をしやすい反面，相手の表情がみえにくく不安になるという感想をもつ人もいる．このように，座り方を工夫することによって，視線をコントロールし面接の雰囲気を調整することが可能である．また，視線という観点では，書類等，両者が共通して視線を向けるもの（第三ポイント）を設けることにより，視線の向け方をコントロールする方法もある．

　②うなずきや相づち，姿勢

　相手が話していることをよく聞き，それに対して自然にうなずいたり，相づちを打ったりすることが，相手に「もっと話してください．あなたの話に興味があります」というメッセージとして伝わる．本人の思いのままを話してもらうという場合には有効である．相づちは，話を聴いていることを示すサインのひとつであり，「なるほど」「それで？」など，1〜2語の短い言葉で反応を返すことを指す．ただ聞くのではなく，言語的にも聞いているというメッセージを返すことによって，話し手は安心して自分の発言に集中することができる．また，一般には姿勢を後倒していると興味・関心がない，横柄ととらえられやすく，前傾姿勢であると聴いているという感じが伝わりやすいといわれる．姿勢がコロコロ変わると落ち着きのなさを相手に伝え，聞いているか不安にさせる場合がある．しっかり聞こうとするときには，聞き手が新しい情報を追加したり，質問したりするのではなく，語られた話に集中し，関心を向ける．「私はあなたの話を聴いています」というメッセージを，体を使って示していくのである．

(2) 開かれた質問・閉ざされた質問

　(1) を前提として，より深く相手の話を理解する際に活用できるのは「質問」である．質問はさまざまな観点から分類できるが，そのなかでも「開かれた質問」「閉ざされた質問」がとくに重要である．開かれた質問は，「開いた質問」「オープンクエスチョン」などともいわれる，YES・NOで回答することができない質問である．より具体的には，5W1Hといわれる「いつ」「どこで」「だれが」「なにを」「なぜ」「どのように」などの質問が当てはまる．ほかにも，「○○について教えてもらえますか」「○○の具体例を挙げてもらえませんか」といった質問も開か

れた質問として分類できる．開かれた質問は，質問の後の話題の選択が相手にゆだねられるという特徴があり，相手のペースで話題が発展しやすい．また，ある点を詳しく述べてもらう際にも役立つため，より詳しく聞きたいときに使用される．開かれた質問のなかでも，理由をたずねる「なぜ」という質問は重要な質問である．その原因を掘り下げることによって，相手の内面・感情を理解する手助けにもなりうる．しかし，一方で「なぜ」という質問は，相手にとっては自分が責められている印象や，自分が責められはしないかという危険を感じる言葉でもある．「なぜ○○したのですか？」という語法は，しばしば理由をたずねるのではなく，相手を責める用語として用いられるためである．そのため，理由を知りたい場合は「そのように話した経緯を教えてもらえますか」「そのような状況になったのには，なにが影響を与えていますか？」など，なぜという表現を使わない配慮が求められる．

　閉ざされた質問は，YES・NO で回答できる質問である．「あなたは天丼が好きですか？」などの質問が当てはまる．閉じた質問は，「はい」「いいえ」と回答すれば，それでやり取りが成立するため，そのやり取りを受けた次の質問やメッセージの伝達がなければ，コミュニケーションが終了してしまい，話が発展しにくい．一方で，特定の事柄について明確にすることができるという特徴がある．たとえば，「ダイエットの進み具合はどうですか？」などと開かれた質問でたずねた場合，「おおむね予定どおり進んでいます．順調と思います」などと回答が返ってきても，進み具合が明確にならない．そういった場合は，「3 kg 減らすという 1 か月の目標は達成できましたか？」などと閉ざされた質問でたずねると明確にすることができる．また，閉ざされた質問は会話を方向づけるため，閉ざされた質問をした人が会話の進行をコントロールすることになる．無自覚に質問者の興味に誘導しないよう，意識的になることが重要である．また，閉ざされた質問は，YES・NO で答えられるため，回答者が言い回しを気遣う必要がなく，以下のように，コミュニケーションの導入に使うとスムーズな場合もある．

【事例 4】閉ざされた質問を会話の導入に使用した例
Ａ：最近，おいしいものを食べましたか？（閉ざされた質問）
Ｂ：はい
Ａ：おお，いいですね．なにを食べたのですか？
Ｂ：カジキマグロを釣って食べたんです

---

(3) 要　約

　要約は，語られたことの重要な部分を短縮し，具体化して繰り返すことである．要約では「自分の目線で内容を要約する」方法と，「相手はなにを感じ，なにを言わんとしているのかを考えながら要約する」方法がある．いずれの方法であっても，要約の言葉をきっかけにして相手がそれまでの話のポイントを整理できることが重要である．適切な要約ができれば，そこまでの話は合意が得られた事項として，それを共通認識として次の話に話題を発展していくことができる．逆に，要約した内容が話した内容と異なると相手に感じられた場合は，それをきっかけにして理解を修正することができる．要約は相手から語られた 2～3 語を別の言葉で言い換えたり，キーワードを反復したりするのとは異なり，より長い話をまとめることを指す．「ここま

での話をまとめると……ということでしょうか」などといった話し方で確認をすることとなる．タイミングよく要約ができると，話し相手が，話すことにより集中し，話す意欲がさらに高まっていくことを感じることができるであろう．

（4）相手の感情に注目する

会話のなかで，相手の発したメッセージに内在する情動・感情の状態に焦点を当てて取り上げ，言語化して相手に返すことによって，相手が「自分の話を受け止めてもらえた」と感じたり，会話が深まったりする場合がある．

【事例5】
スタッフ：私は，認知症の人ができることをできるだけ自分でしてもらうということで，能力も低下しないし，プライドも保てるし，絶対いいと思うのです．でも，ちょっと目をはなすと……というか，遠くからみていると簡単に車いすに乗せたりという様子もみえるのですよね．私だけがんばって何になるのだろうとむなしくなるときがあります．

【事例5】に対して，「あなたは，自分だけがんばってとむなしくなるときがあるのですね」など，感情に焦点を当てて，返答を返すことをいう．相手は，自分自身のもっている複雑な感情について相手に理解してほしいという願望を無意識に抱く．そのような欲求を満たすことができたという実感を与えることにより，相手に安心感を与え，孤独感を払拭するという効果も期待できる．また，自分の感情を理解してもらえると，さらにそのさきの論点について興味・関心がわき，自然と会話の内容が発展するということも多々ある．

なお，このように感情に焦点を当てることが正解であるということではない．あくまでも，コミュニケーションの1つの可能性として感情に注目するという視点があるということである．上記の例に対して，「どうしてちょっと目をはなすとできることをも介助してしまうのでしょう」などと開いた質問で返すということもできるし，「認知症の人にできることをしてほしいけど，スタッフがそうしない場合があるのですね」と要約技法を用いて返すこともできる．

（5）自己開示

「自己開示」とは，【事例6】太字のように，自分自身の体験や感情について，相手に開示することをいう．自分自身が相手に対して自己開示をすることによって，面接に臨む両者はより平等な関係となる．結果として相手は自己肯定感を得たり，自分に対する内省を深めたりすることができる．一方で，自己開示は，相手の体験や感情を軽視するような流れに働く場合もあるため，そのことを念頭にしつつ活用する必要がある．とくに，自己開示をした人（リーダー）が，相手（スーパーバイジー）と自分の経験を「同じ経験」であると評価してしまうと，「自分も大丈夫だったからあなたも大丈夫」などといった気持ちになる．このようなときに面接をするリーダーだけが満足するが，スタッフの不安や悩みは軽減されないという事態に陥りやすい．自分と相手の体験は似ている側面があったとしても，個別の体験である．そのことに注意をしなければ，自分と相手の共通点を指摘して一般化できたことに満足を覚え，自己開示が結果として相手のために生かされない．そういった観点からは，自己開示は相手のためにされなければならない．さきの例でいえば，自分ではなく面接した相手が「大丈夫」と思えることが

重要なのである．自己開示する場合は，開示する内容は相手の体験と類似性が高い内容であることが望ましい．自己開示を効果的に機能させるためには，自己開示した後の相手のようすを観察して，そのことによって会話がより発展したか，相手の表情やしぐさが不快や混乱を示してないかを読み取るようにできるとよい．

> 【事例 6 】
> 　A：私，あまりに認知症の人が繰り返し，繰り返し，「食事はどうしたの？」「何で私にだけくれないの」「人でなし」と言うので，「うるさいな．さっき言ったでしょ．何でわからないのよ」と言ったり，無視したりしてしまうんです．忘れてしまうことは病気のせいだとわかっているんですが．自分が情けないです．
> 　B：そうですか．**私もこの施設に入職したてのときは，実は同じような認知症の人がいてたびたび似たように言い返してしまうことがありました．**
> 　A：え，B 先輩もそうだったんですか…．そんなとき，どうしたんですか？

（6）ポジティブな側面に焦点を当てる

①例外探し

　面接においては，しばしば相手が自分のマイナス面を否定的に語り，そこから逃れられなくなる場合がある．そのような話は，内容が後ろ向きであるため，そのことについて語る相手の否定的な感情を賦活し，それがまた会話全体の雰囲気を暗くしていくという悪循環につながる場合が多い．解決の糸口がつかめないまま時間が過ぎていくということにもなるであろう．そのようなときに面接をしているリーダーが相手のよい面をいくら伝えても，相手にとっては実感がわきにくい．このようにして会話が行き詰まったときは，ネガティブな側面の例外（すなわち，よかったこと，うまくいったこと，成功したこと，問題が発生しなかった経験）に焦点を当てて，それを本人に語ってもらうことが有効な場合がある．例外を語ることにより，話の流れがいつの間にかポジティブな側面に移り，自然と前向きな話題に移行していく．そうすると，問題の解決が考えやすかったり，物事のネガティブな側面に注目しすぎている自分に気づいたりする．具体的な質問としては，「いつもそうですか？」「できたときはありますか？」「○○が起こらなかったときはありましたか？」などの質問がこれに当てはまる（事例 7 の＊1）．また，場合によっては事例 7 の＊2 のように，会話のなかで面接者が積極的にポジティブな例外を指摘するということも行われる．

> 【事例 7 】
> 　A：私，あまりに認知症の人が繰り返し，繰り返し，「食事はどうしたの？」「何で私にだけくれないの」「人でなし」というので，「うるさいな．さっき言ったでしょ．何でわからないのよ」と言ったり，無視したりしてしまうんです．忘れてしまうことは病気のせいだとわかっているんですが．自分が情けないです．
> 　B：そうですか．でも，**いつもそうですか？**（＊1）
> 　A：だいたい，そうしてやり過ごしてしまうことが多いです．
> 　B：そうですか．**でも，「多い」ということは，「必ずいつもそうする」というわけではなさそうですね．**（＊2）
> 　A：そうですね．たとえば，C 先輩がフロアにいるときはそうならないときがあります．
> 　B：おお，そうですか．そのときのことを詳しく聞かせてもらえますか？

②リフレーミング

　人は相談したいさまざまな状況を言語化して認知している．リフレーミングとは，そのような認知の前提となる言葉を問い直す技法である．リフレーミングでは，対象者が問題状況を新たな観点からとらえ直すことができ，本人が自分で問題の解決を進めるヒントを得ることを目指す．

　以下の【事例8】のように，「がんこでプライドが高い」という言葉を「こだわりがある」という言葉に言い変えることで，より広い視野で状況をとらえることを促すことができる．このように，解決がむずかしい問題においては，さまざまな物事の認知がネガティブな方向にかたよっている場合がある．そのようなときには，問題を整理するために使っている1つひとつの言葉をポジティブ，あるいは中立的な言葉にリフレーミングすることがヒントになる場合がある．

【事例8】
スタッフ：Aさんは，がんこでプライドが高く，なかなかこちらのお願いを聴いてもらうことができません
コーチ：がんこだと考えているのですね．どんなときに思いますか？
スタッフ：そうですね，たとえば，おやつにプリンを出しても『安物』と言って食べられないことがあります
コーチ：なるほど．おやつ，またはプリンにこだわりがあるということでしょうか

【演習1】以下の言葉をリフレーミングしてください．
①認知症のAさんはがんこである
②スタッフのBさんは，仕事が遅い
③認知症のCさんは，プライドが高い
④スタッフのDさんはいい加減である

【演習2】
　現場でよく聞くネガティブな言葉を5つ挙げて，それらをポジティブにリフレーミングしてください．

（7）面接の際のスタンス

①個別化

　面接を繰り返して経験を積むと，似たような問題や関連する知識・一般論を蓄積している自分に気づくことがある．人は，さまざまな物事の類似点・共通点を見つけ，それによって情報を処理しやすくしようとする傾向をもっているため，これは人として当然のことである．一方，面接において相談をする当事者にとっては，相談している事項は，いままさに起こっている自分自身にとっての唯一の問題である．「だれにでも起こる問題で，そんなに心配することないよ．そのうち解決するよ」と言われても，とてもそうは思えない．一方で，面接の結果，面接した相手が「だれにでも起こる問題で，そんなに心配することはない．そのうち解決するだろう」と自ら感じられるとしたら，それは1つの達成かもしれない．自分が感じたことを押しつけるのではなく，相手が自分で自分の問題を整理できることが重要であり，そのためにはよく

ある出来事として片づけず，個別の問題として興味・関心をもってしっかり聴くということが重要になる．自分が「しっかり聴けた」と思うのではなく，相手に「しっかり聴いてもらえた」と思ってもらえたとすると，その聴いてもらえたという実感だけで，ホッとして心強さを感じることができる．

②スタッフと問題を切り離して考える

認知症介護においては，認知症の人と認知症の人の行動・心理症状（BPSD）を切り離して介護をする．たとえば，認知症の人が介護職員に対して「あなたが私の財布を盗ったんでしょう」と言ったとしても，介護職員は認知症の人に対し怒ったり，がっかりしたりするのではなく，「認知機能障害によって現実の認知がずれてしまっている」ということに着目し，そのような認知のずれはどのようにして生じるのかをとらえようとするであろう．このように，問題が本人自身にあると考えるのではなく，問題を本人自身と切り離して考えることを「問題の外在化」という．認知症介護においては，実践者研修なども含めて，「認知症の人」と「認知症の人が起こす行動・心理症状（BPSD）」を切り離して考える訓練が繰り返されている．一方，人材育成については，このような視点が抜けがちかもしれない．しかし，人材育成においても，認知症介護と同様問題の外在化が視点として重要である．スタッフが問題を起こしたときに，そのスタッフを責めても問題は解決に向かいにくい．スタッフは萎縮してしまい，「怒られた」「失敗した」という意識は残っても，その際にリーダーから受けた指導がまったく頭に入らない場合もある．リーダーの指導が頭に入らなければ，当然同じ失敗を繰り返す可能性が高まり，さらにリーダーから同じ問題で指導を受ければ，「何度言っても伝わらないスタッフ―恐ろしいリーダー」というイメージがそれぞれ定着し，悪循環になるであろう．これは，見方を変えれば頭ごなしに指導してスタッフを萎縮させているリーダー自身が，スタッフが成長できない一要因になっている状態であるといえる．そのような悪循環に陥らないためには，認知症介護と同様に人材育成においても，「スタッフ」と「起こっている問題」を切り離して考える，すなわち問題を外在化するという視点が求められる．「自分の立場から一方的に理解していないか」「その人にはそうならざるを得ない事情があったのではないか」「問題が発生したのにはほかにどのような要因が影響しているか」などといった，冷静で多面的な見方をできるように意識し，訓練することが望まれる．

【演習 3】
　ここまでの面接技法を意識しながら 3 人 1 組でコミュニケーションをとってみましょう．
　3 人の役割は①話し手，②聞き手，③左記①②の観察者とし，すべての役割を体験できるよう役割交代を 3 回行います．3 で割り切れない人数の場合，観察者を増やす等の対応をしましょう．話題の案を以下に示します．あまり内面に深くかかわらない話題を選んだほうが，練習としては適切でしょう．また，全体として登場人物は匿名でやり取りしましょう．
（話題の例）
　①朝からここにくるまで行った行動について
　②あなたの主な仕事内容
　③自分の宝物
　④好きなこと・好きなもの

⑤嫌いなこと・嫌いなもの
⑥頼りになるスタッフについて
⑦尊敬している人について
（相談の例）
⑧気になっている認知症の人について
⑨苦手な人について
⑩自分の短所について
＊本演習は，講義の進行に合わせてどのようなタイミングで実施することも可能

3．ティーチングの理論と技法の理解

1）ティーチングとは

　ティーチングは，広義には「ある専門的な知識や技術，価値を他者に教える活動」を指す．スーパービジョンはプロセスとして定義されるが，そのようなスーパービジョンの方法のひとつとして，「ティーチング＝教える」という方法が採用される．

　さて，他者に専門的な知識・技術を教えるという活動は，さまざまな場面で行われている．しかし，それらの教えるという活動が必ずしも効果的に行われているとは限らない．たとえば，以下の【事例9】をみてほしい．

【事例9】朝，出勤した新人スタッフとリーダーの会話
リーダー：利用者Aさんには人物の見当識障害があるのでケアに配慮してください．
新人スタッフ：わかりました．
＜その直後，新人スタッフとAさんとの会話＞
新人スタッフ：Aさん，おはようございます．今日もよろしくお願いします．私の名前わかりますか？
Aさん：えっと，歳とるとすぐ忘れるね．

　これは，リーダーが新人スタッフに対して，ある利用者の有している能力について情報を伝え，注意をするようティーチングしている場面である．ここでは，リーダーは「新人スタッフはそろそろ慣れてきたが，利用者Aさんは人物の見当識障害がある．慣れた態度をとって本人を混乱させるかもしれないので声をかけておこう」などと考え，新人スタッフが利用者Aさんに不安を与えないように注意を促したものと考えられる．しかし，このようにリーダーとしては新人スタッフに適切に教えたつもりであっても，新人スタッフはAさんが不安になるかもしれないと予測できず，自分の名前をたずねている．このように，リーダーからすると教えたり注意を促したりしたつもりでも，スタッフはそれを理解できずに行動してしまうことは多々起こりうる．このように，「教える」という活動は，さまざまな場面で行われるが，「効果的に」教えることを目指そうとすると，そのための特別な工夫・配慮を知り，活用する必要が出てくる．本項では，応用行動分析の考え方を参考にした「教える」技法について概観する．

2）ティーチングの手順

（1）前提を確認・共有する

　物事を教える人も教えられる人も，1人ひとり生きてきた経験のなかで常識を蓄え，それを記憶し続けながらすごしている．そして，自分のもっている常識（≒前提）を絶対的なものとして考えがちであり，自分の常識からずれた行動や発言，考え方に対して感情的に反応してしまう場合がある．しかし，よく振り返ってみると，リーダーである自分自身も常識を少しずつ教えられて育ってきており，常識を外れた行動をたしなめられながら，ようやくいまの立場・職位になって，常識がわかってきたことに気づく．すなわち，人は「教えられないとわからない」という側面がある．また，自分が育ってきて，ある意味で目が肥えてきたからこそ，新人や新入職員の不適切な部分に気づきやすくなっているのである．そして，自分のもっている前提を当たり前のものとして進めていくことは，結果としてよけいな対立，感情のもつれを生む原因にもなる．ティーチングにおいては，自分自身の前提に意識的になり，ごく常識的で当たり前であると思っていることでも，確認・共有していく．自分と相手のずれに，そのつど感情的になっていては，物事はなかなか進まない．

　冒頭の【事例9】では，「利用者Aさんには人物の見当識障害があるのでケアにおいて配慮してください」と説明しているが，以上を踏まえると，たとえば「人物の見当識障害」について，適切に理解できているかという前提の確認なしでは，伝わる情報も伝わらないともいえる．「人物の見当識障害を知っていますか？」とたずねて，具体例が適切に挙げられるかといった確認を行う必要がある．そして，確認できた力量に合わせて説明をするという，相手の知識・技術の評価をするステップが重要である．この点は，常に共に働いている組織内では，おおむね力量がわかっているため省略される場合もあるが，伝えた内容が実行されていない場合，この前提の確認が抜けていたことが影響している場合も多いため注意したい．

（2）正しい方法を具体的に教える

　【事例9】のような現象が起こる理由は，前提の確認が不十分というだけではない．もう1つの理由として，「利用者Aさんには人物の見当識障害があるのでケアにおいて配慮してください」と説明が具体性に欠けることを原因として指摘できる．「ケアにおいて配慮してください」という指示も，実は「人物の見当識障害がある人をケアする際に必要な配慮を知っているはずだ」という前提を無意識にもっていることがわかる．ティーチングでは，このようなあいまいな指示のあり方に気づき，具体化していくことが求められる．この場合であれば，「人物の見当識障害があるので，自分の立場を自己紹介したうえでかかわってください」などと説明すればよかったかもしれない．また，「自己紹介したうえで」という指示も，実はあいまいさが残る．名前を伝えるだけでも自己紹介になるためである．自分自身がティーチングにおいて使用している言葉を意識し，より理解のずれない表現に修正していくことを心がけたい．

　頻繁に使用されるものの，具体的にどうすることかがあいまいな用語の例を表4-7に挙げるため，参照してほしい．これら以外にも，あいまいな言葉は無数にある．リーダーとして，具体的にはどうすることなのかがわからない説明の仕方をしていないか注意をしていきたい．

表 4-7　具体化が必要な用語の例

用語	不十分な点	改善例
家庭的な環境にしてください．	具体的にはどのような環境のことかが不明確	入居前，自宅で使っていた時計やカレンダー，その他の家具を使ってください
寄り添う介護を大切にしてください	具体的にどうすることかが不明確	近くにいて表情を観察してください．不快そうなときは本人にたずねてください
しっかりコミュニケーションしてください	どのような情報をやり取りすればいいか不明確	前回の食事摂取量が半分以下のときは，次のスタッフにそのことを伝えてください
転倒の様子を詳細に書いてください	なにを書けばよいかが不明確	転倒があった場所，時間，駆けつけたときの本人の発言，姿勢を記録してください
ゆっくり話してください	どれくらいのスピードか不明確	実際にどれくらいのスピードで話すか，話しているところをみてもらう
人物の見当識障害に配慮してください	配慮の内容が不明確	人物の見当識障害があるので，職員の●●ですと言ってから，会話してください

　このように，指示を具体的に理解のずれない内容にするということとともに重要なのは，「実際にやってみせる」ということである．認知症の人に対する自己紹介でも，「N です．よろしくお願いします」と伝えても，認知症の人は，その Ñ さんはいったい自分とどのような関係にあるのか，入所者か家族か，お客さんかがわからないかもしれない．そのような言葉でのあいまいさを回避するためには，「やってみせる」という方法も採用される．「百聞は一見にしかず」という言葉が示すとおり，言葉での説明に加えて，実際に手本を示すことによって，情報があやまって伝わることを減らすことができる．

【演習 4】以下の場面での【指導内容】をより伝わりやすくなるよう，修正してください．
（場面）ユニット型施設において，新人職員中心のシフト編成であったため，記録を見落として，利
　　用者の X さんが 1 日に 1 食しか食事をとらない日が 2 日続いた場合
（指導内容）しっかり食事の記録をみて，対応してください．

（3）させてみて修正・強化する

　正確なティーチングを行うためには，確認・修正が不可欠である．言葉で説明され，それをみれば多くの場合，なにをすればよいか，どうすればよいかわかるであろう（図 4-11）．しかし，実際にしようと思うとその行動が意図しない行動になる場合もある．あるいは，教える側がティーチングすべきことを漏らしてしまっている場合もある．そのような事態を避けるためには，実際にさせてみて修正するというステップを踏むことが効果的である．なお，「わかりましたか？」「わかりました」というやり取りが行われるが，このような口頭確認は理解の確認にはならない．たとえば，伝えたことのポイントを復唱してもらう等によって確認すべきである．あるいは，伝えたことを別の具体例に置き換えさせるということでも確認できるが，伝えたことが実際にできるかは，行動しているところを観察して，できているかどうかを評価するほうが確実である．

図 4-11　ティーチングの手順

　さらに，教えた内容が適切に実行できた場合には，「適切にできた」ことを伝えることが重要である．実際のOJTでは，伝えたとおりに行動できたときにそれを認めるということは，ティーチングのステップとして抜けがちであるため留意したい．教わった行動を実施した後に，それがねらったとおりの行動であったかどうかを確認できなければ，自信をもって毎回次の行動ができにくい．また，まちがった行動を続ける可能性が残されるという観点からも，実際にさせてみて強化，あるいは修正することを徹底したい．なお，このような強化はタイミングが重要といわれている．できる限り行動が発生した直後に強化・修正することを意識したい．

> 【演習5】
> 　リーダーであるあなたは，日ごろから「認知症の人の発言や行動を頭ごなしに否定せずかかわってください」と指導してきました．以下の場面で，スタッフのYさんにどのようにティーチングしますか．「よいところ」と「さらによくするために改善したいところ」を具体的に記述してください．
> （場面）
> 　グループホームに入居して2か月ほどたったころ，認知症のTさんが，夕方になるとなぜかそわそわして落ち着きがなくなり，「家に帰ります」と訴えるようになりました．スタッフのYさんは，帰りたいという希望を否定せず，グループホームのまわりをTさんといっしょに1周すると本人は落ち着き，その流れで夕食を食べることができました．Yさんは「いいケアができたので今後もこのように対応したい」と話していました．

3）ティーチングのポイント

（1）信頼関係の形成

　ティーチングによって，伝えた内容を聞き手である部下あるいは後輩がしっかりと受け止め，自分自身の技術として身につけていくためには，単にティーチングの手順にのっとって教えればよいというものではない．すなわち，ティーチングを受けて学習したいという意欲が高まっていることが必要不可欠であり，そうでなければ伝え手が手順にのっとって一方的に伝えただけで終わるであろう．あるいは，表面的にはしっかりと聞いているようにみえても，その結果としての実行状況は変化しない．ティーチングでは，とくに学び手の「スキルアップしたい」という気持ちを高めることが重要になる．そのためにも，まずティーチングに入る前に対象となる部下あるいは後輩の話を，面接技法を用いてしっかりと聞き取ることが重要である．そして，ティーチングによって自らの知識・技術を確認し，必要に応じて身につけていくことに同意するプロセスを踏む．教育を受けるあるいは学習を進める本人との信頼関係の構築なしでは，教えたことは伝わりにくい．ティーチングの対象者の話をしっかりと聴くことは，対象者のアセスメントにもつながり，結果として効果的なティーチングにつながる．

（2）まちがった方法・してはならないことを教える

　ティーチングが相手にとってわかりやすい内容になるためには，してはならないこと，まちがった方法を教えることも有益である．このようにしなければならないと思うと，意気込みすぎたり，緊張が高まりすぎたりする場合があるが，これをしなければよい，というのは，超えるべきハードルとしては低くとらえられやすい．【事例9】では，「私の名前わかりますか？　などと試すようなことはしないでください」とあらかじめ伝えておけば，当然そのような行動は回避できたであろう．

　なお，まちがった方法・してはならないことを教えることは，「あなたは，人物の見当識障害の情報を提供した意味をまったくわかっていません」というように，欠点の指摘をすることとは異なる．まちがっていることを指摘するのではなく，どのようなことがまちがいないのか，その内容を具体的に相手にわかるように伝えることが重要なのである．

（3）理由を伝える

　ティーチングにおいては，できる限り理由とセットで説明することが望ましい．「私の名前わかりますか？　などと試すようなことはしないでください」という場合にも，「Aさんは，人物の見当識障害があるので，話す相手がだれだかわからないという不安を抱えがちです．そのような人に名前を覚えているか試すようなことをすると不安を助長することになります．ですので，私の名前わかりますか？　などと試すようなことはしないでください」といった理由を加えると，なぜそうしてはならないかの理由がわかるため，「自分の名前をたずねない」という行動が実行されやすい．また，なぜそう行動するのか・しないのかの理由がわかると，そのティーチングを礎にして，自分なりに考えを発展させて判断することもできる．

（4）質問を受ける

　効果的なティーチングをしようと躍起になると，自分の教え方ばかりに焦点を当ててしまいがちになるが，適切に教えるためには，双方向のやり取りが効果的である．ティーチングの対象者に何でも質問をしてよいことを宣言し，実際に質問があった場合にはそのことを認めるという行動が重要である．意欲をもって考え，身につけようとしているために質問が生まれる．また，新たなことを学ぶ場合には，自分がなにがわからないのかがわからないということが生じる．そのような状態のなかで質問ができるということは，相応の努力の結果である．質問を批判として受け取るとやり取りが行き詰まり，効果的なティーチングが成立しにくい．

（5）技術を分割して言語化する

　ある知識・技術について伝達する際には，そもそもその知識・技術を具体的に掌握している必要がある．「認知症の人本位のケア」をすることが大切であることは，だれしも同意するであろうが，「利用者本位のケアをしてください」とだけ教えられて，それができる人はまずいないであろう．利用者本位のケアとは，なにをどうすることか，教える側が具体化していなければならない．一般論としても，個別・具体的な場面においても，伝える知識・技術を分割して整理しておくことで伝えやすくなる．「13＋18」のような2けたの繰り上がりのある足し算ができるようになるためには，「1＋1＝2」から教えなければならないのである．

表 4-8　【事例 9】において，リーダーが想定した行為とスタッフの記述

リーダーが想定した行為	スタッフの記述
①A さんの正面に立ち視野に入る ②笑顔であいさつする ③介護職員の N ですという ④要件を言う（表情をみて，理解できているか確認しながら）	①あいさつする ②自己紹介をする ③要件を言う

　この考え方は，スタッフの力量のアセスメントをする際にも活用できる．たとえば，【事例 9】において，A さんとやり取りを始める際の留意点について，スタッフに箇条書きにするよう求めれば，スタッフが意識的に行っていること，無意識に行っていることが明確にわかる．それに合わせて，足りない視点を補うことで効果的にティーチングを行うことができるであろう．たとえば，A さんとやり取りを始める際の留意点について，表 4-8「リーダーが想定した行為」のように教え手が想定しており，ティーチングを受ける新人スタッフは表 4-8「スタッフの記述」にあるように箇条書きしていたとすると，「正面に立ち視野に入る」「あいさつする際の笑顔を意識する」「自己紹介はあいまいであるためケアワーカーの N ですと言う」「要件を言うときは相手の理解を確認しながら」などの指導をスムーズに行うことができるであろう．

(6) スモールステップで伝える

　また，それらの分割した情報を一度に伝えるのは必ずしも得策ではない．スタッフが一度に許容できる情報の量，学習できる量は限られている．与えられた情報量がスタッフの許容範囲を超えると，情報を受け入れる意欲がなくなり，伝えたことがまったく伝わらないという事態も生じてしまう．知識・技術は分割することにより，内容が明確になるほか，習得が容易になり，達成できたかどうかも明確になるため，次に取り組む意欲もわきやすい．

> 【演習 6】排泄介助に配慮の必要な利用者を思い浮かべ，その人に対するケアを説明するために，行うべきケアを分解して，箇条書きにしてみよう．
> 【演習 7】上記【演習 6】で作成したケアをグループで比較してみよう．

＊排泄介助に限らず，さまざまなケースで応用が可能．さまざまなパターンを検討してよい．

(7) できないことを相手のせいにしない

　効果的にティーチングを展開するには，「教えた結果できなかった」ことを相手（スーパーバイジー）のせいにしないことがきわめて重要である．OJT において，スーパーバイジーの育成のためにさまざまな努力をすればするほど，相手に対する期待，すなわちティーチングの結果として知識・技術の向上に対する期待も高まる．ひるがえると，期待どおりにいかなかったときの失望も大きくなるかもしれない．ティーチングしたことができなかったことを相手のせいにすることは簡単であるが，それはあまり建設的な態度とはいいにくい．教え込むことに躍起になると，教える相手を萎縮させることにもつながる．それよりも，教える側の問題として，自分自身のティーチングの具体性やステップの組み方を見直したほうがよい．言語化できていない暗黙知として，その技術を使用する際のコツなど，効果的援助要素を言語化できていない

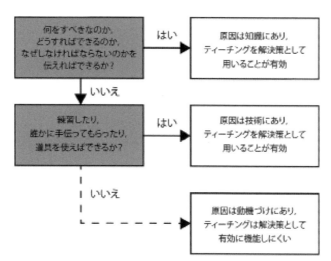

島宗　理：インストラクショナルデザイン：教師のためのルールブック．94，
米田出版，東京（2004）を参考に作成．

図 4-12　ティーチングの活用範囲の判断

のかもしれない．教える側は教え込もうと焦るのではなく，心にゆとりをもってティーチング
に望めるとよい．自らのティーチング技術をより高め，洗練していくためにも，できないこと
を相手のせいにしないということはきわめて重要である．

(8) ティーチングで教えられること

　以上の方法を活用する際には，ティーチングで教えられる範囲が「知識」や「技術」である
ということを念頭におく必要がある．すなわち，「意欲」「動機づけ」は，ティーチングの対象
とならない．よいケアをしたいという気持ちや学びたいという意欲は，教え込もうとしても教
えられないのである．たとえば，「ダイエット」についてもダイエットの方法としての知識はち
またにあふれているが，その方法を知っていても，だれしもが減量できるわけではない．そも
そも，「ダイエットしたい」という意欲の問題をクリアすることが重要なのである．当たり前の
ことであるが，そのような意欲の問題を教え込もうとして，教える側も教えられる側も苦しく
なってしまう場合があるため注意したい．知識・技術・動機づけの区別については，図 4-12 な
どが活用できる．

4）ティーチングの意義と目的

　本項では「教える」という活動について，応用行動分析の考え方を参考にして整理した．教
えるという活動は，人材育成の基本的な活動のひとつである．たとえば，後述するコーチング
の技法も，それを知り，身につけ，習得していく過程では，ここで概観したティーチングの活
動が有効に活用できるであろう．

　ティーチングの技法を身につけていく過程で，教える立場のリーダーが自分自身の教える活
動について振り返り，効果的に実践できれば，短い時間で望ましい行動を引き出すことが可能
となるであろう．そのように教える活動に注力することは，実は自分自身の認知症介護につい

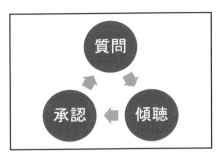

図 4-13　コーチングの基本的な構造

て具体化するプロセスであり，自分自身の実践を高める機会にもなりうる．認知症介護は個別
ケアが強調されるが，対象者の認知機能や好み，性格等の背景に合わせて介護するための応用
力を身につけるには，まず基本となる「型」を身につけ，それを自分なりに実践しながら昇華
していくプロセスをたどるであろう．どのようなケアを行えばよいかという最低限の道筋がな
いまま，自分で考えて行動することばかりを求められるのは苦しい経験となるばかりでなく，
認知症の人にとっても不利益をもたらすこととなる．ティーチングの過程では，行動を具体化
するプロセスを伴い，これはまさに支援のための「型」を理解し，身につけるための活動その
ものといえるであろう．効果的・効率的に成長を支えるための引き出しのひとつとして，
ティーチングを位置づけ，身につける努力が繰り返されることが期待される．

4．コーチングの理論と技法の理解

1）コーチングの意義と目的

(1) コーチングとは

　コーチングは，1970 年代後半からスポーツの世界で開発され発展してきた方法である．コー
チングでは，相手になにかを教えるということは原則行わない．相手の考えを質問によって引
き出しそれを認めることが，コーチングによるコミュニケーションの中心である．コーチング
は，図 4-13 に示したとおり，コーチによる，①質問，②傾聴，③承認という流れを基本的な構
造としている．

　コーチングでは，主体は成長したいその人であり，それをさまざまな質問の技法を用いて，
その人が目的の場所にたどり着く（目標を明らかにし，達成する）ことを，コミュニケーショ
ン（主に質問）を通じて支援する．本来，コーチ（coach）とは，馬車のことである．すなわ
ち，コーチングには相手が目的地までたどり着くのを支援するという意味が込められている．

(2) 関連技法との類似点・共通点

　まずは，「カウンセリング」「ティーチング」「コーチング」を比較しながら，コーチングの特
徴を整理していきたい．この 3 種の技法はスーパービジョンの枠組みのなかでケースに応じて
活用される技法であり，3 つの技法は対象者とのコミュニケーションを通じて相手の変化をね
らう技法であるという点では共通している．ただし，目的としては，カウンセリングは対象者

の不適応の安定を目指しているのに対し，ティーチングやコーチングは対象者の専門職としての成長を目指しているという点で違いがある．カウンセリングでもっとも重要な技法はおそらく「傾聴」であり，コーチングでは「質問」であり，ティーチングでは「説明」ということになるであろう．

　ティーチングは，知識や技術の内容を直接教えることによって，その人の成長を促す．対人援助職が自らの専門性を高めて成長しようとするときには，一般的な知識・技術を身につけておくことは不可欠である．一方で，知識・技術はもっているだけでは宝の持ち腐れである．現場で有効に活用できてこそ意味がある．そのためには，「身につけた知識・技術を応用する」ことが求められる．たとえば，近時記憶障害があり，食後に薬を飲んだ直後に毎回薬をくださいと繰り返す人について，「部屋に薬カレンダーを置いて自分で飲んでもらう」支援をしたら，しばらく支援すると徐々に食後に自分で薬を飲むことができるようになり，訴えもなくなったということがあったとする．しかし，これはこの状態のこの人に適合した支援であり，同じように支援しても別の人はカレンダーから薬を取り出して飲むことがむずかしいかもしれない．さまざまな個性をもった利用者がさまざまな状態で暮らしているなか，自分という個性をもった1人の人が援助を行う場合には，ティーチングで教えられたことだけを繰り返し行っていて，ティーチングで教えられたこと以外はできない状態ではまったく役に立たない．しかし，1つのティーチングは，他の事例にまったく応用が利かないかというとそうとも限らず，あるとき使った方法が，偶然別の人にマッチすることもある．つまり，ティーチングで学習した知識・技術とそれを活用した経験を蓄積しているのであれば，それらを活用して考えることにより，他の問題・課題に対応できる可能性が広がるということである．そのように，ある経験を効果的に別の事例に生かすためには，ある技法が有効に機能したのはなぜであったのか，どうするとこの人に応用できるかといった知識・技術，経験をもとにした思考力・判断力が必要になる．それを質問の技法を用いながら導いていくのがコーチングであるという理解ができる．このように，一般的な知識・技術を実際に合わせて有効に機能させる「思考力・判断力」を鍛えるという側面がコーチングにはあろう．

　また，コーチングの最大の特徴は，答えを「与えられる」のではなく，「自分で作り出す」ことをサポートする点であろう．ティーチングでは，教える相手は知識・技術を知らない人であり，できない人である前提があり，その人に対して必要な知識・技術を伝わるように伝える．一方，コーチングでは，課題解決に必要な知識・技術・経験はすでに本人に蓄えられていると考える．それを場面に応じて，あるいは目的に応じて本人が自分で引き出し，関連づけ，吟味し，統合して，判断するという過程を支援する．図 4-14 は諏訪[13]による整理であるが，以上の議論が端的に整理されているため参照いただきたい．

（3）コーチングの意義

　コーチングでは，相談にきた本人が，自身のもっている知識・技術・経験をもとに，自分で考える．現場で起こる出来事は，似たようにみえても毎回少しずつ異なる．そのような違いに合わせて支援の仕方を調整する際に，すべてをティーチングによって対応するということは非

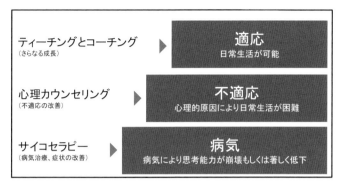

諏訪茂樹：対人援助のためのコーチング：利用者の自己決定とやる気をサポート．中央法規出版，東京（2007）.

図 4-14　ティーチング・コーチング・カウンセリングの違い

現実的であろう．また，思いもよらないまったく未経験の問題が発生する場合もあるが，そのようなとき，教えられることに慣れきっていれば，どのように対応したらよいか右往左往することも出てくる．そのような観点からも，状況に合わせて考え判断する経験を繰り返すことによって，自分自身の「考える技術」を高める必要がある．そのように，考える力をつけることはもちろん自分 1 人でもできるが，コーチが発問してそれに答えるという形式をとることにより，問題に沿って考えることに集中できる．また，考えるといっても，自分で「さあ考えよう」という時間をもつことはなかなかできないものである．コーチングの時間をもって，コーチと対話をすることによって自然な形で考える作業を進めることができるであろう．

　また，コーチングが優れた技法として指摘される理由のひとつとして，「内発的動機づけ」の向上に寄与するという点が多くの論者に指摘されている．よいケアをするということが内発的動機づけになり，自分がしたいことをしているという感覚をもてると，人がみていようといまいと，自分が満足するために楽しんでそのことを繰り返し行い，そしてできるようになるのである．コーチングを受けた人は，自分の知識・経験から考えたことをもとにして，自分で決めることを繰り返すため，「自分はできる」という自己効力感が高まりやすい．そうすると，専門的な技術を展開して，支援対象者にとって有益なケアを提供することそのものが，内発的動機として動機づけられてくるのである．コーチングが機能するためには，「させるのではなく，自ら決めて実行するプロセスを支える」というスタンスがぶれないことが不可欠である．

2）GROW モデルによるコーチング

　コーチングのもっとも基本的な進め方のモデルに GROW モデルがある．GROW モデルとは，Goal（目標の明確化），Reality（現状確認・把握），Option（選択肢，対策案の検討），Will（意思決定）の頭文字をとっている．すなわち，コーチングでは基本的に GROW のステップを踏んでコミュニケーションをとりながら，対象者を支えていくのである．以下に，具体的に解説する．

（1）目標の明確化

　GROW モデルのコーチングでは，まず達成する目標を設定する．この目標はあまり大きすぎるとその後の検討が進みにくくなるため，将来の目標を出してその第一歩としてどのような目標を立てるかという展開で考えられるとよい．「夜勤を 1 人でこなせるようになりたい」「A さんが気持ちよく全部の食事を食べられるように支援できるようになりたい」など，さまざまな目標が可能性として挙げられる．この目標の明確化のステップでは，対象者の力量によってはとても実現が不可能そうな課題が出されることがある．その場合には，目標を具体化するステップを踏む．具体的には，以下の例を参照いただきたい．このように，目標を具体化する場合には，WHAT（それってなに），HOW（どのような，どのように）などの質問が効果的である．わかりやすくするために少々極端な事例を提示しているが，【事例 10】では「日本一の介護職員」等，あいまいな表現について，具体化できるよう「どのような」という質問を投げかけている．そこで回答があった「利用者の満足が得られる職員」は，「日本一の職員」と比較すると具体化されているが，スタッフの行動レベルとしてどのような行動ができるとよいかが明確になっていない．そこで，「どのような」を繰り返し，「利用者の話をよく聞く」というところまで具体化している．

【事例 10】
スタッフ A：日本一の介護職員になりたいです
コーチ B：なるほど，これはすごい目標ですね．ところで，日本一の介護職員とはどのような職員でしょう？
スタッフ A：利用者の満足を得られる職員だと思います．
コーチ B：利用者の満足が得られる．利用者さんにとってどうかという意味で重要だと私も思います．では，満足が得られる職員はどのような職員でしょう？
スタッフ A：利用者の話をよく聞く人ではないでしょうか．
コーチ B：利用者の話をよく聞く人ですか．確かに話を聴いて理解することから，満足を模索できそうです．ほかにはありますか？
スタッフ A：そうですね．利用者をよく観察できる人でしょうか．観察できると，やはり，本人のことがよくわかりそうです．
コーチ B：観察も確かに重要でしょうね．ほかには，ありますか？
スタッフ A：ひとまず，まず，大事なのはその 2 点だと思います．
コーチ B：わかりました．話を聴いたり，観察したりできることが，利用者の満足につながり，それが「日本一の介護職員」につながるということですかね．当面の目標はどうしましょうか？
スタッフ A：そうですね．しっかり聞くということは常々意識していますので，観察力をつけるということを目標にしたいです．
コーチ B：わかりました．ではそうしましょう．

（2）現状確認・把握

　目標を設定した後には，現在の自分はどうかを現状確認する．「その目標に照らして，いまの自分はどうですか？」などといった質問で，現在の自分自身の状況の言語化を促す．この質問によって対象者は，「目指すところ」と「現在地点」を明確にすることができる．これが，目標と現状にはどのような開きがあり，それをどのように埋めればよいかと考えるための基本的な材料となる．いまの自分を語る際には，自分ができていないネガティブな側面が語られがちで

ある.「目標に比べて○○ができていない」という状態になりやすい.これはもちろん大事な自己客観視であるが,突き詰めすぎると,目標を達成する意欲までそがれてしまう.そのため,「その目標に関連していままでどのように努力してきましたか」「その目標に関連して,自分ができているところはどこでしょうか」などの質問も合わせて行い,できていること,できていないこと両方を言葉にして意識化できるとよいであろう.また,自分以外の状況に目を向けてもらうのも有効である.「なにが障害になっていますか」という質問によって障害が明らかになれば,それを取り除く動きをすることが,次の「選択肢・対策案の検討」における行動の選択肢のひとつになるであろう.あるいは,コーチが関与できる問題が障害として挙がった場合には,それをコーチが自分の権限の範囲で取り除くこともできるかもしれない.

【事例11】
コーチB：では,観察力をつけるということについて,いまの自分はどうでしょうか？
スタッフA：そうですね.水分摂取量など「これを把握する」と決まっていることについては,観察して記録できていると思います.しかし,この認知症の人は●●ではないか,といった新しい視点での気づきをチームに提供するということは,苦手かもしれません.
コーチB：なるほど.問題意識が明確ですね.そのように思った出来事がありますか.
スタッフA：はい.たとえば,Cさんのカンファレンスで先輩から「Cさんは左から話しかけても無反応で,左側の手すりをつかまなかったり,御膳の右側の食事しか食べないから,左半側無視ではないか」と発言がありました.確認すると,確かにそうで,すごいと思いました.
コーチB：そうですか.そんなことがあったのですね.よくわかりました.決められたことを観察できるというところはクリアできているので,新しい気づきを提供したいと理解していいでしょうか.
スタッフA：まさにそのとおりです.
コーチB：理解がずれていなくてよかったです.

---

(3) 選択肢・対策案の検討

　選択肢・対策案の検討においては,目標達成のためにどのような行動を起こせばよいかについて吟味する.この選択肢は複数あったほうが,次の「意思決定（Will）」において,現実的で,取り組みたいと思える決定ができる可能性が高まる.そういった観点から,「ほかにはどのような方法が考えられますか？」といった質問を投げかけ,考えを拡散させることを促すと効果的である.この段階では,拡散的な思考をできるよう質問を投げることで選択肢を幅広く考えていく.相手の話を否定せずテンポよく聞いていくと,たくさんの選択肢が生まれやすい.面接技法で挙げたうなずきや相づちなどを,ここで意識的に用いると有効である.出てきた意見を否定せず,言った言葉そのままを要約するなどせずに,書きとめるといったフォローをすると効果的な場合もある.

【事例12】
コーチB：では,チームに新しい気づきを提供できるようにするためには,どうしたらいいでしょうか.
スタッフA：やはり絶対的な知識が必要だと思います.
コーチB：知識ですね.
スタッフA：そうです.
コーチB：たとえば,どんな知識でしょう？

> スタッフＡ：先輩の例からして，左半側無視のような障害の知識をしっかりともつことが大事だと思います．
> コーチＢ：なるほど．知識以外では，ほかにはありますか？
> スタッフＡ：なに事もただこなすのではなくて，利用者に興味をもつということも大切だと思います．
> コーチＢ：うん，興味をもつ．そうですね．興味をもつというのは，どうすることでしょうか？
> スタッフＡ：そうですね．笑顔のときはどんなときか，不快なときはどんなときかといった，そういうことを意識的にみることですかね．
> コーチＢ：なるほど．興味をもっているときには，そうするかもしれませんね．新しい気づきを提供する方法として，ほかにはありますか．
> スタッフＡ：直接的ではないですが，すでにわかっていること，アセスメントの情報などを頭にしっかり入れておくといいかもしれません．
> コーチＢ：いまのことをわかっていると，新しいことに気づきやすいということですね．
> スタッフＡ：そうだと思います．
> コーチＢ：いろいろ出ましたね．ほかにはありますか？
> スタッフＡ：いま思いつくのはこれくらいです．
> コーチＢ：了解しました．

（4）意思決定

　　意思決定においては，「結局どうしますか？」という質問をして，自ら決定することを促す．Option（選択肢，対策案の検討）において，十分に吟味できていれば，ここはスムーズに決定されることが多い．この意思決定のステップでは，実際に行動が起こされるということを念頭に，収束的な議論がなされる．「いつ」「どこで」「だれと」するかといった特定質問を使いながら，行動の計画を具体化していく．そして，実際に実現できそうか，また実際にそう行動したいと思うかということを確認して，「ではそうしましょう」と決定を支持しセッションを閉じる．

> 【事例 13】
> コーチＢ：さて，では，具体的にどう行動していくかを考えていきましょう．いろいろと選択肢が出ましたが，どれに取り組んでいきたいですか？
> スタッフＡ：そうですね．当初は，先輩のあの場面が印象に残っているので，知識をつけていくということをしたいと思っていましたが，違った視点から，チームに貢献するという意味では，もっと素朴に，「笑顔のときはどんなときか，不快なときはどんなときか」といったことをまずは気づけるようになりたいです．
> コーチＢ：そうですか．当初と変化したのですね．もしよかったら，どのように気持ちが変わったのか教えてもらえますか．
> スタッフＡ：そうですね．認知症の人の満足ということを考えると，笑顔の場面に気づくことが近道だと思ったのと，それから，すでに先輩ができているのであれば，違った観点からの技術をつけたほうがチームとしては，総合的に認知症の人に貢献できると思いました．
> コーチＢ：同じことができる人が 2 人いるより，違った力量をもった人になったほうがいいということでしょうか．よくわかりました．では，認知症の人の笑顔のとき，不快なときはどんなときかに気づくということに取り組むということでよいですか．
> スタッフＡ：そうしたいです．
> コーチＢ：わかりました．そうしましょう．ところで，「認知症の人の笑顔のとき，不快なときはどんなときかに気づく」ということですが，わが施設には，認知症の人が 60 名います．だれを対象にしますか？
> スタッフＡ：全員を対象にしたいと言いたいのは，やまやまですが，いきなりハードルが高いかもし

　　れません．自分の担当の認知症の人についてにしてはどうかと思います．
コーチB：なるほど．ちなみに，どんなときに注意して観察しますか？
スタッフA：常に注意したいです．
コーチB：了解しました．まとめると「担当の認知症の人について，常に笑顔のとき，不快なときは
　　どんなときかに意識的になり，気づきを得る」ということですかね．これに取り組みたいと思いま
　　すか．
スタッフA：ぜひやりたいです．
コーチB：わかりました．ちゃんと，実現できそうでしょうか．
スタッフA：できるだけ，常に意識できるようにします．
コーチB：ちょっと，不安そうですね．大丈夫そうですか．
スタッフA：ふと，常に意識できるかなと思ってしまいました．
コーチB：なるほど．常に意識できるようにするためにできることはあるでしょうか？
スタッフA：そうですね．たとえば，名札の裏にそのことを書いておいてもよいかもしれません．
コーチB：それはいいかもしれませんね．そうしますか．
スタッフA：そうします．
コーチB：改めて，実現できそうでしょうか．
スタッフA：できそうだと思います．頑張ります．
コーチB：了解しました．では，そうしましょう．心から応援します．

(5) GROW を活用する際の工夫

　GROW モデルでのサポートの例を具体的に挙げた．以上の例は，GROW モデルのプロセス
をわかりやすくするために，かなりスムーズな例を挙げた．実際は，沈黙の時間やスタッフが
悩んでしまうこと，あるいは，コーチからみて本当にできるのか心配になってしまうことなど
が多々出てくるであろう．1つには，対象者の自立度の問題がある．すなわち，コーチングで
は，半自立といわれる状態像を主な対象とし，依存・半依存といわれるような状態の人を対象
としない．コーチングでのやり取りをしながら，自分で考え判断することに大きい負担を感じ
るようであれば，ティーチングにより，知識を提供するということも必要になろう．あるいは，
コーチが「私は○○と思います」といった「アイ（I）・メッセージ」の形式で提案することに
よって，考えを刺激することなどもある．ともかく，コーチングを用いること自体が目的では
なく，対象者の成長や力量の向上等を念頭に判断していくことが必要となる．

(6) 課題解決のためのコーチング

　GROW モデルを活用できる場面としては，目標設定ではなく，問題を解決したいという場合
も想定できる．「認知症のAさんが不安そうに歩き回っていて，いろいろ対応しているがまっ
たく改善しない」「認知症の人がデイサービスの送迎バスに乗ってくれない」「認知症の人の転
倒事故が増えている」「スタッフのBさんとの感情的なもつれから連携がうまくいっていない」
「家族がけがをしないように認知症の人を拘束することを希望している」など，さまざまな問題
で困ることが多々ある．実際には，これらの問題の多くはチームで解決すべき問題であり，カ
ンファレンスやサービス担当者会議などチームで検討される場合が多いかもしれない．しか
し，たとえば「チームのなかで自分が口腔ケアをしようとしたときだけ，口を開いてくれない」
というように，個人の力量に課題がありそうな場合には，コーチングを用いて検討するという
場面が出てくるであろう．

　そのような課題解決を目指す場合は，Goal（目標の明確化）において，「解決したい問題はなにか」というステップが入ることとなる．すなわち「解決したい問題はなにか」を考えたのちに，「その問題がどうなるとよいか（≒目標）」を考える．また，認知症介護においては，「問題」が認知症の人にとっての問題かどうかということが重要になる．たとえば，「認知症の人が『帰りたい』と繰り返し訴える」というのはスタッフにとっての問題であり，それがなくなったからといって，認知症の人にとっての困りごとが解決したかはわからない．薬や抑制によるあきらめから，訴えがなくなるということもある．そういった観点から，問題の特定においては，だれにとってのどのような問題であるか，もっと具体化すれば，「その問題は『認知症の人にとって』の問題であるかどうか」を明らかにするというスタンスが必要である．また，Reality（現状確認・把握）という観点からは，現状の整理のなかでもとくに「要因の洗い出し」，すなわち，なぜ問題が起こっているかを考えることが必要となる．そして，そのうえで，Option（選択肢，対策案の検討），Will（意思決定）を考えるステップに進む．

【演習 8】
　自施設・事業所で支援に困難を感じている事例について相談してみよう．あるいは，支援にむずかしさを感じていた事例を思い出し相談してみよう．相談を受ける人はコーチングにて相談を受けよう．

3）コーチングにおいてよく活用するコミュニケーション技法

　コーチングの基本的なプロセスは前項で述べたとおりであるが，それらを効果的にするためには，面接技法を含め，コミュニケーション技法を意図的に活用すると効果がある．

（1）拡大質問

　拡大質問は，なぜ，なに，どのようにといった，話題を広げる質問である．これは，面接技法における「開かれた質問」と同様と考えてよい．コーチングではとくに拡大質問を使い，話したいことを自由に話してもらうことを重視する．これによってコーチが知らない情報，相手が発信したい情報を得ることができる．一方，回答を限定するような質問を特定質問という．具体的には「いつ」「どこで」「だれが」「だれに」といった質問や，「はい」「いいえ」で答えられる質問が当てはまる．これは，具体的な情報を得たい場合には有効な質問である．ただし，質問した方向に思考を誘導する場合も多いということを念頭におきつつ使用することが必要である．コーチングにおいては，意思決定（Will）の段階で用いることが多いであろう．また，コーチが問題状況を正確に理解するために特定質問を使うこともある．

（2）未来質問

　コーチは，自分の質問の方向性に意図的になっておく技術を身につけたい．そういった観点からは，「未来質問」「過去質問」という視点で質問を分類できる．未来質問とは，将来の出来事等に対する質問であり，「今後どうしたいか」「当面の目標はなにか」といった質問をいう．一方，過去質問は，過去に起こったこと等の過去に関する質問をいう．たとえば，「これまではどうしていましたか」「○○した理由を教えていただけますか」といった質問が当てはまる．過去質問が多くなると，悪い過去を振り返ることが増える場合が多く，後ろ向きになったり，自

己効力感が下がったりする場合がある．必要に応じて振り返りを行うことは重要であるが，無意識にそのような質問が増えないほうが，前向きに面接を進めやすいであろう．コーチングでは意図的に未来質問を使用し，今後の方向性を検討する機会を提供する．一方，過去に関する質問であっても，「以前のうまくいったケース」などを振り返ることもあり，過去の質問をするのは避けると考えるのは，コーチの質問を狭める可能性があるため望ましくないであろう．あくまで，効果的に面接を進めるための視点として考えるべきである．

（3）肯定質問

肯定質問は，質問のなかに否定の語法を含むか含まないかに焦点を当てた質問の分類である．否定形を含むかどうかで，質問を受けた人の質問の受け取り方が異なってくる場合がある．たとえば，「なぜできなかったのですか？」という質問は，できなかった理由をたずねる質問であるが，中立的にたずねようとしても相手に攻められているという印象を与える．結果的に相手の緊張感を高め，リラックスして考えることをむずかしくする場合がある．緊張しているときには論理的に考えることがむずかしい．一方，同じようにたずねるにしても，「どうするとできるようになると思いますか」「できるようになるためにはなにが必要ですか？」という否定を含まない質問は，そうした緊張感を与えず，質問に集中することを容易にする．このように，自分自身の質問の仕方が否定形を含めた語法になっているかどうかに意識的になると，質問に集中しやすいコーチングができやすい．否定型を含まない質問を肯定質問，否定形を含む質問を否定質問といい，コーチングでは肯定質問を意図的に使用する．

（4）チャンクダウン

コーチングにおいて，質問を繰り返すなかで対象者の気づきを導く際には，さまざまな言葉を具体化する質問が役に立つことがある．そのような質問をして，話題を具体化していく作業を「チャンクダウン」という．チャンクとは塊という意味である．抽象的な言葉，概念に当たる言葉は聞こえがよく，物事を理解したような気分にさせるが，具体的な現象と結びついていない場合には，誤解を生んだり，かたよった見方をさせたりする場合がある．そのような場合，「○○とは何ですか」「具体的な例はどのようなものがありますか」といった質問を投げかけることで，対象者に現象を具体化するよう促す．具体化することで，対象者が新たな見方で出来事をとらえ直すことができる場合もあり，そこまでの気づきは得られなかったとしても，コーチが具体的な場面をイメージできることで，その後の質問の方向を調整しやすくなる．

【事例14】
スタッフ：できるだけ寄り添ったケアをしようと心がけているのですが，なかなか本人が落ち着きません．
コーチ：努力されているが，うまくいっていないと感じているのですね．寄り添ったケアとは具体的にどのようにしていますか？
スタッフ：本人が言うことを否定しないようにしています．
コーチ：なるほど，寄り添うケアとは，ここでは否定しないでかかわるということを意味しているのですかね．＊1
スタッフ：そうです．＊2
コーチ：他のスタッフは寄り添うケアをどのように考えているでしょうか＊3

> スタッフ：これまで寄り添うケアをしようということをスローガンにしてきたのですが，もしかした
>   ら，「ずっといっしょにいて，困ったときには声をかける」「本人の感情に焦点を当ててコミュニ
>   ケーションをとる」など，少し異なったイメージでいる人もいるかもしれません．
> コーチ：なるほど．どうするといいでしょうか
> スタッフ：そうだとすると，一度「寄り添うケア」とはなにかを，チームで確認してみるとかかわり
>   が統一されて，本人に変化が出るかもしれません．
> コーチ：いい考えだと思います．そうかもしれませんね．

　【事例14】では，＊1，2のやり取りでコーチが寄り添うケアというチャンクを具体化したこ
とにより，仮説としてスタッフ同士のケアのあり方のずれが生じている可能性を感じ，＊3の
質問を投げかけるに至っている．勘のよい内省的なスタッフであれば，＊2の時点で，スタッ
フ同士の考え方のずれに気づく場合もあるであろう．このように，抽象的な言葉を具体的にす
ることによって，本人もコーチもより現実的な視点から問題と解決策を検討することができる
ようになる．

4）コーチングの留意点

(1) 質問は相手のためにする

　コーチングにおいては，質問に慣れてくると相手をコントロールできているように感じるこ
とがある．しかし，コーチングは自己決定を促す技法であり，相手をコントロールすることは
コーチングの趣旨に反する．質問は相手のためにするということを念頭においておきたい．た
とえば，【事例10】に挙げた目標設定の場面で，「利用者の話をよく聞く」ということを引き出
し，それに対して「利用者の話をよく聞く人ですか．確かに話を聴いて理解することから，満
足を模索できそうです．ほかにはありますか？」と質問している．これをたとえば，「利用者の
話をよく聞く人ですか．そうなるためにはどうすればよいでしょうか？」などと，確認なく，
次の話にいってしまうと，コーチングを受ける側としては，自分はどうしてこの目標を設定し
たのか違和感が残るであろう．それを避けるためには，相手への確認が重要である．これを目
指したいと思うか，これでよいと思うかという本人の意思確認の質問を随時行いたい．質問を
して回答を得ると，得てして相手が出した答えであるため相手が決めたと思ってしまうが，質
問は相手の関心を誘導する行為でもある．「『日本一の介護職員』という突拍子もない目標が，
『話を聴く』というところまで落ち着いたな．よかった．これでよい」などと無意識のうちに
思っていると，コーチングの意義が失われることになるであろう．コーチングを効果的に機能
させるためには，コーチとしての自分自身が納得できる結論に導くのではなく，あくまでも本
人が考え判断したことを承認するという姿勢を崩さないことが重要である．

(2) コーチング後もスタッフに関心をもつ

　コーチングに手ごたえを感じると，コーチは安心しがちである．しかし，コーチングは，現
場から離れて行う面接の形式をとる場合も多いであろう．その結果を次の面接で確認すること
になるのが一般的と思われるが，本来コーチングで自ら決めたことは，現場で行われて初めて
意味がある．現場で，「面接のとき，ああ言ったよね」とプレッシャーを与えることは望ましく

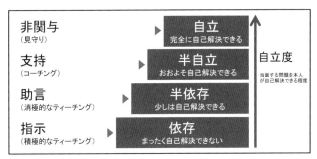

出典）諏訪茂樹：看護にいかすリーダーシップ：状況対応とコーチングの体験学習. 医学書院，東京（2002）.

図4-15　ティーチングとコーチングの使い分けによる自立支援

ない. なぜなら，自分で決めたはずの行動・目標が，いつの間にかさせられる行動に変わる可能性があるためである. 「自分で言わせて，それをさせられる」と思われることは，コーチングの場面で，相手が萎縮する原因になるかもしれない. そうではなく，コーチングにおいて考えたこと，決めたことに関心をもっているというメッセージが伝わるようなかかわりをすることによって，対象者を勇気づけることができる. 自分に関心をもってくれているというメッセージが伝わることによって，面接場面での決定を遂行したいという気持ちを後押しできるということは念頭においておきたい.

(3) 自立度を評価する

　新しくコーチングを学習した後には，高揚感とともに新たなアプローチに対する期待の高まりをもつ人も多いであろう. しかし，コーチングを万能のものと考えて使用するのは避けたほうが無難である. コーチングのような意図的なかかわりを，スタッフとの日常的なやり取りのなかで自然に身につけるには，繰り返しの訓練が必要だからである. また，一般にコーチングは，図4-15に示されているとおり，「半自立」の状態にある人に対して行われる方法である. すなわち，依存・半依存といったどちらかというとまだ指示・助言を主に必要とする人に対して行っても，答えを自分で紡げない苦しみを感じさせてしまう可能性もある. ある程度の知識と経験をもった人が，自立を目指して学習していく際に用いられる方法であることを念頭においておきたい. なお，実際の現場においては，こういった自立度は一概に評価できるものではない. たとえば，利用者とのコミュニケーションは得意であり，さまざまな認知機能の状態の認知症の人とかかわった経験をもっている人でも，内部研修の段取りや会議の進行役としては，まだまだ半依存のレベルにあるといったことは多々ある. すなわち，同じ人でも業務の内容に応じて，自立的に動ける場合もあれば，そうでない場合もあるのである. 経験年数や職位だけでその人の自立度を考えてしまうと，コーチングでかかわれる人にティーチングで教え込んだり，逆にもう少しティーチングが必要な人がコーチングで困惑したりということも起こってくる. コーチを担当する人はこの点に留意して，柔軟に方法を選択する目を養っていくことが求められる. 図4-15に諏訪[13]による，自立度を理解する視点を示したため参照されたい.

5）職場内教育（OJT）において指導技法を活用する際の留意点

（1）内発的動機づけを高めようとするときに求められるスタンス

　本章で紹介した各技術に共通してリーダーに求められる視点としては，内発的動機づけを高めるという視点である．スタッフ自身の動機づけが，「よいケアをすること」自体となる状態に導くのは，一朝一夕ではむずかしいであろう．指示・指導されて実行するようになると，指示・指導されないとしなくなる．また，ほめて育てるというのも，「自分がしたいことをした結果ほめられる」というのは悪くないが，ほめられること，よい評価を得ること自体を目的として行動が起こるようになると，ほめられなければその活動をしなくなるという意味で，1つの外発的動機づけといわれる．内発的動機づけを高める方法のひとつとしては，「結果を体験させる」ことが有効的であるといわれている．すなわち，自分のケアの結果がどのように利用者に有効に機能しているか（していないか）を示すのである．それは，ほめるのとは異なる．また，できたことの価値を伝えるということも重要である．どのようなケアにどのような価値があるかということを言語化して伝えておくことで，自分自身の行動の結果がそのような価値に合致する成果があったかどうかを自己判断できる．なお，その際にケアそのものがその場ですぐに効果が確認できるたぐいの実践ではなく，息の長い取り組みで徐々に効果が確認できるものであるという前提を共有しておくことで，冷静に自分のケアを評価できるであろう．また，このように考えると，組織として目指している利用者の状態や，目指しているケアを言語化した「理念」を明確にし，スタッフがそれを目指したいと思えていることは重要といえる．

（2）観察学習を有効に活用する

　観察学習とは，簡単にいうと「みて学ぶ」ことである．口頭でのティーチングや面接場面でのコーチングなどは，言葉でケアを理解する取り組みであるため，必ずしもすべての状況を説明しきれない．たとえば，どれくらいのスピードで近づくと認知症の人が驚かないかということを言葉で説明するのは至難の業である．そういった意味では，ケアの専門職は，教えられたことだけでケアをしているのではなく，知っていることや考えたことをベースにしつつ，その場に合わせてケアを作り出しているという見方ができる．観察学習では，言葉によるティーチングやコーチングで学習したことをベースにして，言葉での説明がむずかしい部分，すなわち「ケアをどう作り出しているか」，あるいは「知識を実践的に応用する仕方」を読み取ることができる．百聞は一見にしかずといわれるように，みることによって理解が深まるという意味では，観察学習は非常に重要である．ただし，同じ場面をみていても，人がみる観点はさまざまである．ある人はその人のしぐさ・表情をみるかもしれないが，ある人はその人の言葉遣いに着目するかもしれない．そういった点で，複数のスタッフが同じ場面をみても，同じ情報を読み取り同じように学習できるとは限らない．観察学習は，ティーチングやコーチングによるOJTと組み合わせながら活用することによって，そのような理解のずれを修正する過程が必要となる．

　みて学ぶということが日常的に行われるのは，たとえば芸の世界や職人の世界である．師匠に弟子入りする落語家などは，その世界や技術に対するあこがれと，何としても一人前の落語

家になりたいという高い意欲をもっており，自ら率先して師匠の芸をみて，自分となにが違うのか，なにが優れているのか，まねをしたり言葉にしたり，あるいは兄弟弟子と議論したりしながら，それを盗もうと努力する．教わったことだけをするのではなく，日常的なあらゆる機会を自分自身の成長のために生かしていこうとする．一方，認知症介護の業界は，非常勤職員も含めた多数の多職種が連携して支援することを前提としており，必ずしも観察学習をする側のモチベーションが高いとはいいきれない．にもかかわらず，「技術は盗むもの」という前提が固辞され，「何度もみているのにどうしてわからないのか」という発想がリーダーに芽生えると，リーダーがスタッフのモチベーションが低い，盗もうとしないことを一方的に指摘するという状況が発生する．それは，先輩・後輩，上司・部下の間でのコンフリクトを発生させる要因になる．結果として，変化・成長，あるいは学習できないことが，「スタッフのやる気がないから」「スタッフの能力が低いから」という理由で説明され，リーダーとスタッフの間の溝が大きくなる場合がある．リーダーは，自分自身の考え方が観察学習からすべてを学ぶことができることを前提とした一方的な押しつけになっていないか，注意する必要があるであろう．

　以上のことから，現在では学習が観察学習のみにかたよるのは危険であると考えられる．ただし，そのような落とし穴に意識的になることができれば，観察学習は内発的動機づけを高めるためのきっかけにもなる．たとえば，効果的な実践をしている先輩をみて，「あのような優れた認知症ケアをしたい」と感じる場面を生み出すこともできる．観察学習を有効に活用することが期待される．

（3）指導する自分を自己覚知し，スタッフの多様性を認める

①自分だからそう感じる

　人材育成において，スタッフの力量を把握し，それに基づいてティーチングやコーチングを展開していくことは大切であるが，そのような指導が適切に機能するためにも，「自分のもつ，スタッフに対する印象・理解は，どのような事実や自分のもつ知識・経験・感情・思考を背景としているのか，自分のもつ，印象・理解の根拠に意識的になる」，すなわち，自己覚知をすることが重要になる．たとえば，リーダーからしてみるとルーズな側面が多く，みていてやきもきするようなスタッフであっても，もしかしたら支援を受ける利用者からみれば，おおらかで気を遣わずにつき合える存在として認められているかもしれない．リーダーが，「普通○○である」といった自分の価値観を根拠にしてそのスタッフを理解していることに無自覚であると，自分以外の人がとらえると評価が異なるかもしれないという可能性がみえなくなってしまう．一方的にそのスタッフを指導すると，実践の論理性や柔軟性が損なわれ，かたよったチームが形成される可能性が高まるであろう．このような場合，いくら新しい人材を採用しても，リーダーである自分の常識に合わない人材は役に立たない人になる．結果，質の高いケアを提供できる人材が集まりにくい（という状況をリーダーが自らでつくることとなる）．そのような状況に陥らないためには，リーダーが「自分はこのような価値観・考え方をもっている」ということを「自己覚知」すること，そして自己覚知できている側面を増やすことが重要である．自分自身を自己覚知し，その前提を踏まえて，起こっている出来事やスタッフをもう一度眺めてみ

ると，リーダーとしてすべきことについて見方が変わり，新たな活動の可能性がみえてくるかもしれない．自分自身の特徴は，自分にとってはあまりにも当たり前であるがゆえに気づきにくい．とくに，OJTがうまく進まず，「どうしてこのスタッフはこうなのか」と思ったときほど，自分自身の「思い込み」が影響を与えている可能性があることも意識しておきたい．

　②リーダーが自分の特徴を認める

　自己覚知が議論になる際には，「自分自身の特徴を知って自分自身の欠点を改善するため」に必要であるという誤解が生じる場合がある．しかし，実はそうではなく，「自分がどのような特徴をもった人間であるかを知り，長所・欠点（と思えること）をありのままの自分自身として認める」ために必要であると考えるべきである．人が個性をもつことは妨げようがない．そして，個性は状況やとらえ方に応じて，長所にも欠点にもなる．また，個性豊かな利用者を理解し支える際には，さまざまな個性をもった人材がいることは歓迎すべきことである．人の特徴はパズルのピースのようなものであり，いびつであることが当たり前である．そのピースを理想に当てはめて押し込もうとしたり，ピースの形を理想に当てはめて強引に変えようとしたりすると無理が生じる．そうではなく，自分や他者の特徴をそのままパズルのピースとして受け入れ，収まる場所や角度を考えたほうが，さまざまな活動がスムーズに進むであろう．そういった意味では，まず人材育成に臨むリーダー自身が，自分というパズルのピースの形を無理に変えようとするのではなく，自分の特徴（長所や欠点）をあるがままに認めることが重要になる．自分自身に欠点と思えるような特徴があっても，それを認めることができれば，おのずと他者の特徴にも寛容になることができるであろう．なお，これはリーダー・スタッフの変化・成長を期待しないということではない．内発的動機づけにおいても指摘されているとおり，無理に成長させるのではなく，自分でも他者でも人が成長するためには自発性が重要になるという意味である．

（4）即時的な効果を求めすぎない

　人材育成は時間のかかる取り組みである．1つのことを知るとまた1つの疑問が生まれ，それを実践するとさらに疑問が生まれる．また，技術の習得という点においては，「こうするとできると知っているが，しようと思うとできない」というレベルから，自動的に体が動いてしまうという自動化のレベルまで，年単位での繰り返しを通じて成長していく．実践リーダー研修を受けている自分自身について考えればわかるように，それは一朝一夕のつけ焼き刃で習得できるものではなく，普段からの繰り返し，訓練あるいは実践において習得されるものである．ところが，いざ指導する側に回ると，得てして教えたことができずに指導者がいらだちを覚え，感情的な指導をしたり，焦ってしまったりということが起こりがちになる．そのような自分に意識的になって，できる限りゆとりをもってOJTを行うとよいであろう．その際，成長したから部下・後輩を信頼するということではなく，「部下・後輩はまちがいなくわかるようになる，できるようになる」という相手の成長を信じる姿勢を示し続けることが，部下・後輩に対する勇気づけになる．結果として期待どおりにいかない場合があるとしても，期待どおりに成長できることを信じるのである．信じているということが伝われば，自分自身が期待を寄せられて

いることに責任と意欲を感じ，自ら行動を起こすことができる．一度の失敗でチャレンジする
チャンスを失えば，それは成長する機会を失うということでもある．当然，現場はスタッフの
成長を目的とした場ではなく，利用者にその人らしい生活を送ってもらうことを目指す場であ
る．利用者を無視してはならないが，スタッフに成長の機会を与えることは，長い目でみると
今後のそのサービスを使用する人によいケアを提供する準備でもある．両者を天秤にかけなが
ら判断できることを目指したい．

5．指導における活用と留意点

1）ティーチング・コーチング・面接技法の統合

　ティーチングやコーチング，面接技法は，スーパービジョンの方法といえる．方法について，
西條は「方法とは現実的制約や特定の状況下で，特定の目的を達成するための手段である」[14] と
述べている．これは，①方法を採用するには制約がある，②目的を達成するための手段である，
という 2 つのメッセージから成り立っている説明である．すなわち，方法は状況と目的に合わ
せて検討されるものであり，絶対にこれが正しいという方法はないということである．スー
パービジョンにおいても，これらの方法を組み合わせて，あるいは選択して実施するというこ
とが必要である．1 つの視点としては，「自立度」という観点から特定の指導したい内容に関す
る評価をリーダーなりに行い，それに基づいて実際に方法を適用し，体験を通して技法を選択
する技術を高められるとよいであろう．特定の方法を繰り返して，その方法の決められたルー
ルにのっとって行うことが絶対視されると，方法を守ること自体が目的化して，本来の人材育
成という目的と乖離していく場合がある．「特定の状況下で」という観点では，面接室で面接を
するという状況をつくれるときもあれば，業務中のちょっとした時間でやり取りをするという
こともあるかもしれない．また，カンファレンス等の会議の場面がスーパービジョンの機会と
して活用されることもある．時間や場所等を含めた方法は，それぞれにメリット・デメリット
がある．倫理的な側面にも注意をはらいながら，適切な選択ができるように繰り返すことが望
ましい．

2）問題の全体像をとらえる

　利用者本位のケアをするというのが現在の認知症ケアの大原則であるが，そのような教育が
浸透する過程においては，スタッフが「認知症の人」と「認知症の人の行動」を同一視してし
まう場合がある．「この認知症の人は妻に暴力を振るっている．これはいくら認知症の人であっ
ても許されない」などという発言内容を，本人自身の問題としてとらえてしまう場合などであ
る．認知症ケアの指導においては，指導する立場にある人には「問題の外在化」をする視点が
求められる．その人の行動がその人の存在を否定したり，善し悪しを判断したりする材料には
ならないという視点である．もちろん，認知症の人が振るう「暴力」は，可能な限り起こるこ
とを避けたい出来事である．しかし，図 4-16 のように，なぜ夫である認知症の人が暴力を振る
うかというと，もしかしたら「妻が『さっきも言ったでしょう』等，本人を否定するような発
言をしていたから」かもしれない．さらに，妻のそのような発言自体は歓迎されるものではな

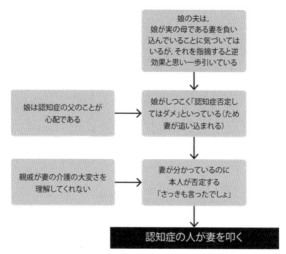

図 4-16　問題を構造的にとらえる

いが，そこで妻を悪者にしても始まらず，妻自身と妻のそのような発言を別要素として扱い，課題解決を目指すことが求められる．そうすると，妻がそのように言ってしまう背景には，「親戚が妻の介護の大変さを理解してくれない」「娘がしつこく『認知症があるのだから否定してはだめ』というために，かえって妻が追い込まれる」ということがみえるかもしれない．このような点について考えると，妻は妻だからこのような行為をしたのではなく，ほかの人であっても妻と同じ立場に追い込まれたら同じような行動を起こしたかもしれない．このように，「認知症の人が暴力を振るう」「妻が認知症の夫を否定する」という行為は，その行為を行う本人と区別されないままに否定される場合があるが，実はだれにでも起こりうることである．だとすると，本人を否定するのではなく，問題を外在化し，問題を取り囲む状況の全体像をつかむことが重要になる．問題と思われる状況は，その部分だけで成立しているというよりも，人間関係等のバランスのなかで発生している．さらにいうと，問題は全体的な状況のバランスをとるために発生する．すなわち，ある点に問題がみえると，関連するその他の側面にもひずみが生じていると考えられる．他の問題が連動して発生しているなかで，目立つ形で顕在化しているのが認知症の人の暴力なのである．だとすれば，その点だけをとらえて改善しようとすると，別のところにひずみが生じるであろう．全体的にとらえたうえでアプローチすることによって，だれかを悪者にするのではなく，より根本的な改善を目指すことができる．図 4-16 の例をさらにみると，娘が妻を追い込むような発言をするのは，「娘として認知症の父のことが心配」「娘の夫は，娘が実の母である妻を追い込んでいるということには気づいてはいるが，それを指摘すると逆効果と思い一歩引いている」という理由が影響しているかもしれない．娘も問題の発生源として断罪されるのではなく，娘と娘の行為はまた区別して考える必要があるであろう．このケースでいえば，もしかしたら娘とその夫が家族会等に参加し，妻や認知症の人へのかかわり方に相談する方法が有効かもしれない．当然，妻や娘を一方的に批判すれば，問題はより

悪化する可能性が高いであろう．問題は「人」が引き起こしているのではなく，その「状況」におかれているから引き起こされているという考え方を基本にして，その構造を把握する視点をもつことによって，より幅の広い対応策を検討することができるであろう．

3）報告を受ける過程での指導（事実と解釈を区別する）

スーパービジョンでは，実際に目の前に認知症の人がいない状況のなかで，スーパーバイジーの指導をすることが多々ある．そのようなときには，スーパーバイジーの話から認知症の人の姿をイメージしていき，それをもとに指導していくこととなる．当事者である認知症の人が目の前にいない場合，スーパーバイザーはスーパーバイジーが語る話の内容について，事実と解釈を区別しながら理解していく必要がある．たとえば，「この人は左半側無視があります」という解釈レベルの報告が，実際に事実かどうかわからない場合もある．「左側から話しかけてみたらどうでしたか？」「左側の障害物にぶつかるということがありますか？」「左半側無視があると考えた出来事はどのようなことですか」等，質問を通じて事実確認を行いながら進めることを意識したい．同様に，スーパーバイジーが「認知症の人が大変不穏になっていました．大声で叫んで徘徊し続けました」と語る場面で，「不穏」「徘徊」は解釈である．また，「大声で叫んで」という発言だけでは，何と言っていたのかがわからない．どのような事実をもって不穏といったのか，徘徊とはどのような状態であったのか，質問によって具体化する必要がある．すなわち，「大声と言うけれども，認知症の人は何と言っていましたか？」「徘徊というけど，どのような様子でしたか？」などと質問をし「おーい，花子．おーい．と言って娘をよんでいました」「施設の入り口と居室の間を行ったり来たりしていました」などと回答が得られると，「不穏」や「徘徊」が具体化されてくる．不穏としかとらえられていなかったことが具体化されていくと，それがなぜ起こったのか，どう対処すればよいかもみえてくるのである．

4）倫理的配慮

近時記憶障害があるからといって，認知症の人の前で本人が聴いていないかのように OJT が行われるということも当然望ましくない．本人への配慮という観点からも，スタッフへの配慮という観点からも，守秘義務という観点からも，深いスーパービジョンを行うためにはそれに応じた場所を設定することが望まれる．ただし，密室でのスーパービジョンは，性別の違う同士のやり取りの場合などで誤解を生むおそれもあり，セミオープンな環境で行うことを推奨する考え方もある．

そのほか，資料やメモを放置しない，外に出す資料は，氏名や地名，施設名，入居年月日や生年月日，年齢等を記号化して作成するという配慮が不可欠である．記号化においてはイニシャルを用いると特定できることが多いため，A，B，C と機械的に記述することが推奨される．加えて，公共の場所で，認知症の人や家族，スタッフのスーパービジョンに関する情報をやり取りすることも厳禁である．倫理的配慮がなされていない OJT は，いくらその他の点で優れた指導であってもそれが帳消しになってしまうばかりか，逆効果になる場合もあるため，十分注意したい．

Ⅲ．職場内教育（OJT）の実践

─学習の Point─

認知症ケアは，知識がすぐに技術と直結せず，持ち得る意識や価値がケアに影響しやすいため，知識・技術・意識（価値）をバランスよく身につけていく必要がある．本節では，比較的かかわる時間が多い食事・入浴・排泄ケアの場面を取り上げ，スタッフと共に実際のケア確認しながら課題を導き，指導の目標や計画，見直しを行う OJT のプロセスと実践について，実際の指導例や演習を通して理解する．

キーワード：OJT（On-the-Job Training），評価，個別課題，指導目標，指導計画指導，食事介護，入浴介護，排泄介護

1．食事・入浴・排泄等への介護に関する指導計画（事例演習）

1）食事・入浴・排泄等への介護に関する介護職員等の力量とその評価

（1）OJT で力量を評価するために実践リーダーに必要な能力

①エビデンス（根拠）を伝える能力

認知症ケアは，根拠が明確で計画的であり，実施の手順が決まっていて確実に実行される必要がある．声かけなどを含む手技やしつらえなどの環境調整にも，認知症の人のアセスメントから導き出した根拠に基づいて提供されるのが望ましい．

障害の理解が進み，背景となる根拠が示され，ケアの意図が理解できるようになると，スタッフ自らがケアの意味を見いだすようになる．

認知症ケアのヒントは，実践リーダーやスタッフがもつわけではなく，認知症の人のなかにある．「何となく」という感覚でケアを続けないよう，1つひとつの場面ごとに実践リーダーが根拠を示し，スタッフにそれを問いかける指導を続ける必要がある．

②中核症状へのケアを提示する能力

記憶障害を補うための声かけや見当識障害を補うための目印やサインなど，認知症の人がスタッフの指図などを受けずに，自分で認識し判断して動けるようにすることが目指すべき認知症ケアの目標である．そのためには，中核症状を補完するケアを理解し，スタッフに伝える能力が必要である．

③認知症の人の体験世界を代弁する能力

認知症ケアの指導では，身体介護のように「熱があるからクーリング」というようなハウツーでケアを伝えるのではなく，認知症の人の障害による感覚や体験している世界などをスタッフに解説する能力が求められる．認知症ケアは，個々で異なる中核症状の程度や生活歴や性格，まわりのかかわりなどによって認知症の人の状態が変化するため，それに合わせたケアができているかということが，身体介護に比べて評価しづらいという特徴をもつ．中核症状やまわりのかかわりなどによって体験している認知症の人の感覚を理解し，そのうえで生活が困難になっている状況を解消するようなケアを伝えていく能力が必要となる．

(2) OJTでスタッフを評価する際の視点

①スタッフの個別性を重視する

　認知症の人へのケアは個別性が大事だということは理解されていても，ケアスタッフの指導にも同じように個別性が大事であることに気がついていないことがある．集合研修などでの知識教育を重視し，ケアスタッフの実践を確認しないような場合には，集合研修の内容も実践に生かされず，結果としてケアスタッフの身にならないことも多い．スタッフの個別性を重視し，スタッフごとに異なる能力を見極めて，個別のOJTを主にOff-JTなどの集合研修を組み合わせて教育することが重要である．

②知識・技術・価値のバランスを意識する

　知識を取得することで技術が伴いやすい身体介護などと異なり，認知症ケアの習熟には，知識や技術，価値がバランスよく身についていくことが大切である．知識だけではなく，それが実際のケア技術として生かされているか，利用者の生活のしづらさの解消に重きをおいてケアしているかなどの意識や価値などを磨かれていくことを確認しながら育成を進めていく．実践リーダーには，「正しい知識」と「知識に裏づけされた技術」「持ち得た意識や価値（考え方）」の習得の度合いを意識しながら指導することが求められる．

③認知症の人の状態でケアを評価する

　ケアの評価には，実践リーダーやスタッフの主観が入り込みやすい．もっとも確実なケアの質の評価は，認知症の人の状態で判断することである．スタッフのかかわりによって認知症の人の自主的な活動性が向上しているような場合には，ケアがよい方向に作用していると判断できる．さらに，認知症の人がスタッフの指図なしに混乱なく生活できる状態であれば，質の高いケアが提供されていると評価できる．

　中核症状の状態が同じような場合でも，かかわりによって認知症の人の言動がまったく異なってしまうことがわかってくると，認知症の人の状態をみてケアの質を評価することが，まちがいの少ない方法だということが理解できるであろう．

④プロセスを重視する

　認知症の人の言動の背景を探り，それを言動と関連づけて分析する力は，考え方や方法を学んでもすぐに実践できるようなものではない．対象となる認知症の人の数が多い場合には，個人ごとに異なる背景にアプローチしていかなければならず，一筋縄ではいかないことも多い．

　スタッフが考えに考え抜いたケアでも，推測の域を出ないなかでケアを試行していくことがあるため，場合によっては失敗してしまうこともある．実践リーダーは，早急に結果を求めることをせず，ケアを構築するために考え方のプロセスが身についているかをていねいに確認してほしい．認知症の人に与えた影響についてスタッフが自分で考察することが，成長につながることを意識して指導を進めてほしい．

２）食事・入浴・排泄等への介護に関する介護職員等の個別課題の明確化と指導目標の設定

（1）個別課題の明確化

①知識課題の明確化

　スタッフに資格や経験がない場合には，認知症の人のケアを実施するにあたり必要だと思われる知識を実践リーダーがあらかじめセレクトし，その知識取得の指導目標を設定する．資格や経験のある人の場合には，面談や小テストで知識の量や正しさを測定する．小テストは，認知症介護情報ネットワーク（DC ネット）から選んで作成したり，認知症ケア専門士などの試験問題集から抜粋したもので作成したりするのもよいであろう．知識も何段階かステップを踏んで，初心者から初級，中級，上級程度にレベルを分けて小テストなどを作成しておくとよい．

　認知症ケアに必要な知識を指導する場合，習熟の度合いに合わせテーマを設定し，知識取得の指導目標を定めることが大事である．たとえば，同じ「食事ケア」でも，記憶障害や見当識障害などによる生活上の困難さを知識として得るようなものから，体験している世界を理解し中核症状をサポートする知識など，同じテーマでもスタッフの習熟度によって段階を追った知識の上積みが必要である．

　個人指導か自主学習か集合研修かにかかわらず，知識取得は習得状況の再確認が重要である．スタッフ自身の自己チェックでもよいが，組織として育成するなかでは実践リーダーによる確認が必要である．実践リーダーは，知識が身についているかを確かめるため，学習して1か月程度たった後に学習した知識を覚えているかをチェックするとよい．口頭で試問することでも効果はあるが，時間がかかったりスタッフが緊張したりするため，あらかじめテスト形式で確認していくことが望ましい．

②技術課題の明確化

　知識と同様に資格のない人や経験のない人を除いては，実践リーダーがスタッフの習熟の度合いを確認することが重要となる．身体介護の技術だけではなく，認知症の人の言動をしっかりと把握する技術や，言動に影響を与える要因を分析するアセスメントができるかを確認してほしい．実践リーダーは「客観的に言動を観察できているか」や「必要な視点を備えているか」など，具体的な技術項目を確認し，認知症の人の側から起こっている言動を考えられる技術や，それをケアとして組み立てられる技術なども確認する必要がある．

　知識を生かした介護技術を展開する際は，実践リーダーによるデモンストレーションが行いやすいよう，「排泄ケア」や「入浴ケア」など，ケアの場面ごとに確認を進めると，スタッフが実際のケアをイメージできるため自分の課題が具体化しやすい．実践リーダーは，スタッフに認知症の人の状態を正確に把握し，行っているケアの根拠をたずねるなど，知識が技術に結びついているのかを確認していくと，わかりやすく知識と技術が確認できる．

　ケア技術の評価は，そのつど確認することが望ましい．しかし，実際には余裕もなくむずかしい場合が多い．実際のケアのなかでは，認知症の人へのプライバシー配慮の面からも実践リーダーがついて実施することが困難な場合もあろう．このような場合には，自己チェックシートや実施の記録をつけるなどして実践リーダーはケア内容の点検を行い，時期をみて実践

リーダーとスタッフがいっしょに評価する形が現実的である．評価は，実際のケアを何回か繰り返し実施した時期が適当である．1 週間程度で一度評価し，必要に応じて修正を加えると，スタッフの不安や迷いが少なくなる．指導目標の評価は，スタッフと共に 1 か月程度で実施するのが望ましい．

③価値（考え方）課題の明確化

「認知症の人を意味ある存在として尊重する」という認知症ケア専門職に必要な価値（考え方）を確認するためには，まず「個別性」「相手の立場で考える」「人としてかかわる」などの認識が，具体的に身についているかをスタッフが自己点検する．認知症の人のとらえ方を変えたり，ケアを組み立てる考え方などを改めたりすることなど，スタッフ自身の変化をもとに評価するとよい．

実践リーダーはスタッフのケアを確認するなかで，自己点検とケアが乖離していることなど，スタッフの認識と実際のケアのズレなどを中心に確認していく．スタッフの認識や価値（考え方）などをダイレクトに否定し，理解しづらい指導目標を挙げていくと，強い反発を招きやすい．実践リーダーはスタッフに対し面談を行い，スタッフのなかに必要な認識が芽生えているか，それを少しずつ実践に生かせているかを確認していく．実践内容を実践リーダーがフィードバックすることで，不足している価値（考え方）にスタッフ自らが気づき，自分で次の課題を見つけていくような指導が望ましい．

評価の際には，単にケアの一場面を切り取って，「できた」「できていない」と評価するのは好ましくない．必要な価値（考え方）を十分に持ち得ていても，多くの人のケアを同時に要求されるスタッフは，常にそれを実践することができないジレンマに駆られるためである．認知症の人のさまざまなケアの場面だけではなく，スタッフを巡るさまざまな葛藤も考慮し，リスクマネジメントや倫理的な面への配慮なども加味して，総合的に持ちうる価値（考え方）を評価する必要がある．

集団でケアすることに慣れていたり，認知症の人の思いを認めないようなケアを続けていたりするような場合には，スタッフごとのケアの個別性がチーム全体の価値に流されてしまいやすく，個別のスタッフの価値を確認することがむずかしい場合がある．その際には，実際のケアだけを確認するのではなく，「あなたは，どうしたいと考えているのか」などと，個別にケアに対する考え方を聞いていく必要がある．

実践リーダーは，スタッフ個人の価値（考え方）にスポットを当てすぎず，チーム全体の価値観を育んでいくことにも着目してほしい．チーム全体の課題を確認する際には，チームスタッフのなかで判断が分かれるようなケースや，専門性を高めるがゆえに陥りやすい失敗などについてディスカッションするなどして課題を絞っていくとよい．価値（考え方）の取得は，まわりや組織に影響されやすいため，個人の価値（考え方）取得を早める意味でもチームの課題も明確にすることは有効である．

評価のスパンは半年から年単位に設定するなど，知識や技術よりも長い期間で設定するとよいであろう．

（2）指導目標の設定

①目的の共有

実践リーダーは，認知症ケア専門職を育てるにあたり，育成の目的をスタッフに明示し，共有しておく必要がある．

「認知症の人の生活の質を向上するための専門職を育てる」という目的は，どの種類の事業所においても大差はない．これが「認知症ケアが上達する」や「知識の獲得」などという，個人の教育目標とまちがえるような目的が設定されてしまうと，育成の過程でトレーニーが迷った際に前に進みにくくなる．「だれの」≒認知症の人の，「なにを」≒生活の質を，「どうする人」≒向上することができる人，というように，どのケアスタッフにもわかりやすい目的を設定する．設定された目的は，実践リーダーとすべてのスタッフの間で共有され，スタッフが自分のなかで納得した段階で育成を開始してほしい．

②段階的な指導目標の設定

目的に達するための道しるべ（指導目標）を定める作業は，個人の人材育成を考える場合にも，チームの人材育成を考える場合にも，その習熟の度合いに合わせて段階的に設定する必要がある．

個人の場合，新人などの場合には「認知症の人の言動から排泄のサインを見つける」など，あらかじめトレーナーが必要だと思われることを設定した指導目標から始めてもよい．資格をもっている人や介護経験などがある人の場合には，実践リーダーが面談してケアの知識や技術，価値（考え方）などを確認し，実際にケアの状況をみてレベルを査定し，習熟の度合いに応じた指導目標を定める．

チームの場合，個々の能力が異なるため，全体で１つの指導目標を定めると理解できない人がいたり，簡単な目標に感じてしまったりする人がいて，「食事時にコミュニケーションをとる」などというボンヤリとした抽象的なものになりやすい．チームの抱える問題を解決するような目標，たとえば「食事時に席を立たれる人のケア見直す」など，実際のケアをイメージし，取り組みが具体化できる指導目標を設定することを推奨したい．絞った目標を立てチームスタッフで改善していくことによって，ケアの応用力をつけていくことができるはずである．

立てた指導目標は，個人の場合でもチームの場合でも，評価ができるものでなくてはならない．実際のケアのなかで評価ができることなどを目標に挙げるようにするとよい．

《演習》
　自事業所でスタッフを指導する立場になることを踏まえ，介護技術を評価するために１人の利用者（Aさん）を選定してください．
【演習1】アセスメント能力を評価してみましょう．
　自事業所でスタッフが行ったAさんのアセスメントシートを持ち寄り，その検証や評価を行いましょう．
＜情報収集能力の評価＞
　問1　実践者研修のテキストを参考に必要な情報が集められているのかを確認してみましょう．
＜情報分析能力の評価＞
　問2　集めた情報をもとに，それらがいまの生活にどんな影響を与えているのかを分析し，認知症

の人の生活上の課題が導き出されているかを確認してみましょう.

【演習2】ケア能力の評価をしてみましょう.
　自事業所でスタッフが作成したAさんのケア計画を持ち寄り,その検証や評価を行いましょう.
＜ケア計画の評価＞
　問1　スタッフの課題ではなく,本人の生活上の課題を解消するような目標が立っているかを確認
　　　　してみましょう.
　問2　アセスメントで導き出された根拠に沿った内容であるかを確認してみましょう.

【演習3】
　自事業所でスタッフが記載したAさんのケア記録などを持ち寄り,実践したケアの検証や評価を行
いましょう.
　問1　スタッフのケアに対する自己評価はどうでしたか.
　問2　認知症の人の状態にどのような変化がありましたか.
　問3　認知症の人の生活上の課題は,解消できましたか.

【演習4】
　演習1〜3で明らかになったスタッフのアセスメントやケア能力,ケアの内容や自己評価,認知症
の人の変化や生活上の課題の解消などの情報をもとに,「知識」「技術」「価値(考え方)」の課題と指
導目標について話し合ってみましょう.

3) 食事・入浴・排泄等への介護技術に関する指導計画の立案

　認知症介護の上達は,声かけや手技を数多く覚えるのではなく,ケアに至るまでのプロセス
を必要な視点や項目に沿って的確にたどることができるかどうかが重要となる.ここでは,身
体介護だけではなく認知症ケアに必要な知識・技術・価値(考え方)を身につけていくための
方法を食事・入浴・排泄介護の場面ごとに述べ,実際のOJTをイメージしやすいよう,実践
リーダーとスタッフのやり取りの例を示す.スタッフのケアを確認しながら個別課題を導き,
指導の目標や計画,見直しを行う過程をしっかりと理解し,指導に役立ててほしい.

(1) 食事介護の指導例

①知識の指導例

　食事ケアに必要な嚥下や咀嚼,栄養や調理法などの身体介護に関する知識については,介護
系の資格取得時に学んだ人が多いであろう.知識が不足したまま実践を行っている人には,市
販のテキストなどでの自主学習を促したうえで,小テストなどを用いて不足している知識を確
認し,必要な知識取得に努めるよう個別に指導していく.

　中核症状による影響やまわりの環境が及ぼす影響など,認知症介護に必要な知識は,認知症
介護実践者研修テキスト等を参考にプリントなどを作成し,ケアスタッフの自主的な学習を支
援していく.

　食事をおいしく食べるために必要なこと,たとえば旬の食べ物や昔なじみの食べ物などの知
識は,介護のテキストには書かれていないことも多い.実践リーダーが資料などを作成し,身
体介護だけではなく,食に関する知識が増えるようサポートしてほしい.

②技術の指導例

アセスメントを中心とした技術指導の順序とポイントについて述べる．

a）アセスメント対象者の選定

　スタッフ：対象となる認知症の人を選定する．

　実践リーダー：力量などに合わせて対象となる人を決めてもよい．

b）情報把握実施

　スタッフ：アセスメントシートを活用し，食事の場面での認知症の人の様子を観察して記録する．自身のケアについても同時に記録する．認知症の人が迷ったり，戸惑ったりした場面などを目にした場合には，まわりの状況なども同時に観察する．認知症の人自身と会話などから得られる情報やスタッフ自身が感じたことなども記録する．

c）把握した情報の確認

　実践リーダー：スタッフの情報収集に不足がないかをチェックする．

d）情報の分析

　実践リーダー：困難さが生じている場面において，認知症の人の言動に影響する要因（認知機能障害の程度，健康状態，生活歴，性格，かかわりや環境）に沿ってスタッフと共に認知症の人の言動を分析する．

＜技術指導のポイント＞

　　・得られた情報を，認知症の人の言動に影響する要因（認知機能障害の程度，健康状態，生活歴，性格，かかわりや環境）に沿って分析できるかを主眼に指導する．

　　・影響する要因によって認知症の人が体験している世界を理解している確認する．

　　・スタッフが認知症の人の立場に立って考えられるまで繰り返し指導する．

③価値（考え方）の指導例

ここでは，認知症の人との交流について述べる．

　認知症の人の食事風景をただ眺めているだけでは，本人の気持ちや感覚が理解できないことが多い．ケアの知識や技術を細かく指導するよりも，認知症の人とスタッフがいっしょに食事をするような場面を設け，認知症の人の目線で本人の体験している世界を感じられる状況を作り出す．食事を提供する側とされる側の関係だけでは，相手の感覚や感情を十分にくみ取ることはむずかしく，介助側に立ち続けると当たり前であった声かけなどの不自然さに気づかない．ケアの対象者と援助者の関係ではなく，人対人として交流することで得られる感覚は大事である．そのためにも，肩肘を張らず他愛もない話をしながら食事を共にするとよい．食事を共にした後，共感したことやその理由，共感できたことや違和感などについても話し合うと介護の改善につながりやすい．

　認知症の人と同じテーブルにいることに違和感をもたないスタッフを育むことに注力してほしい．

④OJTの指導例

　実践リーダー：グループホームの管理者

　スタッフ：初任者研修を修了した 1 年目の介護職員

　スタッフが入浴介助を担当している A さん：グループホーム入居 3 か月

a) スタッフのアセスメント能力の評価と指導

【ステップ I】A さんの困難さの把握
　A さんが食事をする際の困難さに気づけているかスタッフと共に確認する.
＜ポイント＞
　スタッフの悩みだけではなく，A さん本人の立場で食が進まないという困難さに気づけているか.

＜指導例＞
スタッフ：「A さんの食が進まなくて悩んでいるのですが……」
実践リーダー：「あなたが悩んでいる場面での A さんの様子を教えてください」
スタッフ：「食事を食べるのが遅く，食べるものにもかたよりがあります」
実践リーダー：「どのような状況なのかもう少し詳しく教えてください」
スタッフ：「A さんは，食べ物を前にしても手をつけないことがあります」

【ステップ II】A さんの困難さの要因分析
　A さんの困難な状況に対し，客観的な A さんの言動をもとに，
　　①認知機能障害（中核症状等）に起因するもの
　　②身体的な状況に起因するもの
　　③習慣や生活歴，性格などに起因するもの
　　④本人を取り巻く状況に起因するもの
について，実践者研修のテキストを参考に A さんの言動に影響を及ぼしている要因の分析ができているかをスタッフと共に確認する.
＜ポイント 1＞
　A さんの困難さは，①の中核症状等をベースに②〜④が関係していることが多いため，いずれの項目も漏れなく状況の把握ができているか.
＜ポイント 2＞
　A さんの困難さに影響を及ぼしていないと判断される場合には，A さんの客観的状況を根拠としてスタッフが判断しているか.
＜指導例＞
実践リーダー：「A さんが目の前の食事に手をつけないのは，どうしてでしょうか？」
スタッフ：「……」
実践リーダー：「認知機能障害（中核症状等）は影響しているでしょうか？」「身体的な状況は影響しているでしょうか？」「習慣や生活歴，性格などは影響しているでしょうか？」「本人を取り巻く状況などは影響しているでしょうか？」
スタッフ：「認知機能障害（中核症状等）は影響していると思います. ひょっとしたら食べ物だと認識できていないかもしれません」「習慣や生活歴，性格なども影響しているかもしれません. 長年食べてこられたメニューではない気がします」

---

b) ケア能力の評価と指導

【ステップ III】目標設定
　A さんの困難さに影響を及ぼしている要因が見つかったら，ケアの目標を設定する.
＜ポイント＞
　A さんの立場で生活のしづらさを改善する目標が設定されているか.

<指導例>
実践リーダー：「食事に手をつけられない理由が，食べ物であると認識できず，長年食べてこられた
　　メニューではないとすれば，どのような目標を立てますか？」
スタッフ：「Aさんが食べ物だと自分でわかるようにしたいです．そうすれば自分で食事に手をつけ
　　るようになると思います」

【ステップⅣ】ケア計画の作成とケアの実施
　　Aさんの困難さに影響を及ぼしている要因に対応したケアをスタッフと共に考え，実施する．
<ポイント>
　　影響を及ぼしている要因と関連づけてケアを考えることができているか．
　　スタッフ自身がケアを考えられるように促しているか．
<指導例>
実践リーダー：「Aさんが食べ物だと自分でわかるようにするためには，どうケアを工夫したらよい
　　と思いますか？」
スタッフ：「Aさんの横に座って『これは食べ物です』と教えたらどうでしょうか」
実践リーダー：「食べ物であるとずっと教え続けられますか？」
スタッフ：「ほかの人の介助もあるので，むずかしいです……」
実践リーダー：「人に横から口を挟まれず，Aさん自身が食べ物だと認知できるようなケアはないで
　　しょうか？」
スタッフ：「……」
実践リーダー：「Aさんは脳の障害によって見当識が低下していると分析できていましたね．見分け
　　がつきにくくなっている状態を補うことはできませんか？」
スタッフ：「皿の色と食べ物が似ているからわかりにくいのかもしれません．皿の色を変えて食べ物
　　とコントラストをつけてみたら，Aさんが認識できるようになるかもしれません」
実践リーダー：「Aさんが長年食べてきたメニューでないことにも気づきましたね．なにか工夫する
　　ことはできますか？」
スタッフ：「長年食べ慣れた料理を提供してみたら，Aさんが自分で手をつけることができるかもし
　　れません」
実践リーダー：「では，皿の色を変えて食べ物とのコントラストをつけることと，食べ慣れたメ
　　ニューを提供することを実施してみましょう」

【ステップⅤ】ケアの評価
　　スタッフがAさんに実施したケアをモニタリングし，実践リーダーと共に評価する．
<ポイント>
　　ケア実施の状況だけではなく，目標に対しての達成度を評価しているか．
　　至らなかった点を確認しているか．
<指導例>
実践リーダー：「皿の色を変えてみたら目標（Aさんが自分自身で食べ物だと認識できる）は達成で
　　きましたか？」
スタッフ：「はい．『おいしそうだ』と言われたので食べ物と認識してもらえました」
実践リーダー：「食べ慣れたメニューを提供したら目標（Aさんが自分で食事に手をつける）は達成
　　できましたか？」
スタッフ：「いいえ．箸は進みませんでした」
実践リーダー：「そうでしたか．Aさんの食べ慣れたものを提供しましたか？」
スタッフ：「いいえ．私の祖母がよくつくってくれたメニューを提供しました」

【ステップⅥ】再アセスメントと指導計画の見直し
　　スタッフが実施した結果をもとに，至らなかった点について再アセスメントして新しい計画を立て
る．

```
＜ポイント＞
　新しい課題を次の PDCA サイクルに乗せているか．
＜指導例＞
実践リーダー：「A さんの食べ慣れたものの提供ではなかったようですね．A さんの食べ慣れたもの
　は知っていますか？」
スタッフ：「いいえ．A さんがどのようなものを食べてこられたのか調べてみます」
実践リーダー：「では A さんが食べ慣れたものを次に提供してみましょう」
```

```
【演習 5】
　自事業所でスタッフに介護技術を指導する立場になることを踏まえ，あなた自身が行う身体介護技
術だけではない認知症ケアの視点で食事介護の指導をイメージしてみましょう．
　問 1　あなたの事業所の食事介護の質を向上させるため，身体介護技術以外に現在不足していると
　　　　思われる認知症ケアの「知識」や「技術」「価値（考え方）」について，グループで話し合っ
　　　　てみましょう．
　問 2　不足していると思われる「知識」や「技術」「価値（考え方）」を実際に指導する方法につい
　　　　て，グループで話し合ってみましょう．
```

（2）入浴介護の指導例

①知識の指導例

　ここでは，主に「勉強会や研修会」について述べる．

　認知症の人の入浴ケアに必要な知識は，見当識障害から起こる環境への適応障害が挙げられる．カランやシャンプーをはじめとして，入浴のための器具や道具の変遷が激しく，現代の浴室においては，認知症の人が身体に残った記憶をたどって自分自身で操作することができない場合が多い．勉強会などを企画し，ワンレバー式の温度調整機能やシャワー設備，ポンプ式の石鹸や洗体ブラシなど，見当識障害のある認知症の人が認知できないことによって，使い方などを誤りやすいことなどを伝える必要がある．ときには，固形石鹸や手ぬぐいなどのほうが使いやすいこともあるなど，ケアに結びつく知識を指導することが有効である．

　かけ湯をしないで浴槽につかる，下半身を手ぬぐいで隠さないなど，高齢者にとって当たり前の習慣をスタッフが知らないと，認知症の人が混乱することがある．若いスタッフなどには「浴室での作法」などの事前課題のテーマを与え，その報告をもとに研修会などを開くのもよいであろう．日本人が培ってきた慣習などを若いケアスタッフたちに伝えていくことも重要である．

②技術の指導例

　ここでは，主に「シミュレーション」について述べる．

　認知症の人の入浴シーンをモデル化し，ケアスタッフが机上で架空のケア体験を行う．時系列に並べることで，想定される課題を事前に予測するのに適している．直接身体に触れず机上で検討を重ねるため，必要な技術について時間をかけて議論することができる利点がある．途中で止まったり迷ったりした場合には，実践リーダーがワークを止めて不足している技術を伝えることもできる．採用したばかりの新人など，技術がないまま認知症の人の入浴ケアにかか

わると危険を伴うこともあるため，実際のケアに入る前に必要とされる技術を伝えることができる．ディスカッションを多く取り入れ，スタッフたちが自分のケアを振り返ったり，必要な技術を共有したりすると効果が高くなる．想定されるケアを実演し，所要時間を測ってみるのもよいであろう．技術力を高めるためにシミュレーションをおおいに活用してほしい．

　訪問介護や訪問入浴介護など，認知症の人の自宅の浴槽を使って入浴ケアを実施する場合には，脱衣場や浴槽などの見取り図を書くと必要な技術が具体化され，動きがわかりやすくなる．手すりや自助具など実際に使用する物などの場所なども詳細に検討できる．

　シミュレーションは，スタッフのさまざまな技術を重ね合わせるようにして確率の高いケアを導くプロセスをたどるため，事前に失敗を防ぐための予測に使うこともできる．

　③価値（考え方）の指導例

　ここでは，「疑似体験」について述べる．

　施設ケアでは，ストレッチャーなどの機械を使った入浴や，シャワーキャリーなどに移乗しスロープなどを使う入浴方法が一般的に行われている．最近では，ケアスタッフの腰痛予防などの目的で，吊り下げ式のリフト浴を実施しているところも増えてきた．これらを使った入浴をケアスタッフが実体験することで，認知症の人が体験する感覚や心理的な不安などをスタッフ自身がリアルに感じ取ることができる．人に身体を洗ってもらう体験や，自分のタイミングではなく他者の合図で浴槽に入ったり出たりする体験も行うとよい．体験の際には着衣せずに行うことが望ましいが，水着などを着ていても人に身体をみられたり触れられたりすることによる羞恥心などに気づくことはできる．

　疑似体験とは少し異なるが，認知症の人とケアスタッフがいっしょに入浴する体験も実施してほしい．「汚い」「気持ち悪い」と感じる人がいるかもしれないが，このような意識では，認知症ケアの習熟に必要な価値が身についているとはいえない．「裸のつき合い」とはよく言ったものである．感染症などに罹患している場合は避けなければならないが，認知症の人といっしょに入浴することは，ケアの対象者としてだけではなく，自分たちと同じ人間としてとらえる意識を育むことに適している．

　④OJT の指導例

　実践リーダー：介護保険施設のフロア主任

　スタッフ：介護系の学校を出て入職後 2 年の介護福祉士

　スタッフが食事介助を担当している A さん：施設入居 1 か月

ａ）スタッフのアセスメント能力と評価と指導

【ステップⅠ】A さんの困難さの把握
　A さんが入浴する際の困難さに気づけているかスタッフと共に確認する．
＜ポイント＞
　スタッフの悩みだけではなく，A さん本人の立場で入浴する際の困難さに気づけているか．
＜指導例＞
スタッフ：「A さんの着衣介助がうまくいかなくて悩んでいるのですが……」
実践リーダー：「あなたが悩んでいる場面での着衣介助の仕方と A さんの様子を教えてください」

スタッフ：「A さんは，着るものを渡しても着替えてくれないことがあります」
実践リーダー：「どのような状況なのかもう少し詳しく教えてください」
スタッフ：「着るものを袋に用意しているので，入浴後に衣服を渡しています」
実践リーダー：「手が止まるのですか？　それとも着方をまちがえてしまうのですか？」
スタッフ：「衣服を手にしても，手が止まるときもありますし，着方をまちがえることもあります」

【ステップⅡ】A さんの困難さの要因分析
　　A さんの困難な状況に対し，客観的な A さんの言動をもとに，
　　①認知機能障害（中核症状等）に起因するもの
　　②身体的な状況に起因するもの
　　③習慣や生活歴，性格などに起因するもの
　　④本人を取り巻く状況に起因するもの
について，実践者研修のテキストを参考に A さんの言動に影響を及ぼしている要因の分析ができているかをスタッフと共に確認する.
＜ポイント 1＞
　　A さんの困難さは，①の中核症状等をベースに②～④が関係していることが多いため，いずれの項目も漏れなく状況の把握ができているか.
＜ポイント 2＞
　　A さんの困難さに影響を及ぼしていないと判断される場合には，A さんの客観的状況を根拠としてスタッフが判断しているか.
＜指導例＞
実践リーダー：「認知機能障害（中核症状等）は影響しているでしょうか？」「身体的な状況は影響しているでしょうか？」「習慣や生活歴，性格などは影響しているでしょうか？」「本人を取り巻く状況などは影響しているでしょうか？」
スタッフ：「よくわかりません.手が止まってしまうことは中核症状が影響しているのでしょうか？」
実践リーダー：「渡したものが衣服であるとわかっていると思いますか？」
スタッフ：「自分で着られたこともあるので，たぶん衣服であると思っています.でも変な着方をすることがあります」
実践リーダー：「衣服であることは認知できているようですね.A さんは着替えのときにどのようなまちがいをするのですか？」
スタッフ：「上着の上に下着を着たり，ボタンをさきに留めて着られなくなったりすることがあります」
実践リーダー：「手順をまちがえることから，順序立てて衣類を着ていくことに障害がありそうですね.これらは脳の障害（中核症状）によるものだと考えられます.ほかの要因は考えられますか？」
スタッフ：「ボタンは自分で留められるので身体的な要因はなさそうです」「着ている衣服は A さんが長年着ていたものなので，なじみの習慣や生活歴などには合っていると思います」「服を着られるときとそうでないときがあるため，私のかかわりが影響しているのかもしれません」

b）ケア能力の評価と指導

【ステップⅢ】目標設定
　　A さんの困難さに影響を及ぼしている要因が見つかったら，ケアの目標を設定する.
＜ポイント＞
　　A さんの立場で生活のしづらさを改善する目標が設定されているか.
＜指導例＞
実践リーダー：「着方をまちがえたりすることがある A さんにどのような目標を立てますか？」
スタッフ：「A さんがいつも自分で服を着ることができるようになってほしいです」

【ステップⅣ】ケア計画の作成とケアの実施
　　Aさんの困難さに影響を及ぼしている要因に対応したケアをスタッフと共に考え，実施する．
＜ポイント＞
　　影響を及ぼしている要因と関連づけてケアを考えることができているか．
　　スタッフ自身がケアを考えられるように促しているか．
＜指導例＞
実践リーダー：「Aさんがいつも自分で服を着られるようにするには，どうケアを工夫したらよいと
　　考えますか？」
スタッフ：「……」
実践リーダー：「では，Aさんが自分で着ることができるときにはなにか声をかけているのですか？」
スタッフ：「声だけではなく，順番に着ることができるように次に着る服を手渡ししています」
実践リーダー：「順番をまちがえないようにするサポートはほかに考えられますか？」
スタッフ：「衣類の見当はついているので，1つひとつ手渡ししなくても上から順に重ねてかごに
　　セットしておけば自分で着ることができるかもしれません」
実践リーダー：「チャックが上げられないということには，どういうケアが考えられますか？」
スタッフ：「……」
実践リーダー：「あなたがやり方をわからないときには，相手にどうしてほしいですか？」
スタッフ：「さきにやり方を示してほしいです」
実践リーダー：「具体的にはどうしますか？」
スタッフ：「紙に書いて手順をみせれば手が動くと思います」
実践リーダー：「では，着る順番に服をセットすることと，紙に手順を書いて渡すことを実施してみ
　　ましょう」

【ステップⅤ】ケアの評価
　　スタッフがAさんに実施したケアをモニタリングし，実践リーダーと共に評価する．
＜ポイント＞
　　ケア実施の状況だけではなく，目標に対しての達成度を評価しているか．
　　至らなかった点を確認しているか．
＜指導例＞
実践リーダー：「着る順番に服をセットすることで目標（Aさんがいつも自分で服を着ることができ
　　ること）は達成できましたか？」
スタッフ：「はい．黙っていてもまちがえずに着ることができました」
実践リーダー：「紙に手順を書くことで目標（Aさんがいつも自分で服を着ることができること）は
　　達成できましたか？」
スタッフ：「いいえ．紙に目を移したまま動きが止まってしまいました」
実践リーダー：「どうして動きが止まってしまったのでしょうか？」
スタッフ：「紙に書いたことを理解することがむずかしかったのでしょうか」

【ステップⅥ】再アセスメントと指導計画の見直し
　　スタッフが実施した結果をもとに，至らなかった点について再アセスメントして新しい計画を立て
る．
＜ポイント＞
　　新しい課題を次のPDCAサイクルに乗せているか．
＜指導例＞
実践リーダー：「Aさんは，紙に書いた手順は理解できなかったようですね．もう少し簡単に着方を
　　伝える方法は考えられますか？」
スタッフ：「ゼスチャーでしぐさをまねたらシンプルでわかりやすいかもしれません」
実践リーダー：「そうですね．では次にゼスチャーで着方をまねてみてください．きっと自分で着ら
　　れるようになると思いますよ」

【演習 6】
　自事業所でスタッフに介護技術を指導する立場になることを踏まえ，あなた自身が行う身体介護技術だけではない認知症ケアの視点で入浴介護の指導をイメージしてみましょう.
　問 1　あなたの事業所の入浴介護の質を向上させるため，現在不足していると思われる「知識」や「技術」「価値（考え方）」について，グループで話し合ってみましょう.
　問 2　不足していると思われる「知識」や「技術」「価値（考え方）」を実際に指導する方法について，グループで話し合ってみましょう.

---

(3) 排泄介護の指導例

①知識の指導例

　ここでは，「事例検討会（ケースカンファレンス）」について述べる.

　排泄の不調は，記憶障害や見当識障害による影響だけではなく，排泄機能の低下やその裏に重大な疾患が隠れている場合もある. 生命の危機にも直結しやすい. 早急に事例検討会（ケースカンファレンス）を開き，原因を探る必要がある. 認知機能の低下や過去の習慣，性格などの認知症ケアで重視される要因だけではなく，身体の構造や生理的な要因，恥ずかしさなどの心理的な要因の分析を重視するとよい. 事例検討会（ケースカンファレンス）は，指導的な立場のスタッフだけではなく，ケアに携わっている多くの職員が参加して意見を交わすことで，教育的な機能を果たすことができる. 新人職員などは，指導的なスタッフ間で交わされるディスカッションの内容を聞いていることだけでも，知識の取得が進むはずである.

②技術の指導例

　ここでは，「技術交流」について述べる.

　認知症の人は，尿意や便意を催しても見当識障害によってトイレに行く行為を躊躇したり，羞恥心からまわりの人にたずねられなかったりする場合がある. まわりのケアスタッフがしぐさや素振りで排泄のサインに気がつくことが重要である. サインは個別に異なることも多く，認知症の人が発するメッセージをスタッフがお互いに交換し合うことで，タイミングに気がつく技術を磨くことができる.

　また，認知症の人の機嫌を損ねないようまわりに配慮した声かけをする技術や，認知機能の低下に配慮したパッドやオムツの使い方などの技術なども，ケアスタッフ間で意見交換し合うとよい.

③価値の指導例

　ここでは，「ロールプレイ」について述べる.

　ロールプレイとは，役割を分担して演技を行うことである. ケアの一場面を切り取り，ケアスタッフ自身が認知症の人や援助する側，まわりの人の役などを担ってシナリオに沿って演技する. 実際に演じてみると，認知症の人の感じる感覚やコミュニケーションの離齬などに気づくことができる.

　ロールプレイは，実施したケアをもとにシナリオを作成し役割を分担して演技するため，実施したケアを検証するのに適している.

　実際の排泄ケアの場面のシナリオを起こしていくことで，認知症の人やケアスタッフの心の動きなどがよくわかることも多く，認知症の人の言動が特別不思議ではない当然の行動だということ実感しやすい．

　1つのシナリオでも，ケアスタッフがそれぞれ役割を代わっていくことによって，認知症の人とスタッフ双方の立場を理解することができ，排泄することだけに夢中になり，いままで気づいていなかったかかわりなどによる影響に意識が向きやすくなる．

　④OJT の指導例

　実践リーダー：訪問介護事業所の管理者

　スタッフ：認知症介護基礎研修を修了した介護経験4年目の訪問介護員

　スタッフが訪問介護を担当している A さん

a）スタッフのアセスメント能力の評価と指導

【ステップⅠ】A さんの困難さの把握
　A さんが排泄する際の困難さに気づけているかスタッフと共に確認する．
＜ポイント＞
　スタッフの悩みだけではなく，A さん本人の立場で入浴する際の困難さに気づけているか．
＜指導例＞
スタッフ：「A さんの排泄介助がうまくいかなくて悩んでいるのですが」
実践リーダー：「訪問時，あなたが悩んでいる場面での介助の仕方とそのときの A さんの様子を教えてください」
スタッフ：「声をかけてトイレに誘い，私がドアを開けてトイレのなかに入ってもらいます．そうすると『中に子どもが立っている』と怖がって中に入ろうとしないことがあります」

【ステップⅡ】A さんの困難さの要因分析
　A さんの困難な状況に対し，客観的な A さんの言動をもとに，
　①脳の障害（中核症状等）に起因するもの
　②身体的な状況に起因するもの
　③習慣や生活歴，性格などに起因するもの
　④本人を取り巻く状況に起因するもの
について，実践者研修のテキストを参考に A さんの言動に影響を及ぼしている要因の分析ができているかをスタッフと共に確認する．
＜ポイント1＞
　A さんの困難さは，①の中核症状等をベースに②〜④が関係していることが多いため，いずれの項目も漏れなく状況の把握ができているか．
＜ポイント2＞
　A さんの困難さに影響を及ぼしていないと判断される場合には，A さんの客観的状況を根拠としてスタッフが判断しているか．
＜指導例＞
実践リーダー：「A さんが『子どもがいる』と言うのはどうしてでしょうか？」
スタッフ：「勘違いだと思うのですが……」
実践リーダー：「認知機能障害（中核症状等）は影響しているでしょうか？」「身体的な状況は影響しているでしょうか？」「習慣や生活歴，性格などは影響しているでしょうか？」「本人を取り巻く状況などは影響しているでしょうか？」
スタッフ：「中核症状で本当に子どもがみえているのでしょうか？」
実践リーダー：「レビー小体型認知症では，認知機能障害（中核症状等）によって本当に子どもがみ

えている可能性があります．ほかに影響はありませんか？」
スタッフ：「身体的な機能に問題はありません．長年住んでいる自宅なので道具の使い方も問題なく，習慣や生活歴，性格は影響していないと思います．本人を取り巻く状況では，自分の介助はＡさんにとって適切な介助だと思っています」

b）ケア能力の評価と指導

【ステップⅢ】目標設定
　Ａさんの困難さに影響を及ぼしている要因が見つかったら，ケアの目標を設定する．
＜ポイント＞
　Ａさんの立場で生活のしづらさを改善する目標が設定されているか．
＜指導例＞
実践リーダー：「トイレのなかに子どもがいると怯えることが脳の障害による影響だとすれば，Ａさんにどのような目標を立てますか？」
スタッフ：「Ａさんが子どもの姿をみないようになるとよいと思います」

【ステップⅣ】ケア計画の作成とケアの実施
　Ａさんの困難さに影響を及ぼしている要因に対応したケアをスタッフと共に考え，実施する．
＜ポイント＞
　影響を及ぼしている要因と関連づけてケアを考えることができているか．
　スタッフ自身がケアを考えられるように促しているか．
実践リーダー：「Ａさんが脳の障害によってみえてしまう子どもの姿をみないようにするには，どのような工夫をしたらよいと考えますか？　なにか子どもと見間違えるようなものはトイレ内にありませんか？　どこを指して『子どもがいる』と言われるのですか？」
スタッフ：「そういえば，トイレの小窓のカーテンが濃い色で，その窓枠に大きな花を挿した花瓶が置いてあります．そこを指して『子どもがいる』と言われます」
実践リーダー：「子どもに見間違えやすいものがあったのですね」
スタッフ：「子どもに見間違えないようなしつらえの工夫が必要なのか……」
実践リーダー：「子どもがみえなければ，いっしょにトイレに入らなくてもすみそうですね．恥ずかしがったり緊張しなかったりするかもしれません．それでも怯えることがあったら，安心できるような声かけの工夫は考えられますか？」
スタッフ：「……」
実践リーダー：「Ａさんの幻を消す手伝いは考えられませんか？」
スタッフ：「そうか．私が『子どもはいません』と言うのではなく，『きれいなお花ですね』と言えば安心してくれそうな気がします．」
実践リーダー：「では，カーテンを裏返して明るい色にして髪の毛にみえないようにしたり，花瓶が人の顔にみえないように位置を変えてみたりしましょう．『子どもはいない』とＡさんにとって本当にみえている訴えを否定せず，『子どもはもういなくなりました』という声かけによってＡさんを安心させてみましょう」

【ステップⅤ】ケアの評価
　スタッフがＡさんに実施したケアをモニタリングし，実践リーダーと共に評価する．
＜ポイント＞
　ケア実施の状況だけではなく，目標に対しての達成度を評価しているか．
　至らなかった点を確認しているか．
実践リーダー：「カーテンの色や花瓶の位置を変えたら，目標（Ａさんが子どもをみないようになる）は達成できましたか？」

スタッフ：「はい．『子どもがいる』と言われることが減ってきました」
実践リーダー：「『子どもはもういなくなりました』という声かけで，目標（Aさんが子どもをみない
　　　ようになる）は達成できましたか？」
スタッフ：「はい．怯えた素振りをみせたときには声をかけると安心されました」
実践リーダー：「よかったですね．では排泄がうまく自分でできるようになったのですね」
スタッフ：「それがそうでないときがありました」

【ステップⅥ】再アセスメント指導計画の見直し
　スタッフが実施した結果をもとに，至らなかった点について再アセスメントして新しい計画を立て
る．
＜ポイント＞
　新しい課題を次のPDCAサイクルに乗せているか．
実践リーダー：「どういったときにまだ排泄が困難になっているのですか？」
スタッフ：「Aさんを安心させようと私もいっしょにトイレに入るのですが，スムーズに排泄されな
　　　いことがあります」
実践リーダー：「子どもをみないときにもいっしょにトイレに入るのですか？」
スタッフ：「そうか．幻をみていないのに私が側についていることで，恥ずかしがったり，緊張され
　　　たりするのかもしれません」
実践リーダー：「そうですね．トイレのなかでじっと見張られたら，スムーズな排泄はできないで
　　　しょうね」
スタッフ：「Aさんが，恥ずかしがらないことを目標にします」
実践リーダー：「では，次の排泄介助のときにはどうすればよいですか？」
スタッフ：「今度は，トイレのなかに入らないようにします」

　認知症ケアは，認知機能障害によって体験する感覚やいままでの習慣，趣味や嗜好など，生活に影響を与えるあらゆる要因を本人の立場で分析してからでなければ適切なケアにたどりつきにくい．状態を観察したり，情報を得たりしてから，ケアを組み立てるまでに何工程も経る必要がある．身体介護のハウツーのように，1工程でケアは組み上がらない．一見，遠回りのようであるが，認知症の人のケアの答えは実践リーダーやスタッフのなかにあるのではなく，認知症の人のなかにある．プロセスを理解するまでは，根気よく繰り返す必要がある．

　物事を深く考えず，経験と勘でケアを続けても，認知症ケアは習熟しない．経験年数や出会った認知症の人の多少にかかわらず，わずかな経験やかかわった人数が少なくても，考察と検証を繰り返すことで認知症ケア専門職は育っていく．実践リーダーは「認知症の人に起こっている変化を感じ取り」「どうしてそれが起こっているのか」「どうすれば防げるのか」「どう変わったのか」のアセスメント・計画・実施・評価のサイクルをスタッフが体得できるよう，手間を惜しまずOJTを実施していってほしい．

【演習7】
　自事業所でスタッフに介護技術を指導する立場になることを踏まえ，あなた自身が行う身体介護技術だけではない認知症ケアの視点で排泄介護の指導をイメージしてみましょう．
　問1　あなたの事業所の排泄介護の質を向上させるため，現在不足している「知識」や「技術」「価
　　　値（考え方）」について，グループで話し合ってみましょう．
　問2　不足していると思われる「知識」や「技術」「価値（考え方）」を実際に指導する方法につい
　　　て，グループで話し合ってみましょう．

【実践リーダー研修では】
　事業所から持ち寄った利用者のアセスメントシートやケア計画，支援記録（個人情報保護に留意すること），スタッフの教育・指導シートなどを点検・確認し，グループのメンバーで報告し合う形で進めるとよいでしょう．指導対象のスタッフもイメージしながら，不足していた指導内容や実践リーダーとして新たに心がけていくことなどを話し合ってもよいでしょう．
　実際のOJTを想定し，研修生同士で実践リーダー役とスタッフ役を演じながら演習を進めると，指導力を身につける効果が高まります．

2．行動・心理症状（BPSD）への介護に関する指導

1）指導目標の考え方

　指導目標とは，実践者個々への指導目標と，一般的な指導目標とに分けることができる．最初の段階では，一般的な指導目標となる理想の実践者像を明確にし，指導の達成目標を明らかにする必要がある．そのためには，行動・心理症状（BPSD）への介護に関する目標の考え方や知識，技術を明確にし，それらを備えた実践者像が指導の目標となることを理解する必要がある．

（1）実践者に必要な介護目標とは

　行動・心理症状（BPSD）への介護技術指導の第一段階は，行動・心理症状（BPSD）への介護目標の考え方を指導することである．行動・心理症状（BPSD）への介護は症状をなくすことだけではなく，本人の心理的な安定と生活意欲の向上を目標とし，行動・心理症状（BPSD）を予防することが最終的な目的であることを指導する必要がある．

（2）実践者に必要な知識とは

　行動・心理症状（BPSD）への介護技術を指導する人は，実践者に必要な知識を明確にしておく必要がある．一般的に必要な知識は認知症に関する制度や施策を前提とし，認知症の病態や行動・心理症状（BPSD）等に関する基本知識や，行動・心理症状（BPSD）への介護方法に関する知識が必要となる（表4-9）．前提知識として，わが国における認知症に関する保健福祉制度の方向性を把握するためにも，認知症施策の変遷や最新の施策動向を理解しておくべきである．

　また，トム・キットウッドが提唱し広く普及した「パーソン・センタード・ケア」[15]は，多くの人が認める標準的な認知症介護の考え方となりつつあり，基本的な知識として理解しておくべきである．それらを踏まえたうえで，認知症や行動・心理症状（BPSD）に関する基本知識として，認知症の定義や種類，症状の特徴，薬剤の種類と効果，行動・心理症状（BPSD）の意味や種類，特徴，関連する要因等は必ず理解しておく必要がある．また，行動・心理症状（BPSD）への介護目標の考え方やアセスメント方法，介護方法，介護の評価方法を理解しておくことも必要である（表4-10）．これらの知識を身につけている実践者が，行動・心理症状（BPSD）への介護における指導の目標となる．

（3）実践者に必要な技術とは

　また，どのような技術を有する実践者を育てたいのかを明確にしておくことが必要である．

表 4-9　行動・心理症状（BPSD）への介護に必要な知識 1

項目	ポイント	内容
基本知識	認知症に関する施策	認知症施策推進大綱の概要
	基本理念	パーソン・センタード・ケア
認知症の基礎知識	認知症の定義	認知症の定義，健忘やせん妄，うつとの違い
	診断基準	医学的な診断基準
	原因疾患の種類と特徴	原因疾患の種類，認知機能障害の特徴，脳機能と障害
	認知機能障害（中核症状）	記憶障害，見当識障害，実行機能障害，失行，失認等
	薬物療法	認知症薬の種類と特徴，効果
	認知症の重症度	認知症の進行と症状の特徴
行動・心理症状（BPSD）の基礎知識	行動・心理症状（BPSD）の定義	行動・心理症状（BPSD）の意味や定義
	行動・心理症状（BPSD）の種類と特徴	行動・心理症状（BPSD）の種類，症状ごとの特徴
	行動・心理症状（BPSD）に関連する要因の種類と関係	・行動・心理症状（BPSD）に影響する認知機能障害とはなにか，どのように影響しているか ・行動・心理症状（BPSD）に影響する疾患や薬剤，健康状態，身体機能とはなにか，関連性 ・行動・心理症状（BPSD）に影響する周囲の環境刺激とはなにか，関連性 ・行動・心理症状（BPSD）に影響する他者との関係性とはなにか，関連性 ・行動・心理症状（BPSD）に影響する心理状態とはなにか，関連性 ・行動・心理症状（BPSD）に影響している要因間の関連
	原因疾患別の行動・心理症状（BPSD）の特徴	原因疾患別の行動・心理症状（BPSD）の特徴

　行動・心理症状（BPSD）への介護に必要な技術とは，生活視点を踏まえた介護目標を立案でき，多様な視点からアセスメントを実行でき，行動・心理症状（BPSD）の緩和あるいは予防を行い，介護の評価ができることである．介護目標は，その場限りの対応ではなく，要因の改善による発症予防の視点と，能力を活用した自立生活の達成，生活の質（QOL）の向上等を中心とした目標の立案が理想となる．アセスメントにおいては，行動・心理症状（BPSD）の様態，発症時の表情，行動，発言，認知機能および障害の種類と程度，心理状態，身体機能，健康状態，体調，周囲の環境，他者との関係性，生活状況（ADL，IADL，日課，活動，生活スタイル，趣味，嗜好等）を客観的に評価し，行動・心理症状（BPSD）に影響する要因の関連性を把握する技術が必要となる．また，実践者に必要な介護技術としては，行動・心理症状（BPSD）の影響要因を改善し，発症を予防するため，健康管理や身体への支援，適切なコミュニケーション，環境の調整，活動機会の提供，人間関係の調整等に関する多様な方法が求められる（表 4-11）．

2）行動・心理症状（BPSD）への介護に関する介護職員等の力量評価と個別課題の明確化

　行動・心理症状（BPSD）への介護に関する指導にあたって，最初に必要なことは，現在，

表4-10　行動・心理症状（BPSD）への介護に必要な知識2

項目	ポイント	内容
行動・心理症状（BPSD）への介護	行動・心理症状（BPSD）への介護目標	行動・心理症状（BPSD）の緩和だけでなく予防を視野に入れた，生活目標の重要性の理解
	行動・心理症状（BPSD）への介護に必要なアセスメント視点	行動・心理症状（BPSD）の症状の様態 発症時の表情，行動，発言 認知機能および障害の種類と程度 心理状態や気持ち 身体機能，健康状態，体調 周囲の環境状態（住環境，刺激） 他者との関係性（他の高齢者，家族，職員等） 生活状況（ADL，日課，活動，生活スタイル，趣味，嗜好等）
	行動・心理症状（BPSD）介護に必要な方法	身体面への介護方法 コミュニケーションの方法 環境調整の方法 活動支援の方法 人間関係調整の方法
	行動・心理症状（BPSD）介護の評価	行動・心理症状（BPSD）の頻度や重症度の変化と測定方法 行動・心理症状（BPSD）発症要因の変化と測定方法 高齢者の心理状態の変化と測定方法

表4-11　行動・心理症状（BPSD）への介護に必要な技術

ポイント	内容
行動・心理症状（BPSD）への介護目標の立案	行動・心理症状（BPSD）への緩和だけでなく，高齢者の希望や必要性を考慮した生活目標と，目標達成のための生活支援目標が立案できる
行動・心理症状（BPSD）への介護に必要なアセスメントを実施できる	行動・心理症状（BPSD）の種類，程度を評価できる
	発症時の表情，行動，発言を観察，評価し，発症時の高齢者の状態把握ができる
	低下している認知機能や程度と，正常な認知機能を評価できる
	行動・心理症状（BPSD）発症前後の感情，気持ち，気分等の心理状態を評価できる
	疾病，健康状態，体調，身体機能を医師，看護師，PT，OT等と協力して評価できる
	行動・心理症状（BPSD）に影響している周囲の環境（住環境，刺激等）を評価できる
	ほかの高齢者，家族，職員等との関係状態や個々の人間関係の特徴を評価できる
	過去，現在の生活状況（ADL，日課，活動，生活スタイル，趣味，嗜好等）を把握できる
行動・心理症状（BPSD）介護に必要な方法を実行できる	医師，看護師，PT，OT等と協力し，身体的な要因を緩和，調整することができる
	行動・心理症状（BPSD）の要因のアセスメントや心理状態を安定させるためのコミュニケーションができる
	行動・心理症状（BPSD）の要因改善や，快適な生活支援のための住環境や刺激の調整ができる
	心理的な安定，健康管理，環境適応の促進，意欲の向上等を実現するための活動機会を提供することができる
	他の高齢者，家族，職員との関係状態に応じた関係性の調整ができる
介護実施後の評価ができる	行動・心理症状（BPSD）の頻度や重症度の変化を客観的に評価することができる
	行動・心理症状（BPSD）発症要因の変化を評価することができる
	高齢者の心理状態の変化を評価することができる

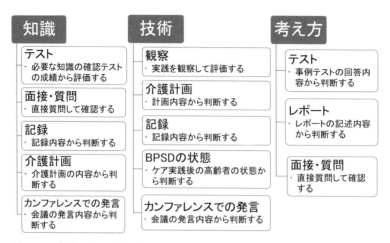

図 4-17　行動・心理症状（BPSD）への介護能力の評価方法

介護職員がどのようなことを知っており，なにができるのか等の力量を評価し，介護職員個々の指導課題を明確にすることである．明確にされた課題は，指導の目標となり指導すべきポイントになる．また，優れている能力も明らかにし，能力を支援する指導も重要である．介護の力量を評価することで，個々の能力が明確になり，チーム内での連携が促進され，チームケアの質が向上するということを理解しておくべきである．

（1）評価方法

　知識と技術の評価方法は必要とされる能力に応じた評価方法があり，知識，技術，考え方の評価によって方法は異なる（図 4-17）．知識とは単なる言葉や用語の暗記ではなく，自ら解釈し説明できることを意味する．知識の評価は，「言葉や用語を知っている」「意味を知っている」「説明できる」等の理解度評価する必要がある．

　①知識の評価方法

　基本的な知識の理解度は確認テストや面接から，知識の応用能力は介護記録や介護計画，カンファレンスでの発言内容等から，それぞれ評価することができる．

ａ）テストによる知識評価

　知識を確認するためには，テストはもっとも簡易で客観的な方法であるが，

　評価したい内容によりテスト項目を吟味する必要がある．設問や回答形式は一問一答から穴埋め，自由記述，選択式などがあり，単なる用語の確認の場合は選択式，理解度を評価する場合は正誤式か自由記述式が適している（図 4-18）．

ｂ）面接・質問による知識評価

　面接による評価は，理解度や考え方，知識の展開方法等の評価に適しているが，時間を要するため広範な知識の評価には適していない．しかし，質問や回答の自由度が高いため掘り下げて確認することができ，理解の程度等を評価する場合には適した方法である．

自由記述	・問）行動・心理症状（BPSD）とは何ですか，定義について説明しなさい．以下に自由に書いてください
穴埋め式	・問）以下の文章について（　）に適当な言葉を入れなさい ・「行動・心理症状（BPSD）とは認知症者に頻繁にみられる（　　），（　　），（　　）または（　　）の障害による症状である」
正誤式	・問）以下の文章について間違っている場合は×を，正しい場合には〇をつけなさい ・「行動・心理症状（BPSD）とは，認知症の中核症状である認知機能の障害全般を指している」
三者択一	・問）次の文章のうち正しい文章を1つ選びなさい ・①行動・心理症状（BPSD）とはBehavioral and Physical Symptoms of Dementiaの略である ・②行動・心理症状（BPSD）とは認知症者に頻繁にみられる知覚，思考内容，気分または行動の障害による症状である ・③行動・心理症状（BPSD）とは認知症の中核症状である認知機能の障害全般を指している

図 4-18　知識の評価方法例

c）記録による知識評価

　介護記録や日誌等に書かれている内容から，用語の使い方や文脈の適切性，アセスメント視点や介護方法に関する知識の展開方法を評価することが可能である．文章作成能力に依存するため，個人差が大きく評価はむずかしいが，理解度や応用力を評価するには有効である．

d）介護計画による知識評価

　介護計画を評価する方法は，実践への基本知識の活用に関する評価だけでなく，アセスメントや介護方法の知識や理解度，応用力に関する評価に適している．介護計画のなかでのアセスメント視点やアセスメント内容，介護目標や介護方法の記述から，理解度や応用力の評価が可能である．

　②技術の評価方法

　技術の評価は，観察によって知識を活用し実践できているかを評価する方法が適している．また，アセスメント能力については，介護計画や記録の内容を参考に，アセスメント視点のとり方やアセスメント内容，課題の抽出内容から評価することが可能である．技術に関する評価は介護の効果を評価し，実施された介護が適切かどうかを評価することを忘れてはならない．介護の効果は，介護実施後の高齢者の状態変化を評価し，介護目標の達成度を評価することである（図 4-17）．

　③「考え方」の評価方法

　行動・心理症状（BPSD）への介護評価で重要なのは，介護の方向性に関する適切な考え方であり，介護目標の考え方を評価することが必要である．考え方に関しては，事例を使用したテストやレポート形式による自由回答から評価することができる．また，面接によって行動・心理症状（BPSD）への介護の考え方を確認する方法も有用である．いずれにしろ，介護の方向性や目標に関する考え方は，回答の自由度が高いために正答の基準があいまいで評価がむずかしくなる特徴がある．したがって，行動・心理症状（BPSD）への緩和だけにとらわれない

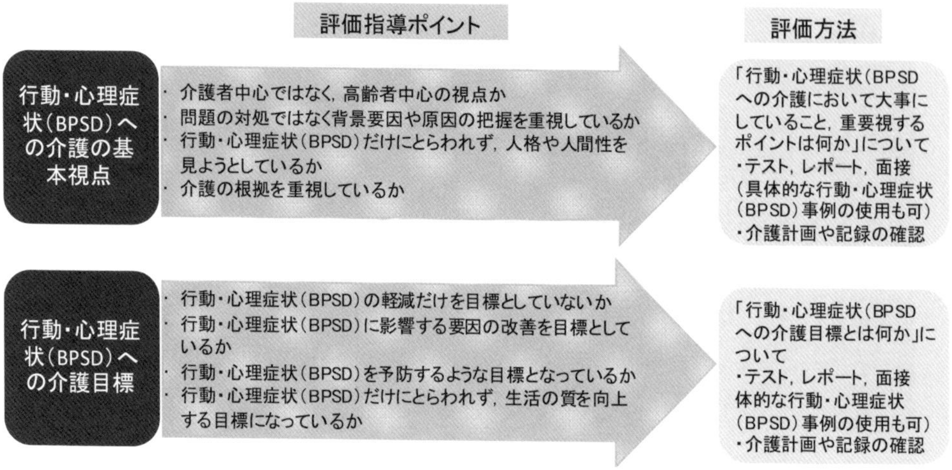

図 4-19　行動・心理症状（BPSD）への介護の基本視点に関する評価指導ポイントと方法

こと，高齢者の希望や必要性を考慮した生活目標になっていること，目標達成のための生活支援を重視していること等の基準に従って評価することが望ましい（図 4-19）．

(2) 行動・心理症状（BPSD）への介護の評価視点

行動・心理症状（BPSD）への介護評価の視点は，介護目標の考え方，アセスメントの視点と方法，介護方法に関する知識と技術が評価ポイントである．これらについて，現在の知識量や技術力を評価し，個別の課題を明らかにすることが必要となる．

①基本知識の評価視点【図 4-20〜4-22 展開例：STEP1 基本知識や視点の評価】

知識の評価視点は，「認知症に関する施策や基本理念」「認知症に関する基本知識」「行動・心理症状（BPSD）に関する基本知識」等の基本知識と，「介護目標等の考え方」「アセスメント方法」「介護方法」「介護の評価方法」に関する介護方法の知識に分類される（表 4-9〜4-11）．

②行動・心理症状（BPSD）への介護の基本視点の評価【図 4-20〜4-22 展開例：STEP1 基本知識や視点の評価】

行動・心理症状（BPSD）への介護能力に関する評価は，知識や技術の評価だけでなく介護に関する考え方と介護目標に関する考え方等，基本視点を評価する必要がある．知識量や技術力が高くても介護の考え方や介護目標が不適切であれば，知識や技術は方向性を失い不適切なケアにつながる可能性がある．介護の基本視点の評価は，「高齢者が中心か」「行動・心理症状（BPSD）だけでなく要因の改善に焦点を当てているか」「人間性や人格を中心にみているか」「介護の根拠を重視しているか」等を確認することである．また，介護目標の考え方として，行動・心理症状（BPSD）の一時的な緩和ではなく「背景要因の改善を重視しているか」「予防的か」「生活目標となっているか」等の視点を満たしているかが評価基準となる（図 4-19）．

③アセスメント能力の評価視点【図 4-23〜4-24 展開例：STEP2-1 アセスメント能力の評価】

アセスメント能力の評価視点として，アセスメント視点の理解度とアセスメントの技術に関

```
＜指導対象職員＞
　新人職員 A さん（女性，22 歳）
　福祉系大学を卒業後入職して 6 か月目，介護福祉士を保有している．
＜評価の実施＞
①知識の評価
・認知症に関する基本知識（表 4-9）について，穴埋め式のテストを実施し，基本
　的な知識量を評価した．
②考え方の評価
・認知症介護の方法に関する知識（表 4-10）については，以下に示す徘徊事例に
　関する介護目標，アセスメント，介護方法，介護評価に関する自由記述式のテス
　トを実施した．

　┌──────────────────────────────────────────┐
　│「事例：グループホームに入居して 3 か月目の B さん（75 歳，男性）は，い　│
　│つもリビングのなかを歩き回り，落ち着かない様子で玄関まで行っては戻って　│
　│きて座ろうとしません．職員が声をかけると一時的には落ち着くのですが，す　│
　│ぐに立ち上がりふらふらと歩いていってしまいます」　　　　　　　　　　　│
　│　問 1　B さんへの介護で重要なことはなんですか．なにを目標としますか．　│
　│　問 2　どのような情報が必要ですか．また，なにが原因だと思いますか．　　│
　│　問 3　どのように介護したらよいですか　　　　　　　　　　　　　　　　│
　└──────────────────────────────────────────┘

＜評価結果＞
①基本知識（図 4-21，4-22）
　福祉系大学出身で介護福祉士を保有していることもあり，一部の用語は知ってい
　るが，具体的な内容までは理解しておらず，とくに制度や診断基準，認知機能障
　害，薬物，症状の進行についてはほぼ不正解であった．
②考え方
　入職後 6 か月間の経験があるため，介護に必要な最低限の回答はしているが，そ
　の場しのぎを重視する目標，みえている状況と心理を中心としたアセスメント視
　点，対処的な対応にかたよった方法が特徴的である．
＜A さんの課題＞
①基本知識
　全般的に理解度が低く，正確で具体的な知識が不足していることが課題である．
②介護方法に関する知識や考え方
　経験が少しあるため一時的な対応方法に関する視点はもっているが，徘徊が起き
　ている背景要因を探したり，生活を高めたりしていく視点がなく，心理や症状，
　疾病以外のアセスメント視点やコミュニケーション以外の介護方法の知識が不
　足している．また，コミュニケーションについても一時的な対応に関するコミュ
　ニケーションのみであり，コミュニケーション方法の種類が不足していることが
　課題である．
```

図 4-20　行動・心理症状（BPSD）への介護指導の展開例：STEP1-1 基本知識や視点の評価

する評価が必要である．行動・心理症状（BPSD）全体に共通するアセスメント視点は，実践者に必要な行動・心理症状（BPSD）の介護技術の知識（表 4-11）で示したように，「行動・心理症状（BPSD）の様態」「発症時の表情，行動，発言」「認知機能および障害の種類と程度」「心理状態や気持ち」「身体機能，健康状態，体調」「周囲の環境状態（住環境，刺激）」「他者との関係性（他の高齢者，家族，職員等）」「生活状況（ADL，日課，活動，生活スタイル，趣味，嗜好等）」である．アセスメント能力の評価視点は，これらをアセスメントする必要性を理解しているか，どのようにアセスメントしているか，行動・心理症状（BPSD）との関連性を分析できているかを評価し，実践者のアセスメント能力に関する課題を明らかにすることである（図 4-25）．

項目	ポイント	テストの結果
基本知識	認知症に関する施策	オレンジプランという用語は知っているが，内容はわからない
	基本理念	パーソン・センタード・ケアという用語は知っているが，内容はわからない
認知症の基礎知識	認知症の定義	認知症の定義は正解，せん妄やうつとの違いはわからない
	診断基準	医学的な診断基準はわからない
	原因疾患の種類と特徴	原因疾患は正解，原因疾患ごとの特徴はアルツハイマー病のみ正解
	認知機能障害（中核症状）	記憶障害は理解しているが，見当識，実行機能障害，失行，失認等は不正解
	薬物療法	認知症薬の種類と特徴，効果については不正解
	認知症の重症度	認知症が進行することは知っているが，ステージごとの特徴はわからない
行動・心理症状（BPSD）の基礎知識	行動・心理症状（BPSD）の定義	行動・心理症状（BPSD）の用語は知っているが，意味はわからない
	行動・心理症状（BPSD）の種類と特徴	徘徊と帰宅要求は知っているが，それ以外はわからない
	行動・心理症状（BPSD）に関連する要因の種類と関係	記憶障害が関連していることはわかるが，それ以外はわからない
		身体機能や疾病，体調が関連していることはわからない
		環境の変化が影響することは知っているが，具体的にはわからない
		孤独や孤立が影響していることは知っているが，具体的な関係性の影響についてはわからない
		不安等が影響していることは知っているのみ
		それらの影響の関連性についてはわからない
	原因疾患別の行動・心理症状（BPSD）の特徴	原因疾患別に行動・心理症状（BPSD）の特徴があることはわからない

Aさんの基本知識に関する指導課題

項目	ポイント	知識不足に関する課題
基本知識	認知症に関する施策	オレンジプランの柱，柱ごとの内容，認知症施策全体のなかでの位置づけ，変遷
	基本理念	パーソン・センタード・ケアの主旨，意味，具体的な考え方，提唱者，経緯
認知症の基礎知識	認知症の定義	認知症とまちがえやすい他の症状の理解と区別
	診断基準	国際的な診断基準
	原因疾患の種類と特徴	アルツハイマー以外の代表的な疾患の特徴，原因疾患別の特徴
	認知機能障害（中核症状）	記憶障害以外の認知機能障害と行動・心理症状（BPSD）との違い
	薬物療法	主な薬物と効果，特徴，原因疾患別の効果
	認知症の重症度	原因疾患別の重症度別症状の特徴
行動・心理症状（BPSD）の基礎知識	行動・心理症状（BPSD）の定義	行動・心理症状（BPSD）の意味，経緯
	行動・心理症状（BPSD）の種類と特徴	行動・心理症状（BPSD）の症状の種類と特徴
	行動・心理症状（BPSD）に関連する要因の種類と関係	認知機能障害（中核症状）と行動・心理症状（BPSD）との関連
		身体機能と行動・心理症状（BPSD）の関連
		環境要因の種類と行動・心理症状（BPSD）との関連
		人間関係の種類と行動・心理症状（BPSD）との関連
		認知症による心理の理解と行動・心理症状（BPSD）との関連
		複数の要因間の関連と行動・心理症状（BPSD）への影響
	原因疾患別の行動・心理症状（BPSD）の特徴	原因疾患別の行動・心理症状（BPSD）の特徴

図 4-21　Aさんの基本知識に関する評価結果

項目	設問ポイント	回答の結果
行動・心理症状（BPSD）への介護	介護目標（どのようにしたいか）	徘徊が減っていき，なくなることが重要
	アセスメント視点（なにを知りたいか，どの情報が必要か，なにが原因だと思うか）	・どういうふうに歩いているか，どこを歩いているかなどの状況 ・なぜ歩き回るのかといった理由や気持ち ・最近の出来事でなにがあったか ・他の高齢者との関係はどのようか ・病気や体調
	介護方法（どうすればよいか）	・できる限り話す機会を増やして気持ちを和らげる ・事故がないようにつき添って見守る ・レクリエーションやお茶に誘う ・理由や目的を確認して，目的に応じて対応する
	介護評価（介護の後，なにを確認したらよいか）	・徘徊が減ったかどうか ・気持ちが落ち着いたかどうか

Aさんの介護知識に関する指導課題

項目	介護の過程	不足している知識や視点
行動・心理症状（BPSD）への介護	介護目標（どのようにしたいか）	徘徊の要因改善と生活の質が向上する視点
	アセスメント視点（なにを知りたいか，どの情報が必要か，なにが原因だと思うか）	・身体機能 ・表情や行動，発言の観察 ・認知機能障害の程度や種類 ・住環境や周囲の刺激の状態 ・職員や家族との関係 ・生活全般の傾向
	介護方法（どうすればよいか）	・身体面への介護方法 ・環境の調整方法 ・活動支援の方法 ・人間関係の調整方法 ・コミュニケーション方法のバリエーション
	介護評価（介護の後，なにを確認したらよいか）	・発症要因に関する再アセスメント

図4-22　Aさんの介護知識に関する評価結果

④介護技術の評価視点【図4-26 展開例：STEP3-1 介護方法の評価】

　行動・心理症状（BPSD）への介護技術に関する評価視点は，アセスメントによって把握している高齢者の情報を活用しながら，適切な介護が実践できているかを評価することである．アセスメントによって明らかになった要因ごとに，身体ケア，コミュニケーション，環境調整，人間関係の調整，活動支援に関する実践状況を観察や介護計画，記録，ケアカンファレンスでの発言状況等から確認することが必要である．基本的な方法の実行だけでなく，個々の高齢者の状況に応じて臨機応変に実践できているか，また介護方法の根拠や理由が明確か，高齢者の状態変化を確認しているかを評価する必要がある．

<指導対象職員>
　Aさん（女性，22歳）福祉系大学を卒業後入職して6か月目，介護福祉士を保有
<評価の実施>
①Aさんが担当しているBさん（男性，68歳）について，Bさんの徘徊へのアセス
　メントの方法を面接によるインタビュー，介護計画，介護記録等から評価した．
②面接では，Bさんについて把握している情報はなにか，徘徊の原因はなにか，また
　必要な情報はなにかを質問した．
③Bさんの徘徊への介護について把握している情報，必要な情報，原因，介護目標，
　介護方法について計画書を作成してもらい，介護記録と合わせて評価を行った．
④評価視点は図4-25の視点が網羅されているか，不足はないかについて評価した．

図4-23　行動・心理症状（BPSD）への介護指導の展開例：STEP2-1 アセスメント能力の評価

　⑤介護評価能力の評価視点【図4-27展開例：STEP4-1 介護方法評価の評価】
　介護評価能力に関する評価視点として，介護の効果を評価するために介護実施前後の行動・心理症状（BPSD）の頻度や重症度の変化，行動・心理症状（BPSD）要因の変化，認知症の人の状態変化について評価しているかを確認する必要がある．また，評価方法として行動・心理症状（BPSD）の重症度をどのように把握しているか，発症要因の変化をどのように確認しているのか，認知症の人の状態をどのように評価しているのか等の評価方法に関する評価を行うことが必要である（図4-28）．

3）行動・心理症状（BPSD）への介護技術に関する指導方法

　評価によって明らかになった知識や技術の課題は，実践者が成長するための指導目標と考えられる．人間関係に関するアセスメント視点の不足が課題であれば，人間関係が行動・心理症状（BPSD）に影響する関連性を説明し，アセスメントを行う理由を講義や説明によって指導することが必要となる．また，アセスメント技術が課題であれば，指導者がモデルを示しながら助言を行い，技術を指導することが必要となる．このように，指導内容（視点）と指導技術の2つの側面からアプローチする必要がある．

（1）行動・心理症状（BPSD）への介護指導の技術

①知識課題への指導技術

　実践者に必要な基本知識に関する指導は，一般的に講義や演習等の研修（Off-JT）による教育方法が効率的であるが，職員個々の課題にすべて対応することはむずかしく，より実践的な知識を指導するには限界があると考えられる．実践的な知識の指導には，実例を教材とした具体的なものが必要である．基本知識を効率的に指導するためには，テスト等の評価によって個別の課題を焦点化し，不足知識を自覚させることが重要である．そして，評価結果のフィードバックとその後の指導の繰り返しにより，広範囲にわたる知識を効率的に一定水準まで高めていくことが必要である．また，個別の知識課題への指導は，研修会に合わせて参考書や資料等の学習教材の使用を勧めることも必要である．知識課題が明確になれば，課題に応じた教材を用意したり提供したりすることで，自ら知識を習得することが可能となり，能動的な学習は理解力の向上を促進することにつながる（図4-29）．

アセスメント状況	把握情報	・68 歳，男性，要介護度Ⅲ，入居して 3 か月 ・自宅では徘徊が頻繁にみられ入所となった ・会社勤務で事務職を行っていた ・5 年前にアルツハイマー病と診断される ・糖尿病 ・身体機能は自立 ・認知機能は近時記憶の障害が顕著 ・発語が不明瞭だが，理解力は正常 ・ADL はほぼ自立 ・服薬は糖尿病の薬が処方されている ・腰痛の訴えがたまにある ・家族が長男が遠方に住んでおり，妻は自宅にいてたまに面会にくる ・性格は温厚なほうだが，あまり自分から話さない ・入浴があまり好きではない ・入居時から落ち着かず歩いていることが多かったが，最近は頻繁になってきた ・お茶に誘うが，一時的に落ち着くだけですぐに席を立って歩き出す
	必要な情報	・自宅に住んでいたときの妻との関係 ・趣味や特技
	原因と思われること	・入居後 3 か月と間もないため慣れておらず不安なのではないか ・自宅に帰りたいのではないか ・知り合いがおらず孤独なのではないか

<評価結果>

　Bさんについて把握している情報は，身体機能，疾病，服薬状況，認知機能障害，原因疾患，症状の状態，家族状況，コミュニケーション能力，ADL，性格，家族関係，生活スタイルであるが，詳細な情報が不足している．認知機能の障害は近時記憶障害の程度やそれ以外の認知機能，原因疾患に関する重症度，徘徊に関する頻度や程度，ライフスタイルの詳細，徘徊時のBさんの表情や行動に関する情報が足りない．また，職員や他の高齢者との関係性，人間関係の傾向，住環境や周囲の刺激，心理に関する視点がまったくない．

　必要な情報として，妻との関係性や趣味や特技などの生活状況に関する視点はあるが情報として把握できていない．原因として主にグループホームへの不適応を挙げており，把握している情報を十分に分析しておらず，表面的なアセスメントになっている．

<課題>

　全般的にさらに詳細なアセスメントが必要であり，とくに近時記憶障害の程度やそれ以外の認知機能，原因疾患に関する重症度，徘徊に関する頻度や程度，ライフスタイルの詳細，徘徊時のBさんの表情や行動，職員や他の高齢者との関係性，人間関係の傾向，住環境や周囲の刺激，心理に関するアセスメントが課題である．また，妻との関係性や趣味，特技に関する情報の確認方法も課題である．原因の考え方は，把握している情報を関連づけて把握しておらず，表面的な原因推定になっている点が課題である．

Aさんのアセスメント能力の課題と指導目標

アセスメント視点	課題と指導目標
行動・心理症状（BPSD）症状の様態	徘徊症状の詳細な頻度，時間，程度を評価する．歩き方や歩くときの目線，歩くコースの確認．
発症時の様子	徘徊時の表情，行動，発言を観察し，評価する．不快かどうか．
認知機能	短期記憶の障害の有無だけでなく，その他の低下している認知機能や程度と，正常な認知機能を評価する．とくに視空間認識，見当識の確認
心理	行動・心理症状（BPSD）発症前後の感情，気持ち，気分等の心理状態を評価する
疾病，身体機能，体調	疾病，健康状態，体調，身体機能を医師，看護師，PT，OT等と協力して評価する．とくに排泄，食事量，水分量，睡眠状況，疼痛，視聴覚機能，せん妄，うつの確認
環境	行動・心理症状（BPSD）に影響している周囲の環境（住環境，刺激等）を評価する
人間関係	他の高齢者，家族，職員等との関係状態や個々の人間関係の特徴を評価する．もめごとの有無，親密度，社交性等の確認
生活状況	過去，現在の生活状況（ADL，日課，活動，生活スタイル，趣味，嗜好等）を把握する．現在の生活活動，役割の有無，生きがいの確認

図 4-24　A さんのアセスメント状況

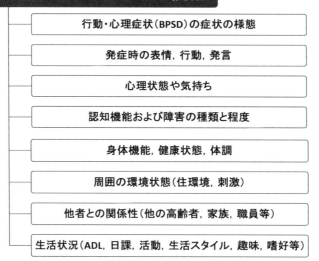

図 4-25　行動・心理症状（BPSD）への介護に必要なアセスメント能力の評価視点

<介護方法の評価の実施>
①A さんが担当している B さん（男性，68 歳）について，B さんの徘徊への介護に
　関するアセスメントに基づいた介護計画から介護方法を評価した．
②B さんの徘徊への介護場面を観察し評価した．
③評価視点は表 4-11 の視点や方法が実行できているかについて評価した．

A さんの介護方法の評価結果

介護の目標	・徘徊を軽減する ・グループホームに慣れてもらい，不安をなくす ・職員と信頼関係をつくり孤独感をなくす
介護計画	・徘徊時につき添って，話をしたりする時間を増やす ・普段からかかわる機会を多くとり安心してもらう ・理由を聞いて，理由に応じた介護を行う ・自宅に行ってみる ・家族との面会を増やす
実際の介護方法	<コミュニケーションの工夫> ・食事時やリビングでの休憩時に会話をしている ・会話は A さんが一方的に自分の話をしており B さんからの発語は少ない ・会話の話題は A さんの趣味や興味を中心にしている ・歩きそうになったときは，すぐについて行ってお茶に誘っている ・B さんの妻のことや仕事のことなどを質問している <活動支援> ・実際に散歩に行く際に B さんの家へ連れて行った <人間関係支援> ・妻に連絡し面会にきてくれるよう調整している

　　介護の目標は，徘徊を減らすことと，環境への適応，不安や孤独感の解消に焦
点を当てている．実際の介護方法については，介護計画に従っているが交流量の
増加や自宅への帰宅，家族との交流機会の増加となっている．実際の介護方法は
計画に従っているが，コミュニケーションの機会を増やしており，会話方法は一
方的で会話内容は話題が A さんの興味にかたよっている．また言語的な交流を
中心としており，つき添いの仕方やタイミングが適切ではない．活動支援につい
ては自宅への帰宅を実施しており，B さんのニーズに合っているかは不明であ
る．人間関係の調整方法としては，妻との面会を増やす調整を実施している

A さんの介護方法の課題

<コミュニケーションの工夫>
・事前の生活状況に関するアセスメント情報が不足しているため，会話の話題が乏しく
　なっている
・一方的な会話になっており，B さんが話しやすい工夫がない
・即座につき添って話をするなどタイミングや距離感を考慮していない
・とりあえずお茶に誘うなど一時的で，強引な誘導になっている

<活動支援>
・自宅への思いを十分に把握していない時点で自宅へ誘っている
・B さんのニーズを踏まえた活動の場が提供されていない

<人間関係支援>
・妻への思いや，家族との関係性を十分に考慮した調整になっていない

<その他の方法（アセスメントの結果に応じた対応の可能性）の不足>
・疾病や体調，健康状態に応じた身体ケア
・他者との関係性，職員との関係性に応じた人間関係の調整
・住環境への不適応，刺激の影響を考慮した環境調整

　介護目標が徘徊の緩和のみであり，生活の質の向上や快適な生活の実現を意識していない点が課題である．また，介護計画はアセスメントが不十分なため限られた情報のなかでの課題分析に従っていることからコミュニケーションが主になっており，身体面，環境面，人間関係に関する支援が不足している．実際の介護方法もコミュニケーションに限定されており，交流の増加による適応促進を中心としている．コミュニケーション方法も言語的な交流にかたよっており，会話内容，方法，タイミングについてBさんの特性を考慮していない点が課題である．また，アセスメント情報が不足していることが原因でBさんへの理解が乏しく話題が自分のことに集中している．自宅への帰宅もBさんの意向に応じているのか，妻との面会もBさんにとって最適な選択かが不明である．また，身体面や環境面，人間関係，活動の特性等のアセスメントによっては，それらに応じた方法の可能性も検討すべきである．

図 4-26　行動・心理症状（BPSD）への介護指導の展開例：STEP3-1 介護方法の評価

＜介護評価能力の評価＞
①Aさんが担当しているBさん（男性，68歳）について，Bさんの徘徊への介護を行った後の評価について，面接，介護記録から評価した．
②評価視点は図 4-28 の視点や方法が実行できているかについて評価した．
＜結果と課題＞
　介護を実施した後の評価の視点や方法は，行動・心理症状（BPSD）の症状や重症度の変化，高齢者の状態変化について評価の必要性は認識しているが，主観的な印象によって評価しており，客観的な評価を行っていないことが課題であった．また，要因に関する再アセスメントは要因分析があいまいであるため視点，方法とも実行できていないことが課題であった．

Aさんの介護評価の課題と指導目標

Aさんの介護評価方法に関する課題	＜BPSD 重症度の変化＞ ・徘徊が減ったかどうかを確認しているが，回数や時間，タイミングなどの詳細情報を客観的に記録していない
	＜BPSD の要因改善に関する再アセスメント＞ ・孤独の状況を気にしているが，要因のアセスメントがあいまいなため評価できていない
	＜表情や振る舞いなど高齢者の状態変化＞ ・何となく表情が落ち着いたかはみているが，客観的な記録はしていない

Aさんの介護評価への指導目標	＜BPSD 重症度の変化＞ ・BPSD 重症度を評価するツールを示し，使用方法を教え症状別の頻度や重症度を評価する方法を指導する
	＜BPSD の要因改善に関する再アセスメント＞ ・事前アセスメントを見直し，背景要因に基づいたアセスメント項目について，評価を行うことを指導する
	＜表情や振る舞いなど高齢者の状態変化＞ ・表情や振る舞いなどに関する評価項目を決めて，頻度や程度を評価することを指導する．

図 4-27　行動・心理症状（BPSD）への介護指導の展開例：STEP4-1 介護方法評価の評価

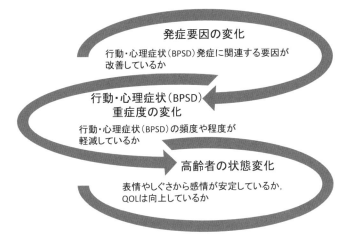

図 4-28　介護評価視点

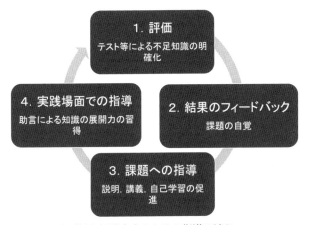

図 4-29　実践的な知識向上のための指導の流れ

②技術課題への指導技術

　介護技術は，講義や説明，自己学習だけでは向上しにくいため，実践技術のモデルを示しながらポイントを解説し，適宜助言することが必要となる．一般的には，技術の指導や教育は業務中の指導（OJT）が効果的であり，経験豊富な人が指導を行うことになる．技術向上のための指導では，評価によって明確になった技術課題をフィートバックによって自覚させ，自己課題を認識してもらうことが先決である．実践者の介護技術の特徴を伝え，介護技術に関する課題を自覚することが，学習目標を考えるうえで重要となる．技術指導は模範的な方法を示し，観察によって確認させ，解説を行うことで理解を促すことが必要である．その後，模倣させ，助言を行いながら，知識と実践との関係を指導することとなる．次に，再度，指導者の模範的な方法を示し，自分の方法と指導者の方法とを比較させ，理解を深めることが必要となる．最

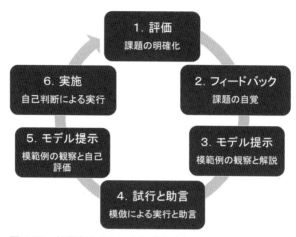

図 4-30　技術向上のための指導の流れ

後に，自分で考えながら介護を実行し，評価，フィードバックを行うといった流れを繰り返しながら技術を高めていくことが標準的な技術指導の手順となる（図 4-30）．

（2）行動・心理症状（BPSD）への介護の指導視点

　行動・心理症状（BPSD）への介護技術の指導は，行動・心理症状（BPSD）への介護の評価視点とほぼ同様の視点となる．評価視点でも示したように，認知症や行動・心理症状（BPSD）に関する基本知識，行動・心理症状（BPSD）介護の考え方や目標，アセスメント視点，介護方法に関する知識と介護目標の立案，アセスメント，介護方法，介護への評価に関する技術について明確となった課題が指導の視点となる．

　①基本知識の指導視点【図 4-31 展開例：STEP1-2 基本知識や基本視点の指導】

　基本知識に関する指導は，認知症に関する施策や基本理念，認知症や行動・心理症状（BPSD）に関する基本知識と，介護目標の考え方やアセスメント方法，介護方法，介護の評価方法に関する知識課題に絞ることが必要である（表 4-10〜4-12）．

　②基本視点の指導視点【図 4-31 展開例：STEP1-2 基本知識や基本視点の指導】

　介護の考え方や介護目標は，実践者の知識や技術を正しい方向へと導くことであり，不適切な考え方は時間をかけて指導を行うことが必要である．介護の基本視点としては，「高齢者中心であること」「表面的な症状だけでなく行動・心理症状（BPSD）の要因に焦点を当てていること」「認知症中心ではなく人間性や人格を中心にとらえていること」「介護の根拠を重視していること」を中心に指導する必要がある．また，介護目標としては「背景要因の改善をすること」「予防的な視点であること」「生活の質を向上すること」等を基準とした指導を行う必要がある（図 4-19）．

　③アセスメント能力への指導視点【図 4-32 展開例：STEP2-2 アセスメントの指導】

　行動・心理症状（BPSD）への介護におけるアセスメント能力では，アセスメント視点とアセスメント方法を指導することが必要である．行動・心理症状（BPSD）全体に共通するアセ

```
指導対象職員：Aさん（女性，22歳）福祉系大学を卒業後入職して6か月目，介
護福祉士を保有
＜指導ポイントと目標＞
　基本知識に関する評価によって明らかになった課題が指導のポイントであり目標
となる.
①Aさんの認知症に関する基本知識の課題は，一部の用語は知っているが，具体的
　な内容までは理解しておらず，とくに制度や診断基準，認知機能障害，薬物，症
　状の進行に関する知識の習得が指導の目標となる
②認知症の介護方法に関する知識は，生活支援に重点をおいた目標の考え方や，背
　景要因の改善を重視する視点，心理や症状，疾病以外のアセスメント視点やコ
　ミュニケーション以外の介護方法の知識，多様なコミュニケーション方法の種類
　の理解が指導目標となる
＜指導方法＞
・基本知識に関する指導手順
①認知症に関する基本知識（表4-9）に基づき参考図書やテキスト，資料を教材と
　して，テスト結果の誤答に対する解説を行う
②教材の熟読による自己学習を行う
③教材をみながら知識に関するテストを再度実施する
④研修や個別指導によって基本知識に関する全体講義を実施する
⑤再度，テストを実施し，評価結果に基づく個別の解説を実施する
・介護方法の知識に関する指導手順
①認知症の介護方法に関する知識（表4-10）を参考に，教材等を使用し評価結果に
　基づく解説を個別に行う
②教材を使用し研修による事例演習を実施し講義を行う
③教材を使用し自己学習を行う
④再度，同じ事例によるテストを実施する
⑤評価結果に基づき個別指導を行う
⑥実際の介護場面で適時，介護方法に関する個別のアドバイスを実施する
⑦再度，異なる事例を使用したテストを実施する
⑧評価結果に基づく個別指導を行いフィードバックする
```

図4-31　行動・心理症状（BPSD）への介護指導の展開例：STEP1-2 基本知識や基本視点の指導

表4-12　評価する認知症ケア能力と評価の視点

認知症ケア能力	評価の視点
認知症ケアに必要な知識の習得度	対象となる場面・状況に適切に対応していくために必要な認知症ケアに関する知識が十分に備わっているか
認知症ケアにおけるアセスメント能力	知識を活用し，適切なアセスメント視点を備え，実施されているか
認知症ケアにおける介護方法	アセスメントに基づいて適切な介護方法が選択され実施されているか
認知症ケアにおける介護評価	実施した介護の評価が十分に行えているか

スメント視点は，「行動・心理症状（BPSD）の症状の様態」「発症時の表情，行動，発言」「心理状態や気持ち」「認知機能および障害の種類と程度」「身体機能，健康状態，体調」「周囲の環境状態（住環境，刺激）」「他者との関係性（他の高齢者，家族，職員等）」「生活状況（ADL，日課，活動，生活スタイル，趣味，嗜好等）」であり，これらに関するアセスメント方法を指導することが必要である（図4-33）.

<指導ポイントと目標>
　アセスメント能力の評価によって明らかになった課題が指導のポイントであり目標となる．行動・心理症状（BPSD）のアセスメントに必要な項目を一部しか評価していないため，より詳細な視点と不足している評価視点を指導することが目標となる

①身体機能，疾病，服薬，認知機能障害，原因疾患，症状の状態，家族状況，コミュニケーション能力，ADL，性格，家族関係，生活スタイルの一部しかアセスメントしておらず，認知機能の障害は近時記憶障害の程度やそれ以外の認知機能，原因疾患に関する重症度，体調や健康状態，身体機能，徘徊に関する頻度や程度，ライフスタイルの詳細，徘徊時のBさんの表情や行動の把握など，より詳細なアセスメント視点を指導する．

②職員や他の高齢者との関係性，人間関係の傾向，住環境や周囲の刺激，心理に関するアセスメント視点が欠けているため，それらの必要性とアセスメント視点を指導する．

③とくに徘徊の要因として考えられる視空間認識や視力の障害，幻覚や妄想，見当識障害，失禁の有無，排泄機能，常同行動の有無，住環境状況についてアセスメントすることの重要性を指導する．

<指導方法>
①評価結果をフィードバックし，アセスメントの課題について自覚させる．
②不足している視点と徘徊に影響する可能性がある要因と理由について個別指導を行う．
③再度，評価時に使用した事例と同様の事例を用いたテストを行う．
④評価結果をフィードバックし，不足視点について再度解説を行う．
⑤実際の担当事例への介護計画を作成させ，指導者が評価し助言，アドバイスを行う．
⑥指導者が実際にアセスメントを実施し，アセスメント結果について解説する．
⑦同じ事例について再度，アセスメントを実施させアセスメント結果を評価する．
⑧評価結果についてフィードバックし解説を実施する．

図4-32　行動・心理症状（BPSD）への介護指導の展開例：STEP2-2 アセスメントの指導

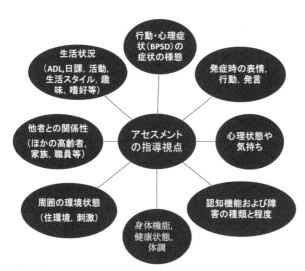

図4-33　アセスメント指導の視点

④介護技術の指導視点【図 4-34 展開例：STEP3-2 介護方法の指導】

　行動・心理症状（BPSD）への介護技術に関する指導では，身体ケア，コミュニケーション，環境調整，人間関係の調整，活動支援が主な視点であり，介護方法が行動・心理症状（BPSD）の緩和に効果的かどうかを確認し，根拠に基づいた介護方法を指導することが重要である（図4-35）．

⑤介護評価方法への指導視点【図 4-36 展開例：STEP4-2 介護評価の指導】

　実践した介護の評価に関する指導は，介護実施前後の行動・心理症状（BPSD）の頻度や重症度の変化を評価する方法を指導することが必要である．また，アセスメントによって明確になった行動・心理症状（BPSD）の発症要因の変化を評価する方法を指導したり，介護の効果として認知症の人の状態変化を評価する方法を指導したりすることが必要である．

　評価方法の指導としては，行動・心理症状（BPSD）の頻度や重症度を評価する既存の尺度（Behave-AD[16]等）の使用方法を指導したり，事前アセスメントを再度実施することや介護実施後の認知症の人の表情やしぐさ等を確認するための方法を指導したりすることが必要である．

行動・心理症状（BPSD）への介護指導に関する事例演習

【事例】
　新人職員の D さんは C さんが外に出ようとしたので声をかけると，突然，殴りかかってきたので驚いてしまいました．その後 D さんは C さんにどのように対応したらよいか悩んでいました．D さんの指導を担当している E さんは D さんにどのような指導をしたらよいか迷っています．

C さん（74 歳，女性）の興奮・暴力・暴言への介護指導について考えてみましょう．
＊以下の点について，グループで話し合い，できる限りたくさんの意見を出してみましょう．
1．E さんは D さんにどのような指導をしたらよいでしょうか
2．D さんはなにを目標とすればよいでしょうか
3．D さんが知っておかなければいけない情報は何でしょうか
4．D さんはどのように対応したらよいでしょうか
5．D さんは介護をどのように評価したらよいでしょうか

<指導ポイントと目標>
　介護計画や実施している介護の評価によって明らにとなった課題が指導のポイントであり目標となる．介護目標が徘徊の減少のみに限定されているため，生活支援の視点へ誘導することが必要である．また，コミュニケーション方法が一方的であるため，コミュニケーション方法のバリエーションを広げるための指導が必要である．コミュニケーション以外の介護方法についても必要な介護方法を指導することが目標となる．
①介護目標が徘徊の緩和のみにとらわれているため，生活の質の向上や快適な生活の実現を目標とするよう指導することを目標とする．
②介護方法がコミュニケーションに限定されており，交流の増加による適応促進を中心としているため，Bさんのコミュニケーション特性に応じた量の調整方法を指導する．また言語的な方法にかたよっており，会話内容，方法，タイミングについてもBさんの特性を考慮した方法を指導する．また，アセスメント情報が不足していることが原因でBさんへの理解が乏しく話題が一方的なため，会話の話題の考え方を指導する．
③自宅への帰宅を活動支援として実施しているが，生活活動や趣味活動に関する方法を指導する必要がある．
④家族との面会を増やしているが，家族関係の傾向を考慮した交流調整の方法を指導する．
⑤身体面や環境面，人間関係，活動の特性等の課題に応じて，環境調整や，身体ケア，活動支援，人間関係の調整方法を指導する．

Aさんの介護方法への指導目標

視点	介護方法の指導視点
1．身体ケア	①医療看護対応（疾患，疼痛，体調，薬）を看護師と協働する ②食事と水分補給を調整する ③排泄を調整する ④睡眠を調整する ⑤視力，聴力に応じた支援を行う
2．環境調整	①いっしょにいる人数を調整する ②落ち着く場所を用意する ③席の位置を調整する ④なじみのものを使用する ⑤居室内，位置を整備する ⑥わかりやすい表示にする ⑦光や音，刺激を調整する ⑧屋外環境を整備する
3．コミュニケーションの工夫	①会話内容を本人の特性に応じて工夫する（趣味，興味，家族，昔話，賞賛，感謝を話題にする） ②会話のペースや聴き方を本人に合わせる ③会話時の環境や状況（マンツーマン，静か，タイミング）を本人の特性に合わせる ④会話の量を状況や本人の特性に応じて調整する ⑤会話以外のコミュニケーション（接触，アイコンタクト）を信頼関係に応じて適時行う
4．人間関係の調整	①他の入居者との関係を関係性に応じて調整する（交流支援，関係の把握と調整，地域の方との交流） ②家族との交流を調整する（連絡調整，接触機会の調整）
5．日常的，非日常的活動の支援	①生活行為の場を用意する（家事，炊事，習慣行為の継続支援） ②趣味活動の場を用意する（習慣的な活動の継続，好きな活動の支援，運動やレクリエーション支援） ③外出機会の場を用意する（散歩，ドライブ，買い物）

2013年度認知症介護研究・研修仙台センター運営費研究事業，続　初めての認知症介護解説集，認知症における行動・心理症状（BPSD）対応ガイドラインの開発に関する研究報告書を参考に筆者が作成．

<指導方法>
・介護目標に関する指導手順
①評価結果をフィードバックし，自分の介護目標の課題について自覚させる.
②介護目標の方向性について，評価結果をフィードバックし修正するための個別指導を行う
③再度，評価時に使用した事例と同様の事例を用い，介護目標を立案させる
④評価結果をフィードバックし，不足視点について再度解説を行う
⑤再度，同様の事例について介護目標を作成させる
⑥実際に A さんが担当している事例について介護目標を考えさせる.
⑦指導者が介護目標を立案し，解説する
⑧再度，A さんが同事例について介護目標を考え，評価し，助言指導を行う
・介護方法に関する指導手順
①評価結果をフィードバックし，自分の介護方法の課題について自覚させる.
②教材を使用し，A さんの課題に関する介護方法を解説する
③再度，評価時に使用した事例について介護目標に従った介護計画を考えさせる
④介護計画を評価し，結果をフィードバックして課題に関する解説を行う
⑤再度，同事例について介護計画を作成し，教材に従って評価指導を行う
⑥A さんが担当している事例について介護計画を考えさせる.
⑦指導者が同事例について介護計画を立案し，解説する
⑧実際に指導者が介護を実践し観察させる
⑨実践した方法について解説を行う
⑩指導者が見守りながら A さんに同じ方法を実践させる
⑪評価を行い助言を行う
⑫A さんが自分で考え介護を実践する
⑬指導者が評価を行い，助言して指導する
⑭とくに⑫と⑬の指導を日常的に繰り返す

図 4-34　行動・心理症状（BPSD）への介護指導の展開例：STEP3-2 介護方法の指導

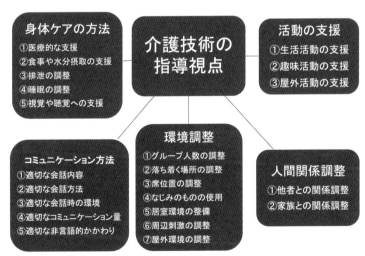

図 4-35　BPSD への介護技術指導の視点

<指導ポイントと目標>
　介護評価に関する評価によって明らかになった課題が指導のポイントであり目標となる．
①行動・心理症状（BPSD）の症状や重症度，高齢者の状態に関する評価の必要性は認識しているが，評価内容や評価方法に課題があるため詳細な評価視点と評価方法を指導する必要がある．
②発症要因の改善に関するアセスメントの実施が不足しているため，事前アセスメントの徹底と徘徊の要因と考えられる項目について再度アセスメントを実施し変化を評価することを指導する．
<指導方法>
①評価結果をフィードバックし，介護評価の視点と方法に関する課題を自覚させる．
②行動・心理症状（BPSD）の重症度や程度に関する評価視点と評価方法，高齢者の表情や振る舞いの評価視点と評価方法を個別に解説する．
③徘徊の発症に関連する要因について，教材を使用して解説し，要因分析の方法を指導する．
④Aさんが担当している事例について，指導者が介護評価を実施し観察させる．
⑤実際の介護評価視点と評価方法について解説する．
⑥同事例について指導者と同様の方法をAさんに実施させる．
⑦評価を行い課題について助言指導を行う．
⑧他の担当事例について評価を実施する．
⑨指導者が評価し課題をフィードバックし，改善点を指導する．
⑩介護前，介護後に評価し評価項目の変化を自覚させる．
⑪変化した項目に関する介護方法と変化しない項目に関する介護方法について振り返りながら，指導者と話し合う．
⑫検討の結果に基づいて介護計画や方法を修正する．
⑬⑨〜⑫を日常的に繰り返す．

図4-36　行動・心理症状（BPSD）への介護指導の実際例：STEP4-2 介護評価の指導

3．アセスメントおよびケアの実践に関する計画立案の指導方法
1）アセスメントおよびケアの実践に関する計画立案の指導
（1）アセスメントおよびケアの実践に関する指導

　実践リーダー研修のカリキュラム全体を考慮すると，本科目で学習する内容は，科目内の理解にとどまるべきものではない．職場実習およびそのための課題設定において体現され，さらにはその後の職場における指導に定着していくことが求められる．このうち，職場実習およびその課題設定については，認知症介護研究・研修センターにより一定の枠組みが例示されている[17]．そのため，ここでは，その枠組みを活用することを念頭において，職場実習への準備という側面を含めて必要な内容を示していく．

　また，アセスメントおよびケアの実践を指導するにあたっての具体は，本章でこれまで示されているような，食事・入浴・排泄等の具体的な介護場面や，行動・心理症状（BPSD）へのケア等の具体的な課題に応じたものと共通するものである．ここではむしろ，そうした個別の場面や課題への対応に特化しようとするとかたよりや過不足を生じさせかねない状況を俯瞰して，指導を展開していくための原則を確認していく．加えて，即事（即時）的な指導というよりは，指導対象となる職員の力量評価や個別課題の明確化を行ったうえで指導目標設定・指導計画策定を実施し，指導を実践しその結果や効果を評価していく，戦略的な指導プロセスの展開について整理していく．

表 4-12　評価する認知症ケア能力と評価の視点

認知症ケア能力	評価の視点
認知症ケアに必要な知識の習得度	対象となる場面・状況に適切に対応していくために必要な認知症ケアに関する知識が十分に備わっているか
認知症ケアにおけるアセスメント能力	知識を活用し，適切なアセスメント視点を備え，実施されているか
認知症ケアにおける介護方法	アセスメントに基づいて適切な介護方法が選択され実施されているか
認知症ケアにおける介護評価	実施した介護の評価が十分に行えているか

（2）指導にあたっての大原則

　指導計画を立案していくにあたって，指導する側がどのような前提に立っているかを確認することがまず大切になる.

　その第 1 は，認知症の人への基本的態度である. 認知症という疾患があっても，人としての価値や尊厳は変わらないという前提に立てているであろうか. ケアの場面において対応に困るような側面だけから利用者を知ろうとしていないであろうか. 指導する側が認知症の人の尊厳を軽んじ，全人的理解を目指そうとしていなければ，そうした態度は当然指導計画や指導方法にも反映されてしまう.

　第 2 に，指導の対象となる職員への態度についても，あらかじめ見直しておきたい. 指導の結果，特定のケア場面の課題が解消されれば，あるいは指導する側を困らせるような存在でなくなればよいのであろうか. そうではなく，認知症ケアの実践者として，適切な知識や技術を身につけ，自ら考えかつチームのなかで協力しながら実践していける，誠実な仕事人として自立していってほしいのであろうか. むろん，目指すべきは後者であり，そのような大きな意味での指導目標が指導する側にあるか，あらかじめ確認しておきたい. 加えて，その成長は一足飛びには生じないことも理解しておきたい. 適切なキャリアパスを描いていけるよう，段階的・長期的な指導の見通しももっておけるとよい. また，これらのことを考えるからこそ，指導計画の立案やその前段階としての力量評価・課題の明確化，計画に沿った指導，そして指導後の評価が必要になることについても理解しておきたい.

2）アセスメントおよびケアの実践に関する介護職員等の力量評価と個別課題の明確化

（1）職員の力量評価

①評価の枠組み

　指導目標や指導計画を立てる前段階として必要なもののひとつが，指導対象となる職員の力量評価である. 力量評価にあたっては，どのような要素を評価していくのかという枠組みと，どのような指標・方法で評価していくのかということを考える必要がある.

　このうち「枠組み」については，例として表 4-12 に示すような「認知症ケアの知識」「アセスメント」「介護方法」「介護評価」等が考えられる. また，図 4-37 に示すような様式なども活用するとよい.

　「認知症ケアの知識」については，本章でこれまで示されている内容を参考に，基本理念や認

（　　　　　　　）さん 認知症ケア能力評価表　　　　　　　　記入者：

	ア．評価対象項目	イ．評価方法	実施日	ウ．評価結果 できている点・課題
認知症ケアの知識				
アセスメント				
介護方法				
介護評価				

〈面接結果〉

出典）認知症介護研究・研修センター（2021）「職場実習関連様式 2021 年 8 月作成版（参考書式）」（https://www.dcnet.gr.jp/pdf/kensyu/r3_j_reader_form.pdf, 2021.11.19）．

図 4-37　力量評価の様式例

知症の症状，症状に影響する要因等に関する知識が備わっているかを確認するとよい．このとき，単に「知っている」ということだけでなく，「理解している」「自分で言語化できる」といった，実践に結びつけられる水準であるかどうかも確認できるとよい．認知症介護基礎研修や認知症介護実践者研修での学習内容などとも照らし合わせてみると，必要十分な知識に達しているか，かたよりや不足がないかを確認しやすいかもしれない．

「アセスメント」の能力についても，具体的な内容は本章においてすでに示されている．それらを参考にしたうえで，個別の情報の羅列ではなく，1人の人の状態像の理解として統合されているか（統合しようとしているか），影響関係や因果関係（表面化している言動の背景）を探れているか（探ろうとしているか），行動・心理症状（BPSD）等対応に困っている部分に焦点化されすぎて，本人の意思やストレングス，生活全体に向けた視点が欠けていないか，根拠に欠けた思い込みをしていないか，といったことを含めて評価できるとよい．

「介護方法」の具体は本研修全体や認知症介護実践者研修ですでに示されているものであるが，力量評価にあたっては，それらを参考にしたうえで，個別の場面での個人のケア内容の評価にとどまらないように気をつけたい．チーム内や多職種との連携，全般的なコミュニケーション，環境調整，活動機会の提供，他利用者や家族との関係調整なども問われるべきところである．

「介護評価」は，指導する側がケアの結果の善し悪しを評価することを意味していない．力量評価として，職員が，自身の実施したケアの結果を適切に評価できているかをみていく．「行動・心理症状（BPSD）がなくなった」「自分が困ることがなくなった」という評価にとどまっているのか，そのことを頻度や状態像の変化として客観的にみられているのか，課題として焦点化されている部分だけでなく，認知症の人の心理の安定や QOL の向上という観点からケアの結果をみようとしているか，といった，介護“評価”能力を評価していく．

また，これらの枠組みで力量評価を行っていく場合には，対象職員の価値観や仕事への意欲が反映されている，という視点からの評価も必要となる．

さらに，以上のような枠組み・視点での力量評価は，最終的には総合評価されるべきである．実践上の課題が，どのような側面に起因しているのか，またそれぞれの能力がどのように関係して（影響して）いるのか，といった視点から，一種のアセスメントを行うことで，指導上の課題が明確になっていく．

②評価の方法

評価の方法も，基本的には本章でこれまで示されているように，「知識」「技術」「考え方」に分けられる．それぞれの評価方法（図 4-17 参照）を適宜用いていくことになる．

この際，これらの評価方法によって得られる情報を客観的な根拠として，「根拠に基づいた評価」となるよう，指導する側は心がける必要がある．根拠に基づかない独断的な評価は，誤った指導計画につながるだけでなく，指導を受ける職員の成長を妨げるとともに，関係悪化にもつながりかねない．

(2) 個別課題の明確化

力量評価を経て，個別課題を明確化していく．おそらく，検討の出発点は，適切なケアが見いだせず対応に困っているような場面であろう．しかし，このとき重要なのは，ここで明確化したいのは，個別ケアの課題ではなく，指導上の課題であるということである．いいかえれば，指導する側が自ら適切なケアを見いだすのではなく，指導対象の職員が適切なケアを見いだし，実行できるようになっていくことを目指すための課題を整理するということである．

　そのため，ここでは，適切なケアが見いだせず対応に困っている場面などにおいて，力量評価の結果がどのように反映されているのか，どのようなところに指導の余地や方向性を見いだせるのか，ということを検討していく．また，その際，これまでの自身の指導の方法や結果も合わせて振り返り，指導する側としての課題も整理していくとよい．

3）アセスメントおよびケアの実践に関する介護職員等の指導目標の設定と指導計画の立案

（1）指導目標の設定

　「個別課題の明確化」でも述べたように，課題には2つの側面があり，そのため指導目標にも2つの側面があることになる．それは，「指導後の対象職員の姿」と，「指導する側が目指す姿」である．

　「指導後の対象職員の姿」としての目標を整理するためには，自職場の理念やビジョンを含めて，目指すべき認知症の人の状態像やケアの水準を明確にすることが必要である．そのために，どのようなアセスメントやケアの選択・実行ができる職員を育てていくのかを整理していく．さらにそのために，力量評価や課題の明確化を踏まえて，どのような点を改善・成長させていくべきなのかを明らかにしていく．ただし，この節のはじめに述べたように，成長は一足飛びには生じない，ということには十分注意する必要がある．理想的ではあっても，その職員にとって高すぎるハードルをはじめから目標として設定するのは，指導のあり方として適切とはいえない．少し足もとを確かめ，努力すれば超えられる目標を設定し，次の項で述べるように目標の達成を適切に評価していくことが，職員の着実な成長を促す．したがって，目標設定は段階的なものになる場合がある．また，そうした目標設定のためには，適切な力量評価と，目標設定時の評価内容の反映が必要となる．

　「指導する側の目指す姿」としての目標を定めるためには，指導する側自身の客観的な自己評価が必要となる．自身の介護能力や指導能力を振り返り，「指導後の対象職員の姿」としての目標を実現するために，指導する側（自分）に求められることを明確にする．

（2）指導計画の立案

　指導目標が設定されたら，それを実現させていくための計画を立案していく．

　計画立案において基本となるのは，いわゆる「5W1H」を明確にすることである．なにを（what），だれが（who），いつ・いつまでに（when），どこで（where），だれに（whom），どのように・どのくらい（how）行うのか，指導の内容や主体，時期や期間，場所（環境や場面），対象，方法や程度をはっきりわかるようにしていくことが大切である．能力評価や指導目標の設定において何らかの様式を使用しているのであれば，それらと連動して指導計画が確認できるように形にすることも役立つ（例として図4-38を挙げておく）．

　また，これらに加えて，評価の時期や方法・指標についても整理しておく必要がある．これを定めておかないと，成果の評価が印象評価にとどまり，指導の結果や効果が不明確になる．なお，ここでいう評価は目標に応じている必要があるため，対象職員がどのようなアセスメントやケアを実行し，その結果はどうであったか（認知症の人の変化も含む）ということとともに，計画された指導が行えたか・方法は適切であったか・指導の結果はどうであったか，とい

（　　　　　　　）さん 認知症ケア指導計画書　　　　　　　　記入者：

	指導課題	優先順位	指導目標	期間	具体的方法	頻度
認知症ケアの知識						
アセスメント						
介護方法						
介護評価						

〈実施上の留意事項〉

出典）認知症介護研究・研修センター（2021）「職場実習関連様式 2021 年 8 月作成版（参考書式）」（https://www.dcnet.gr.jp/pdf/kensyu/r3_j_reader_form.pdf, 2021.11.19）.

図 4-38　力量評価と連動した指導計画書の様式例

うことも評価することになる.

(3) 目標や計画の共有

　目標や計画については，指導対象となる職員と面談等を行いながら共有・合意していくことが求められる.どのような理由で，どのくらいの期間で，どのような取り組みが必要なのかを対象職員が知ることは，適切に共有作業を行えば明確な動機づけともなる.

4）アセスメントおよびケアの実践に関する指導方法と指導成果の評価

（1）指導方法

　計画立案後の指導は，計画書に従って順次行っていくことになる．ただし，計画書にケア現場の現実を合わせるようなことまでする必要はない．それは本末転倒であろう．当初想定したものと指導する側・される側の力量や利用者の実像が異なる，利用者の状態が変化する，必要（あるいは不要）な取り組みが出てくる，といったことはありうることであり，一定程度柔軟に対応することも必要となる場合がある．むろん，根拠は必要であり，それは力量評価や課題整理，目標設定自体の評価の根拠ともなる．

　また，指導や評価の方法における質的な部分を計画書等に詳細に記すのはなかなかむずかしいが，指導にあたってはよく考えておく必要がある．同じ指導内容であっても，その伝え方しだいで効果が変わってくるためである．

　また，どのように指導するかは，設定した目標にも関係する側面がある．たとえば，アセスメント情報から自ら考えてケアを選択できるようにするという指導目標があった場合，「自ら考える」プロセスを飛ばして答えを与えてしまうような指導方法では，目標は達成されないであろう．一方で，必要最低限のケアを確実に実施できるようにすることが指導目標であれば，具体的な方法をできる限り明確に伝えることが必要になる．

　加えて，このようなティーチングとコーチングのバランス設定や，一度にどの程度アドバイスするかといった問題は，力量評価に応じて考える必要もある．アセスメントに基づくケアが重要であるように，職員指導においても，自他のアセスメントに基づく取り組みとなるように留意したい．指導やアドバイスは，指導を受ける側に的確に伝わってこそ意味がある．どの程度の量や水準のアドバイスであれば漏れなく理解されるかを考えながら，根拠や内容を明確にし，感情だけが伝わってしまわないようにする必要がある．

（2）指導成果の評価

　指導成果の評価は，目標設定や指導計画に基づくことが原則である．これは当然のように思われるかもしれないが，意識しないとその場の印象で評価してしまうことになるため，留意したい．また，「指導目標の設定」で述べたように，指導成果の評価もまた，指導結果としての職員の変化やそれに伴う認知症の人への影響とともに，指導の内容や方法そのものの評価という側面からも整理する必要がある．いずれにしても，指導目標と計画に照らし合わせて，その達成の度合いや内容を確認することになる．計画立案時と同様，指導対象の職員とその内容は確認・共有するとよい．また，このとき，職員の変化を確認し評価するということには，客観的な成果の確認という意味と，指導対象職員の成長を認めるという意味があるということをよく理解しておく必要がある．

　また，目標設定が適切に行えていれば問題とはなりにくいが，「認知症の人の人権に十分な配慮がなされていたか」「認知症の人の生活に役立つことが目指されていたか」「目の前の困りごとの軽減だけが目指されていなかったか」といった，大原則ともいうべき方針については，評価においても，職員と自身の両面で，はじめに検討しておきたい．

加えて大切なのが，達成できなかった目標があった場合や，計画どおりの指導とならなかった場合の評価である．このとき，単に否定的な評価として確認するだけではなく，その原因を検討することが求められる．これは，「犯人捜し」ということではなく，適切な改善策を見いだすためである．ここでも，根拠を明確にしながらの検討を心がけたい．

(3) さまざまな場面への援用

ここまでみてきたような，力量評価や個別課題の明確化，指導目標設定と計画立案，指導の実施と評価という一連のプロセスは，さまざまな場面にも援用可能である．認知症ケアやその指導における課題は，本章で紹介したような食事・入浴・排泄等や行動・心理症状（BPSD）へのケアに関する場面に限らず生じる．また，多くの場合，職員が個人のレベルで自分だけで解決していくというよりも，一定の職場内での指導を受けながら，あるいはチームで合議しながら進められるべき課題である．たとえば，身体拘束の問題やリスクマネジメントなどについて倫理的ジレンマを抱えている場合，家族介護者への支援を図る場合などがそうである．

4．認知症ケアに関する倫理の指導方法
1）倫理的課題の解決方法
認知症介護における倫理的課題を理解し，効果的な解決方法を学ぶ．
(1) 倫理的課題の理解

人間の尊厳について，あなたはどのように説明するであろうか．また，倫理や倫理的課題とは何なのかについても，どのように説明するであろうか．

まずは，人間の尊厳が保たれている状態や人々がお互いに尊厳を尊重し合っている状態を挙げてみよう．例を挙げると，関心を寄せ合うこと，話し合うこと，いっしょに楽しむこと，祝うこと，いたわり合うこと，選択肢のなかから決めることが認められていることなど，多くを挙げることができるであろう．一方で，人間の尊厳を損なう状態にはどのようなものがあるであろうか．たとえば，ごまかす，だます，暴力を振るう，暴言を吐く，のけ者にする，無視する，無理強いをするなどが挙がる．

このように具体的に考えることから，人間の尊厳とはなにか，倫理や倫理的課題とはなにかについて，自分の言葉で説明することができるようになる．

人間の尊厳とは，哲学者のカントが「人格に備わる，なに物にも優先し，ほかのもので取って代わることのできない絶対的な価値である」と述べているように，1人ひとりの人間はほかの人とは代替不可能であり，平等や自由の保障，生命や財産の保護，差別禁止などの人間として基本的な権利を有していることを意味している．そのため，人間が手段として用いられたり，侮辱，迫害，誘拐，監禁，拷問されたりすることがあってはならない．

ところが，人間の尊厳は誤解されやすい．たとえば，社会的な地位が高いことや威厳を有していること，高い経済力を有して質の高い生活を送っていること，意思決定能力を有していることなどが尊厳を有していることだと，あやまってとらえられてしまうことが多い．これらのとらえ方を是認すると，差別や人格の否定につながってしまうことに留意しよう．

表4-13　生命・医療倫理の4原則

4原則	定式化
自律尊重原則	自律的な患者の意思決定を尊重せよ
無危害原則	患者に危害を引き起こすのを避けよ
善行原則	患者に利益をもたらせ
正義・公正原則	利益とリスク・費用を公平に配分せよ

　この尊厳をお互いに尊重するための原則が倫理である．すなわち，倫理とは，尊厳をもつ人と人がかかわり合う場でのふさわしい振る舞い方や仲間の間で守るべき秩序・普遍的な基準であり，倫理は私たちの行動に反映されなければならない．したがって，倫理が行動に反映されず，尊厳を尊重されない状況に陥っている人がいる場合に，解決すべき倫理的課題が潜んでいるということになる．

　しかし，原則はあくまでも原則である．認知症介護をはじめ，医療，社会全般の状況は複雑であり，倫理的課題も複雑で多様である．そのような倫理的課題の解決に向けて，原則を道しるべとしながら，いかに悩み解決への足がかりとするのかを学ぶことが，倫理を学ぶということである．

　しかも，認知症の人は日常生活において認知機能障害からさまざまな影響を受けているために，意思決定能力が低下し，自分の感情や考えをスムーズに適切な言葉で表現することが困難になりやすい．家族介護者やケアスタッフも認知症の人の言葉や表情，しぐさに込めた真の感情や考えをスムーズに理解することに時間を要してしまう．また，認知症の人はさまざまな疾患や障害を有するなど身体状態も低下していることが多いため，家族介護者やケアスタッフが考える以上に苦痛を感じ疲弊するなど，ダメージを受けやすい．そのため，認知症の人と家族介護者，ケアスタッフにかかわる多様な倫理的課題が存在していても，それに気がつかないことが多い．だれかが気づいたとしても，家庭のなかや施設・事業所での慣習，すなわち「いつものこと」になっている場合も多いため，ほかの人に伝え，倫理的課題であることを共有し，解決に向かって取り組むまでに至りにくい．

　そのため，「いつものこと」を倫理的な視点でとらえ直すためにも，新人ケアスタッフや家族介護者，地域住民などの意見・感想を受け止め，倫理的課題に気づき，その現実を受け止めることが重要になる．より質の高い認知症介護を実践するには，常に自分たちが所属する施設・事業所，フロア，ユニットの課題，あるいは自分自身のケアの課題にまず気づき，改善に向けて学習と話し合いを重ねて取り組む以外にはない．

　それでは，認知症介護に関する倫理的課題に気づくためには，倫理の原則を理解していることが求められる．主な倫理原則として，表4-13に示した生命・医療倫理の4原則が挙げられる．4原則のなかでもっとも重要なのは，「自律的な意思を尊重せよ」という自律尊重原則である．認知症の人の意思，思いを尊重するということである．また，自律尊重原則が基盤となって，インフォームドコンセント（説明されたうえでの同意）や個人情報保護が求められていることを理解しよう．認知機能障害から影響を受けているために，認知症の人は自分自身がこう

むるリスク（危害）やベネフィット（利益）を予測し，自身の生活の維持・継続を守る行動を
とりにくくなる．生活を支えるためにも，「危害を引き起こすのを避けよ」という無危害原則
が，認知症介護においてとくに重要になる．

　これらの倫理原則を理解することで，倫理的課題であるかもしれないと気づいたことに対し
て，なぜ倫理的課題であるのかを説明することができるようになる．ケアスタッフが抱く感性，
感情のレベルで，モヤモヤする感じを，論理的に整理することが倫理的推論 Ethical Reasoning
である．すなわち，倫理的推論とは，倫理的に問題である理由を説明することであるといえる．

　倫理的課題には，具体的にどのようなものが挙げられるであろうか．まずは，自分自身や自
分のユニット，フロアにおける倫理的課題を具体的に考えてみよう．そして，なぜ倫理的に問
題であるのか説明してみよう．たとえば，次のようなものが挙げられる．

例 1：認知症の人から話しかけられたけれど，忙しかったので「ちょっと待っていてね」と伝
えた．ところがそのまま忘れてしまい，対応できなかった．

　これは，ケアスタッフに話しかけたい，伝えたい，理解してほしいという認知症の人の意思
を受け止め，理解することができなかったという場面であり，自律尊重原則にのっとることが
できなかったといえる．待つことによるストレスを与えてしまうため，無危害原則にも反して
しまう．

例 2：1 年ほど自宅での入浴を拒んでいる認知症の人を，デイサービスの利用者として受け入
れることになった．家族が入浴させてほしいと希望しているので，その認知症の人にはお風呂
やシャワーとは伝えずに浴室に連れて行き，多少無理やりでも入浴してもらい，きれいにした．

　介護として入浴介助を行うことは，認知症の人の清潔を保ち，血液の循環も促すとともに，
気分も爽快にするため善行原則にのっとっているかのように思われるが，自宅で入浴を拒んで
いる理由を確かめ，デイサービスでの入浴に同意をとることが行われておらず，自律尊重原則
にのっとっていない．無理やりに入浴してもらうことで，認知症の人が恐怖を感じ，無危害原
則に反することになる．認知症の人には，シャワーの水圧や湯船に入ったときの浮力によって
恐怖を感じる人も多い．

例 3：認知症の人がトイレに連れて行ってほしいと言ってきたが，まだトイレの定時誘導の時
間になっていないし，リハビリパンツを着用してもらっているので，「そのままリハパンにして
も大丈夫」と伝えた．

　リハビリパンツなどの失禁パッドではなくトイレで排泄するということは，認知症の人の意
思やさまざまな身体機能の発揮を保障する有益なケアであるが，そのことが実施されていない
ため，善行原則にのっとっていないといえる．

例 4：認知症の人には，夜，なかなか眠ってくれない人や途中で起きてきて歩き回る人がいる
ので，主治医に睡眠薬を処方してもらうことにした．

　夜間，十分に睡眠をとることは，生活リズムを整えたり意思決定能力の維持や発揮を促した
りするうえで大変重要である．しかし，認知症になり時間の見当識障害や日中に行う活動で認
知症の人が太陽の光を浴びながら楽しんで参加できるものであり，心地よく達成感を感じられ

る活動量であったか，痛みやかゆみといった身体の不快な症状の有無などによって，睡眠障害に陥ることは多い．睡眠薬には起床時以降も眠気が残りふらつき転倒する，あるいはせん妄の発症など，有害事象が発生しやすいものが多い．そのため，眠ることができないのはなぜなのかを検討して改善策を行うことなく睡眠薬の服用を促すことは，認知症の人に危害が及ぶことになるため，無危害原則に反しているといえる．

例 5：認知症の人のなかでも，徘徊が激しい人は利用者として受け入れたくないと，ケアスタッフ同士で会話している．

　徘徊を含め，行動・心理症状（BPSD）が発症している理由，原因を検討し，行動・心理症状（BPSD）が緩和し落ち着いて日常生活を送ることができるよう改善策を立案，実施することがケアスタッフに求められている．徘徊の有無や程度によってサービスの利用が制限されるということは，サービス利用において公平な対応がなされていないということであるため，「利益とリスク・費用を公平に配分せよ」という正義・公正原則にのっとっていないといえる．

　このように，ケアスタッフから挙げられた倫理的課題がどのような倫理原則に反しているのかを考えることで，倫理的推論を行うことができるようになる．

　ただし，生命・医療倫理の 4 原則は互いに相反することもある．相反することが多いのは，自律尊重原則と無危害原則である．たとえば，認知症の人は歩きたい，動きたいという意思を言葉や行動で示しているため，自律尊重原則にのっとってその意思を尊重したいと思っても，骨粗しょう症があるため転倒・骨折するリスクが高く，歩くことや動くことが転倒・骨折のリスクを高めることから無危害原則に反してしまう．このような場面では，自律尊重原則と無危害原則が相反してしまう．

　このように，倫理原則が相反している状況で，同程度に好ましくない選択肢から何らかの選択肢を選ばなくてはならない状況を倫理的ジレンマという．意思決定能力が低下していく認知症の人の介護や医療では，生活や生命の維持に関して本人や家族，介護保険制度など複雑な状況が絡み合っていることから，ケアスタッフは倫理的ジレンマに陥りやすい．倫理的ジレンマにおいて，認知症の人にとっての最善とはなにかを悩みながら考える力が求められている．

（2）倫理的な助言指導

　倫理的課題を解決するうえでもっとも重要なことは，自律尊重原則をはじめとする倫理原則にのっとって，認知症の人にとっての最善とはなにか，どうすることかを認知症の人の立場で考え，解決に向けた選択肢を見いだし，判断していくことである．しかし，ケアスタッフが 1 人でこの思考プロセスをたどることは，思考内容にかたよりが生じやすいため，認知症の人にとっての最善を目指すうえで客観性を保ちにくい．そのため，複数，かつ職種など立場の異なるケアスタッフで話し合いながら，認知症の人にとって最善の選択肢を考えていくことが推奨されている．以下には，その具体を述べる．

　①認知症介護の倫理とは，認知症介護について悩まなくなるためのものではなく，解決に向けていかに悩むかという悩み方を身に着けるためのものであることをケアスタッフみなで理解する．

②認知症の人とのかかわり，介護で悩んでいることや気になっていることを，どのようなことでもよいので伝え共有し合える職場環境を整える．カンファレンスで新人ケアスタッフの悩み，気になっていることを先輩ケアスタッフが聴く時間を確保したり，施設や事業所内の研修会で伝え，共有し合えたりするようにする．このとき，気づくことや悩むことが改善の第一歩であることを伝え，批判や叱責されることはないことを保障する．また，共有するときに，認知症の人の言葉や表情，行動，しぐさをできる限り正確に表現し共有することを促す．

③悩みを共有するときには，状況を適切に理解できるように，起こった事実 fact と，その事実についてどのように感じ，判断したのかというケアスタッフの価値 value を区別して表現するようにアドバイスする．だれが，どのような表現・表情で言ったのかという事実とその事実についていかに感じ，考えて判断したのかという価値を区別することで，認知症の人にとっての事実をとらえることができるようになり，ケアスタッフの先入観，思い込みにも気づきやすくなる．

④その状況ではどのような倫理原則が守られていないのかを検討し，さらに認知症の人はどのように感じ，考えているのかをケアスタッフみなで話し合う．すなわち，倫理原則にのっとり，認知症の人の言葉や表情，行動，しぐさ，そのときの状況，環境を踏まえて，認知症の人の立場に立って考えるということを実践する．

⑤認知症の人がなにを望んでいるのか，認知症の人にとっての最善とはなにかをケアスタッフみなで話し合う．さらに，その望みや最善を実現するにはケアスタッフとして，さらに施設・事業所，ユニット，フロアとしてなにができるのかを話し合い，計画する．この話し合いでは，認知症の人自身ができることはなにか，家族から協力を得られることはなにかも含めて考え，話し合う．

⑥話し合いで決定した内容を認知症の人の個別介護計画やケアプランに記載し，実施する．施設・事業所，ユニット・フロアにおいてケアスタッフの役割や環境，仕組みを改善する必要がある場合は，担当者・委員会によって組織としての計画を明確にする．

このように，ケアスタッフ同士で倫理原則を理解し，認知症の人の立場に立って考える，次に，認知症の人にとっての最善とはなにかを考えるという思考プロセスをたどることができるようにカンファレンスや研修会等の機会に助言していく．ケアスタッフの気づきや悩みが 1 つの倫理原則に反している場合は，上述のような話し合いを経ることで解決を目指すことができる．一方，倫理原則が相反している状況で倫理的ジレンマにある場合は，倫理的課題の解決に向けた思考プロセスをよりていねいにたどることが必要になる．

(3) 倫理的課題の解決方法

倫理的ジレンマに直面するなど，複雑な倫理的課題を解決するためには，4 分割表を活用しながら倫理的判断のプロセスを適切にたどり，倫理的ジレンマ（同程度に好ましを克服していく方法をとる．4 分割表は図 4-39 に示したもので，図 4-40 のように倫理的課題に関する情報を 4 分割表にある 4 項目のいずれかに割り振って記入し，倫理的課題の全体像を把握していく．

医学的適応	患者の意向
QOL	周囲の状況

すべての問題点あるいは情報を 4 項目のどれかに割り振って記入する．全体像がみえたところで，なにを優先させるかを考える．

図 4-39　4 分割表；倫理的判断のプロセスをたどるためのツール

これらの情報のなかに善行原則，無危害原則の対立に関するものが含まれているかもしれない

これらの情報のなかに自律尊重原則，本人の善，本人の害悪について含まれる

医学的適応
◆認知症の人の病状に適応とされる診断的・治療的介入方法や，その介入が適応/不適応を判断するための医学的な情報を記載する
　・治療目的
　・診断と予後
　・医療行為のリスクとベネフィット
　・治療によって予測される回復可能性

患者の意向
◆本人の意向はなにか
◆本人の意思決定能力の有無
◆本人の目標
◆本人の自発的な意向を代替するもの
　・事前指示
　・代理判断者

QOL
◆本人の QOL についての情報
　・本人にとって重要なことはなにか
　・本人がもっともされなくないことはなにか
◆検討する「介入をする/しない」は本人の QOL を改善するか
◆本人の QOL と関係者の QOL は対立していないか
◆ただし，偏見・差別となる事項は QOL の判断から除く

周囲の状況
◆家族や利害関係者の意向
　・経済的側面
　・関係性，家族内役割
　・ケアについてのキーパーソン
　・重大な決定におけるキーパーソン
◆施設の方針
◆法律，ガイドライン，慣習
◆宗教，信仰内容など

これらの情報のなかに善行原則，無危害原則の対立に関するものが含まれているかもしれない

図 4-40　4 分割表へ記載する情報の具体

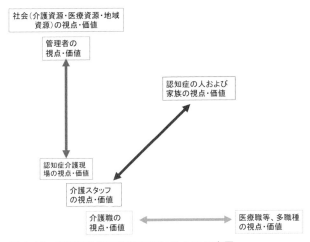

図 4-41　認知症介護の現場における 3 つの次元

検討したい倫理的課題に関してであれば，どのような情報でも記載することができる．また，基本的にはこの 4 分割表内に情報が記載され関係者で共有し，認知症の人にとってなにが最善なのかを考えることが目的であるため，情報の割り振り方に迷ったら，周囲の状況に記入しておくとよい．情報の記入方法も含めて，4 分割表の使い方を以下に示す．

- ・どこから記入してもよい
- ・どこに記入するかより，より多く記入することを重要視する
- ・記入場所がわからない場合は，周囲の状況欄に書く
- ・家族の意思は，患者の選好（意思）欄でも QOL 欄でもよい
- ・QOL は，だれの基準によって測るのかを注意する．過去・現在・将来について記入して比べてみると本人の QOL を把握しやすい
- ・在宅や介護に関する事例では，QOL を「本人」だけではなく，家族の QOL も考えるとわかりやすい
- ・4 分割表に記載された情報を整理して事実や本人にとっての価値を明確にする
- ・対立している倫理原則を明確に言語化する
- ・見解，選択肢を模索する．選択肢の利点，欠点も議論して十分に挙げながら，認知症の人にとって最善となる選択肢を模索する．模索するとき，図 4-41 を参照しながら，関係者の職種や立場によって，さまざまな視点で検討することになるため，視点の違いによって，ときに意見の対立が生じやすいことに留意する
- ・検討結果に従って具体的な行動計画を立てたり，関係者と共有・助言したりする．

2）倫理的課題の解決方法の理解

（1）終末期ケアに関するガイドラインの正しい理解と活用

とくに，終末期ケアの倫理的課題の解決方法として，まず終末期ケアに関するガイドラインについて学習し，ガイドラインを認知症介護の実践現場で活用することが挙げられる．以下に，

日本における終末期ケアに関連するガイドラインの策定経緯や概要を述べる．

　医療と介護の現場では，終末期における認知症の人の治療の差し控え・中止，そして看取りについて，どのように決定していくのかが大きな課題になっている．その際，認知症の人は意思決定が困難であるということが前提となり，家族への意思決定支援が話題になることが多い．

　終末期における治療の差し控え・中止の議論は，医療に関する自己決定権の重要性が議論されるようになっていた社会背景を踏まえ，1991 年に起こった東海大学病院事件が 1 つの契機となり，議論が一気に加速した．1995 年に横浜地方裁判所による判決によって，終末期における治療の差し控え・中止の要件として，

　　・患者が耐えがたい肉体的苦痛に苦しんでいること
　　・患者は死が避けられず，その死期が迫っていること
　　・患者の肉体的苦痛を除去・緩和するために方法を尽くし，ほかに代替手段がないこと
　　・生命の短縮を承諾する患者の明示の意思表示があること

という 4 要件が明示され，しかも，患者の意思表示が確認できない場合，代わりに意思表示する家族とはどのような人なのかについて明らかにされた[18]．具体的には，患者の性格，価値観，人生観等について十分に知り，その意思を的確に推定しうる立場にあることが必要であり，患者の立場に立ったうえでの真摯な考慮に基づいた意思表示をできる家族だと判決文で述べられたのである．

　その後，2006 年 3 月に富山県射水市における人工呼吸器取り外し事件が報道されたことが契機となり，東海大学病院事件の判決で明示された終末期における治療の差し控え・中止の 4 要件を尊重し，そして，もちろん実施される医療行為の医学的妥当性と適切性を慎重に判断するということを重要視したうえで，厚生労働省によって，終末期医療の決定プロセスに関するガイドラインが 2007 年に策定された[19]．このガイドラインには，終末期の医療のあり方に関し，「医師等の医療従事者から適切な情報提供と説明がなされ，それに基づいて患者が医療従事者と話し合いを行った上で，患者本人による決定を基本とすること」「人生の最終段階における医療及びケアの方針を決定する際には，医師の独断ではなく，医療・ケアチームによって慎重に判断すること」が記載された（このガイドラインは，平成 27（2015）年 3 月に「人生の最終段階の決定プロセスに関するガイドライン」と名称変更され，2019 年 4 月に名称と内容が改訂され，「人生の最終段階における医療・ケアの決定プロセスに関するガイドライン」[20]として普及されている）．

　ところが，この終末期医療の決定プロセスに関するガイドラインが策定されても，AHN の実施によって確実に延命できるというエビデンスのないまま，あるいはエビデンスを確認することなく，終末期の高齢者に対して延命を目的として AHN が実施され続けているという事態は，何ら変化はなかった．

　このような状況を改善するべく，清水哲郎氏が提唱した「意思決定のモデル；情報共有─合意モデル」（図 4-42）[21]に基づいて，意思決定のプロセスを支援することの重要性が強調されるようになった（図 4-41）．すなわち，倫理観と専門知識を有する医療チームのメンバーから意思

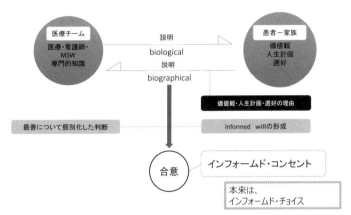

出典）清水哲郎：臨床倫理エッセンシャルズ. 2012年春版，10，東京大学大学院
　　　人文社会系研究科死生学・応用倫理センター臨床倫理プロジェクト（2012）.

図4-42　意思決定のプロセス；情報共有─合意モデル

決定プロセスにとって重要な情報が説明され，患者・家族と共有される．患者・家族からも価値観や人生計画などの情報が医療チームに説明され，患者・家族は思いや判断が当然揺れるが，それを医療チームは認め受け止めながら，最終的に合意に至るというモデルである．もちろん，このモデルでもケア専門職が患者・家族を代弁するという役割を有していることを含んでいる．さらに，2012年には，「意思決定のモデル；情報共有─合意モデル」に基づいた，「高齢者ケアの意思決定プロセスに関するガイドライン；人工的水分・栄養補給の導入を中心として」（AHNガイドライン）[22]が日本老年医学会から出され，厚生労働省による終末期医療の決定プロセスに関するガイドラインを倫理的に補強した．AHNガイドラインの概要は表4-14に示した．

　すなわち，AHNガイドラインは，人間は終末期においてはどのような状態でも長生きできればよいのかという価値観に言及し，本人のQOLの保持・向上および生命維持のために，医療・介護・福祉従事者は，患者本人およびその家族や代理人とのコミュニケーションを通して，みなが共に納得できる医療やケアによる介入を行う，あるいは行わないほうがよいということについて合意形成していくということを価値づけたのである．したがって，本人の人生が豊かになるということが重要である価値観に基づいて，本人・家族，関係者がAHNに関して本人にとっての最善とはなにかを検討するために意思決定プロセスをたどると，AHNを導入しない，差し控える，中止ということも選択肢になると明示したのである．

　その後は，前述したとおり，終末期医療の決定プロセスに関するガイドラインは，2018年に「人生の最終段階における医療・ケアの決定プロセスに関するガイドライン」と改訂された．この改訂は，高齢多死社会の進展に伴い，地域包括ケアの構築に対応する必要があることや，欧米を中心としてACP（アドバンス・ケア・プランニング）の概念を踏まえた研究・取り組みが普及してきていることなどを踏まえ，以下の1〜5が主な改訂のポイントである．なお，表4-15には，終末期医療の決定プロセスに関するガイドラインと「人生の最終段階における医療・ケ

表4-14　「高齢者ケアの意思決定プロセスに関するガイドライン；人工的水分・栄養補給の導入を中心として」の概要

1．医療・介護における意思決定プロセス

　医療・介護・福祉従事者は，患者本人およびその家族や代理人とのコミュニケーションを通して，皆が共に納得できる合意形成とそれに基づく選択・決定を目指す．

2．いのちについてどう考えるか

　生きていることはよいことであり，多くの場合本人の益になる―このように評価するのは，本人の人生をより豊かにし得る限り，生命はより長く続いたほうがいいからである．医療・介護・福祉従事者は，このような価値観に基づいて，個別事例ごとに，本人の人生をより豊かにすること，少なくともより悪くしないことを目指して，本人のQOLの保持・向上および生命維持のために，どのような介入をする，あるいはしないのがよいかを判断する．

3．AHN導入に関する意思決定プロセスにおける留意点

　AHN導入および導入後の減量・中止についても，以上の意思決定プロセスおよびいのちの考え方についての指針を基本として考える．ことに次の諸点に配慮する．

　①経口摂取の可能性を適切に評価し，AHN導入の必要性を確認する．

　②AHN導入に関する諸選択肢（導入しないことも含む）を，本人の人生にとっての益と害という観点で評価し，目的を明確にしつつ，最善のものを見出す．

　③本人の人生にとっての最善を達成するという点で，家族の事情や生活環境についても配慮する．

AHN：人工的水分・栄養補給法
出典）日本老年医学会（2012）「高齢者ケアの意思決定プロセスに関するガイドライン；人工的水分・栄養補給の導入を中心として」（https://jpn-geriat-soc.or.jp/proposal/pdf/jgs_ahn_gl_2012.pdf）．

表4-15　新旧ガイドラインの相違点

旧ガイドライン 終末期医療の決定プロセスに関するガイドライン	新ガイドライン 人生の最終段階（end-of-life）における医療・ケアの決定プロセスに関するガイドライン
平成19年5月	平成30年3月改訂
患者	本人
医療者を中心とする医療・ケアチーム	介護者も含む医療・ケアチーム
家族	家族など信頼できる人
	特定の家族等自らの意思を推定する者を本人が事前に決める
複数の専門家からなる委員会	複数の専門家からなる話し合いの場

アの決定プロセスに関するガイドライン」の主な相違点をまとめた．終末期ケアにおける介護者の立場の重要性と倫理観の醸成の必要性を理解してほしい．

1．病院における延命治療への対応を想定した内容だけではなく，在宅医療・介護の現場で活用できるよう，

　・「人生の最終段階における医療・ケアの決定プロセスに関するガイドライン」に名称を変更

　・医療・ケアチームの対象に介護従事者が含まれることを明確化

2．心身の状態の変化等に応じて，本人の意思は変化しうるものであり，医療・ケアの方針や，どのような生き方を望むか等を，日ごろから繰り返し話し合うこと（＝ACPの取り組み）の重要性を強調

3．本人が自らの意思を伝えられない状態になる前に，本人の意思を推定する者について，家

表 4-16　医療に関する意思決定能力を構成する 4 つの能力

4つの能力	能力の具体と確認方法
情報の理解	疾病，治療法，予後の利点とリスク，代替治療法などについて理解する能力 この能力を確認するために，理解したことを本人の言葉で説明することを促す
状況の認識	その治療法を選択した場合，その治療法が自分にどのような結果をもたらすことになるのかを認識する能力 この能力を確認するために，医療者から説明を受けた内容を自分のこととして認識しているか確認する必要がある．そのため，提示された治療法が自分のためになるのかについて意見を述べてもらう
論理的思考	決定した内容が自分の価値観や治療の目標と一致すること 論理的思考をしているか確認するために，選択した理由を述べてもらう．医療者は選択した結果だけに着目しない
選択の表明	選択する能力とそれを相手に表明する能力 この能力を確認するために，認知症の人に治療法を選択してもらう

族等の信頼できる者を前もって定めておくことの重要性を記載

4．今後，単身世帯が増えることを踏まえ，「3」の信頼できる者の対象を，家族から家族等（親しい友人等）に拡大

5．繰り返し話し合った内容をそのつど文書にまとめておき，本人，家族等と医療・ケアチームで共有することの重要性について記載

　以上，述べてきたガイドラインの策定の経緯とその特徴を正確に理解し，AHN ガイドラインが AHN の中止・差し控えを推奨しているというような誤解をしてはならない．あくまで選択肢のひとつとなることを明示しただけである．ガイドラインについて適切な理解がなされているか，施設・事業所内の職員同士で確認していこう．

(2) 認知症の人が意思決定能力を有していることの確認

　自己決定するためには，意思決定能力が必要となる．その意思決定能力とは，自分自身が受ける医療やケアについて具体的に説明を受けたうえで，適切に理解し，それを受けるかどうかを自分自身で判断する能力である．意思決定能力は，「絶対にない」とわかるまでは，「ある」と仮定してかかわることが必須である．ただし，民法第 7 条にある「事理弁識能力」は，診療や介護保険の契約といった契約を締結する能力であり，医療やケアに関する意思決定能力と一致しないことが多いことに留意する．

　認知症の人が医療に関する意思決定能力を有すると評価されるためには，表 4-16 に示した，「情報の理解」「状況の認識」「論理的思考」「選択の表明」という 4 つの能力を有している必要がある．そのため，医療機関では治療についての重要な選択を保障するためにも，「情報の理解」の能力を確認するために，理解したことを認知症の人本人の言葉で説明することを促すなど，4 つの能力を確認していく取り組みも行われている．

　求められる意思決定能力は，個々の認知症の人と医療行為の内容との関係性によって変化する．また，それまでの生活歴のなかでその治療経験があるかどうかによって，4 つの能力の発揮状況は異なる．すなわち，有する意思決定能力がどのように発揮されるかは，決定を求めら

表4-17　意思決定能力を高めるケア

・必ず認知症高齢者に意思を問いかけ，言動，表情で確認する（assent・dissent を含めて）
・認知機能低下について具体的にアセスメントし，認知機能が低下していても，認知症高齢者が可能な限り安心して理解しようとすることのできる簡潔でわかりやすい伝え方を工夫する（人的環境）
・安心して注意を集中できる物理的環境を整える
・睡眠覚醒リズムを整え，生活リズムが整うようにケアしていく
・認知機能障害をとらえて，生活障害のケアを確実に実施する
・過剰な向精神薬や薬の副作用の有無を検討する
・疼痛や掻痒感，呼吸苦，腹部膨満感などの不快な症状を緩和していく
・意思決定能力を高めるケアを行うことができているか，ケア専門職が自らをアセスメントし改善する

れているテーマ，内容によって変化するということである．たとえば，以前に経験があり侵襲も口腔内に限定される虫歯の治療の選択と，経験がなく侵襲も全身に及ぶ化学療法を選択するかどうかでは，求められる意思決定能力は異なり，虫歯の治療より化学療法のほうがより高い意思決定能力が求められることになる．

（3）日常生活において認知症の人の意思決定能力を高めるケアの実践

　終末期の認知症の人の医療と介護の意思決定支援について議論がなされている一方で，意思決定支援をしているケア専門職は，日常生活において意思決定能力を高めるケアを意識し，実践しているであろうか．表4-17には，認知症の人の意思決定能力を高めるための基本的ケアを掲載した．これらの基本的ケアを常に提供することで，意思決定能力の発揮を促す．意思決定能力の評価や意思決定支援のむずかしさ，そしてACPの実施に注目するのみに終わることなく，2018年に策定された認知症の人の日常生活・社会生活における意思決定支援ガイドライン（図4-43）[23] も活用しながら，認知症の人の自律と自立をケアによって実現することを目指していく．

（4）認知症の人へのインフォームドコンセント

　意思決定能力は，「絶対にない」とわかるまでは，「ある」と仮定して認知症の人とかかわることが必須であることはすでに述べた．そのため，治療法を決定する際に実施されるインフォームドコンセントにおいても，基本的に認知症の人は意思決定能力がある存在として，配慮されなければならない．インフォームドコンセントの原則は，1973年に米国病院協会から公表された「患者の権利章典」や1981年の世界医師会総会において採択された「患者の権利に関するリスボン宣言」において明記されている．その後，1991年に国連総会では，「精神疾患を有する者の保護およびメンタルヘルスの改善のための諸原則」において，インフォームドコンセントは，「診断上の評価」「提案されている治療の目的，方法，予測される期間および期待される効果」「より侵襲性の少ない方法を含む他の考えられる治療法」「提案されている治療において考えられる苦痛，不快，危険および副作用」を患者が十分に理解できる方法で説明し，その後の脅迫や不当な誘導等を受けないなかでの患者の自由な意思による同意である，とされた．インフォームドコンセントは，自律尊重原則に基づく自己決定権の尊重である．

【具体的なプロセス】

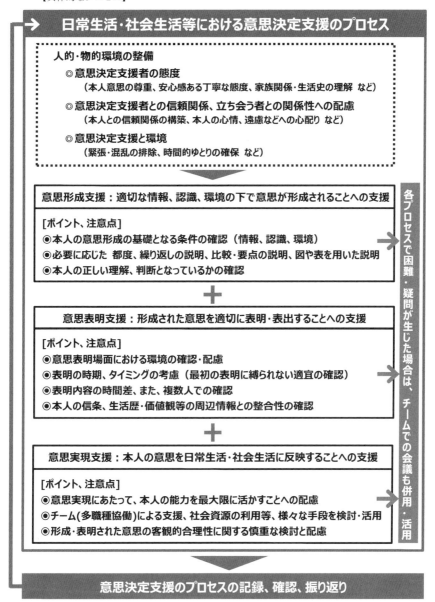

出典）厚生労働省（2012）「認知症の人の日常生活・社会生活における意思決定支援ガイドライン」
（https://www.mhlw.go.jp/file/06-Seisakujouhou-12300000-Roukenkyoku/0000212396.pdf）.

図 4-43　認知症の人の日常生活・社会生活における意思決定支援ガイドライン

　家族をはじめ介護・医療の専門職との話し合いのもとで認知症の人が，あるいは代理判断者
が目指す，理想的な意思決定の 6 つの要件を以下に挙げる．
　・エビデンスに基づいている
　・認知症の人の価値観や選好が取り入れられている

・認知症の人が希望し必要とする範囲内で意思決定プロセスに参画している

・認知症の人の家族や医療・介護関係者に支持・裏づけされている

・実効性がある

　意思決定支援のプロセスにおいて，これらの要件が考慮されているかを確認することで，参画した人が決定した内容に安心したり，根拠を得たりすることができるであろう．

　ただし，ここで要件のひとつであるエビデンスのとらえ方について，正確に理解する必要がある．Evidence Based Medicine（EBM）を提唱したマクマスター大学のGuyattによると，エビデンスとは特定の集団においての知見であり，そのエビデンスを目の前の患者にどの程度適応・実施すべきかを考える必要がある．具体的には，EBMが提示していることは「医学の不確実性」であり，確かにエビデンスがあったほうが蓋然性，すなわち，ある事柄が起こる確実性やある事柄が真実として認められる確実性の度合いが高くなるが，常に確率論の限界から離れることはできないのである．そのため，どの治療，あるいはどの選択肢が最善なのか，エビデンスだけで決めることはできないということを意味する．エビデンスがすべてではない．エビデンスも踏まえて検討する．つまり，エビデンスは判断を助けるためのものであるため，6つの要件のなかのひとつであるという理解は，医療と介護の連携，多職種連携においても大変重要である．

(5) 事前指示の推奨

　認知症と診断されたことや終末期にあり看取りの時期が近づいていることなど，認知症の人に真実を告知することは，病名や看取りの時期を情報として伝えるということを超えて，どのような治療や医療処置を選択するのか，自宅あるいはそれ以外の住まいの場の選択肢があるなかで，どこで生活することを選ぶのかなど，時間の限りのある生活，人生を考え，選択していくうえで大変重要である．意思決定能力がある状態において，自分自身で将来の生活や医療，ケアについて前もって指示しておくことを事前指示という．事前指示は，現時点で意思決定できなくなってしまった人に対して，意思決定できていたときの自己決定内容を尊重するものである．とくに，自らが望む人生の最終段階における医療・ケアについて前もって考え，医療・ケアチーム等と繰り返し話し合い共有する取り組みを「アドバンス・ケア・プランニング（ACP）」という．以下に詳細を述べる．

　認知症の人のACPでは，本人，家族と医療・ケアの専門職が繰り返し話し合う，すなわちていねいにコミュニケーションをとっていく．そのため，個々の認知症の人の理解力や表現方法をとらえながらACPに取り組むことになる．そのため，ケアスタッフのコミュニケーション能力を十分に発揮していく．

　ACPの取り組み過程においても，すでに述べた理想的な意思決定の6つの要件を参照することは重要である．

3）リスクマネジメント

　ケアスタッフは認知症の人を保護して事故を起こさないことに懸命になる．まさに，認知症の人に危害が加わらないようにするためであり，家族等からの訴訟を防ぐためでもある．しか

し，それは認知症の人が自分の意思で行動することを阻害することになり，身体拘束である．身体拘束をしている理由，解除できない理由として，認知症の人が転倒・骨折などを発生しないようにするためであると理由づけする場合も多い．自律尊重原則にのっとらないことになり，一時点のこととしてとらえると，自律尊重原則と無危害原則が相反する状況であるといえる．しかし，認知症の人の自由な意思で行動させないことは，心身の機能低下を招き，結果として認知症の人に危害を及ぼすことになる．不動によるストレスは，認知症の人にせん妄を発症させてしまう．このことは，認知症の人はもちろん，家族やケアスタッフにとってストレスの高い状況が長く続くことを意味する．

　介護施設では，身体拘束廃止の重要性や「入所者等の生命または身体を保護するため緊急やむを得ない場合を除き，身体的拘束その他入所者の行動を制限する行為を行ってはならない」ことが広く理解されている．一方，病院では，身体拘束・抑制は治療上必要なものであると誤解されていることが多い．

　しかし，精神保健指定医の判断による精神科病床での身体拘束を例外として，人を縛ることを認める法律は存在しない．介護施設と同様に病院においても，身体拘束・抑制は認知症の人に危害を加えることになるため，本来あってはならないものである．もちろん，介護施設でも病院でも，「身体拘束ゼロへの手引き」に明示された身体拘束の例外的に許される基準，「切迫性」「非代替性」「一時性」の3要件すべてに該当し，身体拘束が緊急避難行為として認められうるかどうかを判断しなければならない．

　訴訟になった場合は，以下について十分に検討されることになる．

・身体拘束は実施しないという病院・病棟の方針の家族への説明がなされ，そのことが記録されているか
・アセスメントとケアプランがその認知症の人にとって妥当であり，家族へ説明され確実に実施されているか
・ケアプランの実施によって認知症の人がどのような状態へと変化したか
・事故が起こる前，最後に病院職員が高齢者を確認した時点，またその時点の認知症の人の状態
・病院職員の配置の状況
・事故発生時点での他の患者の状態と病院職員の治療・看護の状況

　これらを総合して検討し，医療・ケアスタッフに注意義務違反があるかどうかが判断されることになる．すなわち，これらの取り組みが妥当なものであり，アセスメントとケアプランに基づき適切なケアが提供されていたのであれば，たとえ訴訟になったとしても，医療職者に注意義務違反を認められることはない[24]．

　すなわち，個々の認知症の人のアセスメントとケアプランが適切に行われ，ケアプランに基づいたケアの実施と評価，記録がなされることが，事故の予防と認知症の人の意思の尊重を両立することになる．認知症の人がリスクから守られ，自分らしい充実した生活を送り，訴訟のない超高齢社会となるための基盤は，専門職によるアセスメントとケアプランの充実にほかな

らない．

　とくに，アセスメントは，認知症の人が発した言葉じりをそのまま受け取るのではなく，できないことやわからないことを指摘することでもなく，認知症の人の言葉，あるいは行動に込められた認知症の人の思い，真のニーズを明らかにすることがケアスタッフに求められている．このように，認知症の人の言動に込められた真のニーズを理解しようとすることを，翻訳の倫理という．医療職者や家族からのかかわりを拒否する言動が認知症の人から発せられたとしても，他の情報との関連性を検討し，拒否する言動に込められた思い，真のニーズとはなにかを考え続ける必要がある．認知症の人の思い，真のニーズを常にくみ取ろうとすることが，認知症ケアの倫理の実践であるといっても過言ではない．翻訳の倫理にのっとって認知症の人の真のニーズを理解し，認知症の人の言動を抑制することなく心地よい日常生活を保障しようとすることを，行動コントロールの倫理という．認知症の人は翻訳の倫理や行動コントロールの倫理の遵守を十分に理解し，認知症ケアを実践するケアスタッフと安心して信頼関係を築くことができる．

【文　献】

1) 高齢者介護研究会：2015年の高齢者介護．厚生労働省，東京（2003）．
2) 寺田盛紀：日本の職業教育．晃洋出版，京都（2009）．
3) 厚生労働省職業能力開発局監：TWI活用の手引；仕事の教え方（改訂増補版）．雇用問題研究会，東京（1992）．
4) Graupp P, Purrier M：Getting to standard work in health care；Using TWI to create a foundation for Quality Care. CRC Press, FL（2013）.
5) 生田久美子：「わざ」から知る．東京大学出版会，東京（1987）．
6) 中原　淳：職場学習論．東京大学出版会，東京（2010）．
7) 中原　淳，荒木淳子：ワークプレイスラーニング研究序説；企業人材育成を対象とした教育工学研究のための理論レビュー．教育システム情報学会誌，**23**：88-103（2006）．
8) 荒木淳子：学習環境のデザイン．（中原　淳編）企業内人材育成入門．ダイヤモンド社，東京（2006）．
9) Kidwood T（高橋誠一訳）：認知症のパーソンセンタードケア；新しいケアの文化へ．筒井書房，東京（2005）．
10) 植田寿之：日常場面で実践する対人援助スーパービジョン．158，創元社，大阪（2015）．
11) 荒木淳子：学習環境のデザイン．（中原　淳編）企業内人材育成入門．ダイヤモンド社，東京（2006）．
12) アレン・E・アイビィ（福原真知子訳）：マイクロカウンセリング；"学ぶ-使う-教える"技法の統合；その理論と実際．6，川島書店，東京（1985）．
13) 諏訪茂樹：対人援助のためのコーチング；利用者の自己決定とやる気をサポート．中央法規出版，東京（2007）．
14) 西條剛央：研究以前のモンダイ看護研究で迷わないための超入門講座．13，医学書院，東京（2009）．
15) Kitwood T（高橋誠一訳）：認知症のパーソンセンタードケア；新しいケアの文化へ．第1版，207-208，筒井書房，東京（2005）．
16) 今井幸充，長田久雄：認知症のADLとBPSD評価測度．37-40，ワールドプランニング，東京（2012）．
17) 認知症介護研究・研修センター（2021）「認知症介護実践リーダー研修実習関連科目ガイドライン（参考資料）令和3年8月作成版」（https://www.dcnet.gr.jp/pdf/kensyu/r3_j_reader_guide.pdf, 2021.11.19）．
18) 横浜地裁判決東海大学病院安楽死事件（https://square.umin.ac.jp/endoflife/shiryo/pdf/shiryo03/04/312.pdf）．
19) 厚生労働省（2007）「終末期医療の決定プロセスに関するガイドライン」（https://www.mhlw.go.jp/

shingi/2007/05/dl/s0521-11a.pdf）.

20）厚生労働省（2018）「人生の最終段階における医療・ケアの決定プロセスに関するガイドライン」（https://www.mhlw.go.jp/file/04-Houdouhappyou-10802000-Iseikyoku-Shidouka/0000197701.pdf）.

21）清水哲郎：臨床倫理エッセンシャルズ．2012 年春版，10，東京大学大学院人文社会系研究科死生学・応用倫理センター臨床倫理プロジェクト（2012）.

22）日本老年医学会（2012）「高齢者ケアの意思決定プロセスに関するガイドライン：人工的水分・栄養補給の導入を中心として」（https://jpn-geriat-soc.or.jp/proposal/pdf/jgs_ahn_gl_2012.pdf）.

23）厚生労働省（2018）「認知症の人の日常生活・社会生活における意思決定支援ガイドライン」（https://www.mhlw.go.jp/file/06-Seisakujouhou-12300000-Roukenkyoku/0000212396.pdf）.

24）日本認知症ケア学会：改訂 4 版認知症ケアの実際Ⅰ：総論．17-38，ワールドプランニング，東京（2016）

◯ 索　引

【A-Z】

ACh　33

ACP　38，241，242，246

advocacy　83

Behave-AD（Behavioral Pathology in Alzheimer's Disease Rating Scale）　223

Behavioral and Psychological Symptoms of Dementia（BPSD）
25，26，27，28，29，34，35，36，39

Behavioral Pathology in Alzheimer's Disease Rating Scale（Behave-AD）　223

Binswanger　31

BPSD（Behavioral and Psychological Symptoms of Dementia）　25，26，27，28，29，34，35，36，39

CARASIL　31

CBD　31

CJD（Creutzfeldt-Jakob disease）　32

COVID-19　32

Creutzfeldt-Jakob disease（CJD）　32

DCM　36

dementia　24

Dementia with Lewy Bodies（DLB）　26，29

DLB（Dementia with Lewy Bodies）　26，29

DSM-V　24

EBM（Evidence Based Medicine）　246

Evidence Based Medicine（EBM）　246

ICD-11　24，25

ICF（International Classification of Functioning, Disability and Health）　91

International Classification of Functioning, Disability and Health（ICF）　91

MCI（Mild Cognitive Impairment）　23

Mild Cognitive Impairment（MCI）　23

Off the Job Training（Off-JT）
127，146，147，148

Off-JT（Off the Job Training）
127，146，147，148

OJT（On the Job Training）　126，189

On the Job Training（OJT）　126，189

PDCA　84

PSP　31

QOL（Quality of Life）　120

Quality of Life（QOL）　120

RBD（REM Sleep Behavior Disorder）　29

REM Sleep Behavior Disorder（RBD）　29

SDS（Self-Development System）　127

Self-Development System（SDS）　127

Tom KitWood　205

Training Within Industry for Supervisors（TWI）　129

TWI（Training Within Industry for Supervisors）　129

vision　135

WHO（World Health Organization）　23，24，91

Work Place Learning（WPL）　134

World Health Organization（WHO）　23，24，91

WPL（Work Place Learning）　134

【あ行】

悪性の社会心理　136

アセチルコリン　33

アデュカヌマブ　34

アドバンス・ケア・プランニング
38，241，242，246

アプライザル　71

アルツハイマー型認知症　29，31，33

育成記録　140

意思決定支援　37

意思決定能力　243

意思決定のモデル　240

異質性スーパービジョン　143

一時性　247

意味性認知症　30

インターディシプリナリー・チーム　108

インフォームドコンセント　244

ウイルス性脳炎　32

ウェルニッケ脳症　33

エピソード記憶　25

エビデンス　188

MIBG シンチグラム　30

【か行】

介護遺言　38

外在化　73

海馬　29

学習計画　138

拡大質問　178
過去質問　178
合併症　27
ガランタミン臭化水素酸塩　34
カント　233
カンファレンス　132
記憶障害　25
吸啜反射　28，30
強制把握　28，30
起立性低血圧　28，29
近時記憶　25
グループスーパービジョン　153
グループワーク　132
グルタミン酸　34
クロイツフェルト・ヤコブ病　32
ケアカンファレンス　82
ケアマネジメント　84
経験学習　132
軽度認知障害　23
血管性認知症　27，31
幻覚　29
言語化　86
言語障害　26
幻視　26，29
顕性遺伝　29，30
権利擁護　83
抗うつ薬　35
甲状腺機能低下症　33
厚生省痴呆性老人対策推進本部の報告　41
抗精神病薬　35
向精神薬　27，35，36
肯定質問　179
行動コントロールの倫理　248
行動障害型前頭側頭型認知症　30
行動・心理症状　25，26，27，28，29，34，35，
　　36，39
抗不安薬　35
高齢者ケアの意思決定プロセスに関するガイドラ
　　イン　241
コーチング　132
コーピング　71
国際疾病分類11版　24，25
国際生活機能分類　91
個人情報保護　234
骨折　27
個別課題　190
個別課題の明確化　229
個別スーパービジョン　143，153

コミュニケーション　82，106
コミュニケーションパック　36
根拠　188
コンサルテーション　156

【さ行】
作業訓練表　129
嗜銀顆粒性認知症　30
嗜銀性顆粒　30
視空間認知障害　26
自己決定権　244
歯周疾患　28
失語　26
指導計画　188，193，230
指導目標　190，192，230
社会的認知　26
社会的認知障害　27
若年性認知症支援コーディネーター　39
若年認知症　38
終末期　38
終末期医療の決定プロセスに関するガイドライン
　　240
準言語メッセージ　157
状況の認識　243
常同行動　30
情報共有―合意モデル　240
情報の理解　243
食事介護　193
食事性低血圧　28，29
褥瘡　28
自律尊重原則　234，236
事理弁識能力　243
事例演習　188
新型コロナウイルス感染症　32
心筋シンチグラム　30
神経原線維変化　29
神経伝達物質　33
神経梅毒　32
神経変性疾患　28
進行性核上性麻痺　31
進行性非流暢性失語　30
進行麻痺　32
人材育成　123
人材育成の種類　125
人生の最終段階における医療・ケアの決定プロセ
　　スに関するガイドライン　240，241
人生の最終段階の決定プロセスに関するガイドラ
　　イン　240

身体拘束　247
身体拘束ゼロへの手引き　247
身体症候　27
遂行機能障害　25，26
睡眠導入薬　35，36
スーパーバイズ　143
スーパービジョン　143
ストレスの原因　70
ストレス反応　71
ストレッサー　70
スモールステップ　132
生活の質　120
正常圧水頭症　31
精神運動速度低下　26
精神疾患診断統計便覧　24
成年後見制度　37
生命・医療倫理の4原則　234，236
世界保健機関　23，24，91
切迫性　247
セリエ　70
セルフケア　76
セルフスーパービジョン　155
全国若年性認知症支援センター　39
潜性遺伝　31
選択の表明　243
前頭前野　26
前頭側頭型認知症　27，30
前頭側頭葉変性症　30
前頭葉症状　26
総合評価　134
尊厳　233

【た行】
ターミナルケア　38
体験世界　188
対処方法（コーピング）　71
大脳皮質基底核変性症　31
タウ蛋白　29
脱水　27
DATスキャン　30
脱抑制　26，31
単純ヘルペス脳炎　32
地域共性型認知症ケアパス　47
チーミング　60
チーム　57，102，106
チームアプローチ　102，105，108，114
チームケア　82，105，106
チームビルディング　102

チームリーダー　102
チームワーク　110
知識評価　208，209
注意障害　26
中央社会福祉審議会の意見具申　41
中核症状　25，27，33，188
中堅職員への職場内教育　133
治療の差し控え・中止　240
ティーチング　164，165，167，170
デイリーハッスル　72
転倒　27
東海大学病院事件　240
動機づけ　131
同質性スーパービジョン　143
特定質問　176
徒弟制　130
ドネペジル塩酸塩　34
ドパミントランスポーターシンチグラム　30
トム・キットウッド　205
トランスディシプリナリー・チーム　108

【な行】
内発的動機づけ　131
2015年の高齢者介護　42
日常的混乱（デイリーハッスル）　72
日本脳炎　32
入浴介護　197
認知症　23，24，25，33，37，38
認知症介護基礎研修　122
認知症介護実践者研修　123
認知症介護実践リーダー研修　121
認知症ケアパス　47
認知症ケアマッピング　36
認知症状　25
認知症施策推進5か年計画（オレンジプラン）　43
認知症施策推進大綱　37，38，45
認知症の告知　37
認知的徒弟制　132
認知的評価（アプライザル）　71
ネットワーク　111
脳血管障害　31
脳の機能局在　23

【は行】
パーキンソン病　29，30
パーソン・センタード・ケア　36，205
肺炎　27
排泄介護　201

判断力障害　26
ハンチントン病　30
汎適応症候群　71
ピアスーパービジョン　155
非言語メッセージ　157
ビジネスゲーム　104
ビジョン　135
非代替性　247
ビタミン欠乏症　33
ピック病　30
否定質問　179
ひもときシート　36
非薬物介入　35，36
評価　188
評価方法　208
ビンスヴァンガー（Binswanger）病　31
舞踏様運動　30
米国精神医学会　24
βアミロイド　29
ヘルペス脳炎　32
ホウ・レン・ソウ　102
ポートフォリオ評価　135
翻訳の倫理　248

【ま行】
マイクロカウンセリング　156
マネジメントゲーム　104
マルチディシプリナリー・チーム　108
慢性硬膜下血腫　32
満足度　76
未来質問　178

無危害原則　235，236
メマンチン塩酸塩　34
メンタルヘルス対策　76
問題の外在化　163，185

【や行】
薬剤の有害事象　33
薬物療法　35
やりがい　76
抑肝散　36
4分割表　237

【ら行】
ライフイベント　71
ライブスーパービジョン　154
ラインによるケア　76
ラザルス　71
力量　188
力量評価　227
リスクマネジメント　246
リバスチグミン　34
倫理的推論　235
レビー小体　29
レビー小体型認知症　26，29
レム睡眠行動障害　29
老人斑　29
論理的思考　243

【わ行】
ワークプレイスラーニング　134

新訂・認知症介護実践リーダー研修標準テキスト

第 1 版第 1 刷　2022 年 3 月 30 日
第 1 版第 4 刷　2024 年 9 月 30 日

定　価	本体 3,000 円＋税
監　修	認知症介護実践研修テキスト編集委員会
発行者	吉岡　正行
発売所	株式会社ワールドプランニング
	〒162-0825　東京都新宿区神楽坂 4-1-1　オザワビル
	Tel：03-5206-7431　Fax：03-5206-7757
	E-mail：world @ med. email. ne. jp
	http://www.worldpl.com/
	振替口座　00150-7-535934
表紙デザイン	星野　鏡子
印　刷	三報社印刷株式会社

ⓒ2022, World Planning
ISBN978-4-86351-217-7